LA VIE
EVOLUTION ET DIVERSITE

LE MONDE DES SCIENCES

LA VIE
EVOLUTION
ET DIVERSITE

SOUS LA DIRECTION DE
LINDA GAMLIN ET GAIL VINES

FRANCE LOISIRS
123, boulevard de Grenelle, Paris

Directeur d'édition : Lawrence Clarke
Directeur artistique : John Ridgeway
Conception graphique : Ayala Kingsley, Niki Overy
Direction de l'iconographie : Alison Renney

Conseillers scientifiques :
Dr John Barrett, département de Génétique, université de Cambridge
Professeur Noel Carr, département de Biologie, université de Warwick
Dr Bernard Dixon, fondateur de la revue *New Scientist*
Professeur sir Hans Kornberg FRS, département de Biochimie, université de Cambridge

Collaborateurs :
Dr Michael Benton
Dr Euann Dunn
Dr Peter Forey
Linda Gamlin
Dr Peter Moore
Dr Howard Platt
Dr Andrew Pomiankowski
Dr Brian Tomsett
Dr Bryan Turner
Dr Gail Vines
Dr Martin Wells

Livre conçu et réalisé par
Equinox (Oxford) Ltd.
Littlegate House
St Ebbe's Street
Oxford 0X1 1SQ
© Equinox 1986

Texte français : Armand Colin, 1988
Tous droits réservés
Titre original : *Evolution of life*

Edition du Club France Loisirs avec l'autorisation des Editions Armand Colin

ISBN 2.7242-4566-0
N° Editeur : 15814

Éditions française établie sous la direction de Jack Guichard, agrégé de l'Université, conseiller scientifique et pédagogique à la Cité des sciences et de l'industrie (La Villette)
Traductrices : Françoise Wyns, maître ès sciences
Christylla Marteau d'Autry
Relecture : M. Fayon

Légendes des pages 1 à 6
1. Cnidaires
2-3. Baleines franches australes
4-5. Gorfous dorés
6. Méduse

Sommaire

Fondements de la Biologie moderne
1 L'évolution   7
2 La génétique   19
3 La classification   29

Diversité de la vie
4 Bactéries, Virus et Protozoaires   33
5 Les Champignons   37
6 Les Plantes sans fleurs   43
7 Les Plantes à fleurs   57
8 Les Invertébrés inférieurs   65
9 Les Arthropodes   77
10 Les Échinodermes   85
11 Les Cordés inférieurs   89
12 Les Poissons   93
13 Les Amphibiens   97
14 Les Reptiles   101
15 Les Oiseaux   109
16 Les Mammifères   115

Profil d'un scientifique

17 Aristote   127

Glossaire   147
Index   157
Crédits photographiques   160

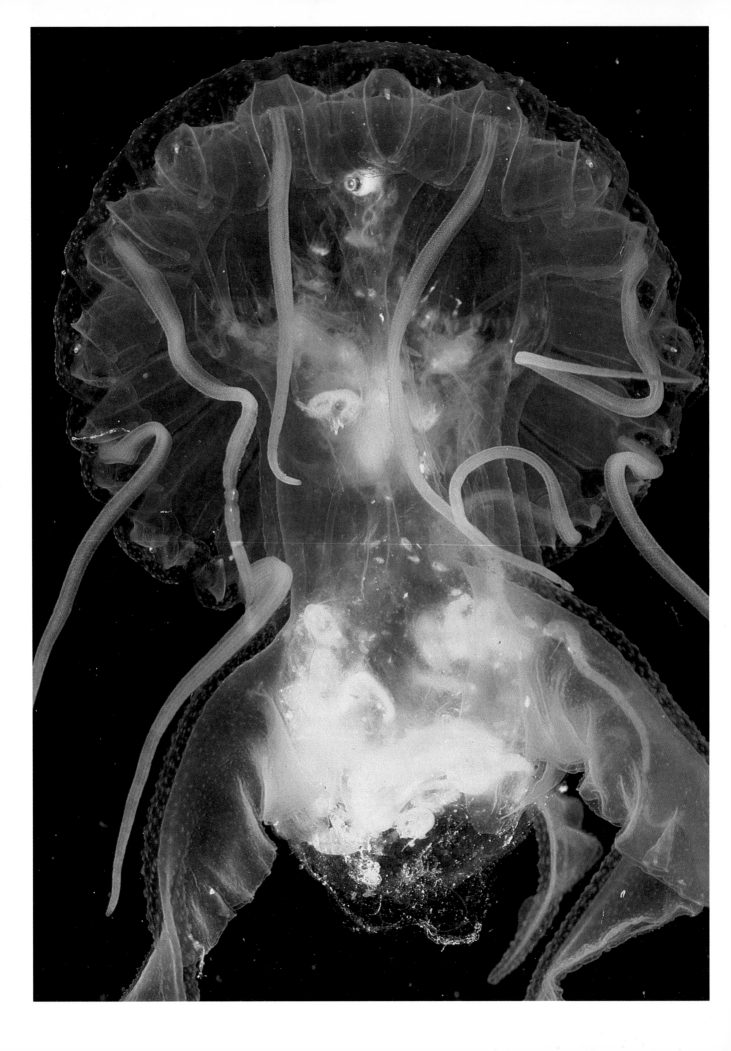

L'évolution

1

Fondements de la sélection naturelle ; adaptation, variation génétique, coévolution ; types de sélection sexuelle ; apparition des espèces ; méga- et microévolution ; évolution moléculaire.
PERSPECTIVE : théories de l'évolution ; observation de l'évolution ; reproduction ; facteurs d'évolution autres que la sélection ; qu'est-ce qu'une espèce ? ; monstres prometteurs ; origine de l'Homme

La théorie de l'évolution de Darwin a été très contestée au cours des dernières années. De gros titres de presse ont annoncé : « Darwin s'est trompé » ou « Le darwinisme est mort », mais ces déclarations sont dues à un malentendu fondamental. Le fait qu'il y ait évolution n'est pas remis en cause. Charles Darwin (1809-1882) a démontré que toutes les espèces actuelles sont issues d'une ou de quelques formes ancestrales simples, et ses conclusions ont été amplement confirmées par un siècle de recherches. Depuis quelques années, la controverse porte sur l'idée, soutenue par Darwin, que la « sélection naturelle » est la principale cause de changement et que les mêmes types de forces sélectives ont opéré à tous les stades du processus évolutif.

La sélection naturelle
La théorie de la sélection naturelle est une combinaison de trois idées simples. Premièrement, les organismes varient — deux individus de la même espèce sont rarement tout à fait semblables. Deuxièmement, ces variations peuvent affecter l'aptitude à survivre et à se reproduire. Il y a des chances que ceux qui laissent le plus de descendants soient ceux qui vivent le plus longtemps, et ceux qui vivent le plus longtemps sont ceux qui collectent leur nourriture de la façon la plus efficace, survivent aux rigueurs de l'environnement et évitent ou repoussent les prédateurs. Ceux qui disparaîtront seront, en général, ceux qui sont le moins capables de faire face à ces difficultés. En d'autres termes, les organismes les mieux adaptés auront le plus grand nombre de descendants. Si l'on associe ces deux idées à la troisième, l'hérédité, on obtient la sélection naturelle. Ceux qui sont le mieux armés ont la descendance la plus nombreuse ; et si les caractères qui leur ont permis de survivre sont héréditaires, ces caractères deviendront plus fréquents dans les générations futures.

Personne ne doute que la sélection naturelle puisse agir et agisse effectivement. Elle a été simulée à maintes reprises en laboratoire et observée sur le terrain (voir p. 11). On conteste maintenant l'idée que la sélection naturelle soit le principal facteur de *toute* évolution. Cette remise en question est en grande partie une réaction à l'orthodoxie du néo-darwinisme — la synthèse des théories de Darwin et de la génétique mendélienne qui a dominé la pensée évolutionniste pendant la majeure partie du XXᵉ siècle. Il est difficile de tester les hypothèses sur l'évolution, car les événements étudiés sont révolus. De plus, les processus évolutifs sont très lents ; en dépit du fait que l'évolution se poursuive à l'heure actuelle, il est en général difficile de l'observer et de la mesurer. Les arguments théoriques sont donc très importants dans l'étude de l'évolution, et, parce qu'il est difficile de tester les hypothèses, le danger du dogmatisme est réel. Aujourd'hui, la vague des théories de rechange représente une tentative pour affiner et améliorer le cadre théorique du néo-darwinisme. Même si beaucoup de ces idées sont fausses, c'est toutefois un exercice utile.

Darwin et Wallace
L'idée d'évolution n'était pas originale, même à l'époque de Darwin. Mais chaque fois qu'elle était avancée, son auteur était insulté, ridiculisé ou ignoré. Darwin le savait bien, et lorsqu'il fut convaincu qu'il y avait évolution, il garda le silence. L'idée essentielle lui vint au cours de son voyage comme médecin et naturaliste à bord du navire Beagle. Mais vingt ans passèrent après son retour en Angleterre avant qu'il publiât De l'origine des espèces. Pendant cette période, il rassembla de nombreuses preuves en faveur de sa théorie. Tout en faisant des observations et des expériences méticuleuses, il lut beaucoup et posa d'innombrables questions à d'autres scientifiques.

Accumuler des preuves devint une fin en soi, et Darwin ne cessa de retarder la publication de ses idées. C'est en 1858 qu'une lettre d'Alfred Russel Wallace le fit passer à l'action. Wallace vivait en Malaisie, et l'idée de sélection naturelle lui vint, dira-t-il plus tard, pendant un accès de malaria. La sélection naturelle était également la clé de voûte de la théorie de Darwin parce qu'elle apportait une idée-force au concept d'évolution. Wallace, cependant, ignorait les théories de Darwin. Aussi, lorsqu'il envoya un résumé à Darwin en lui demandant son avis, il ne pensait pas porter un tel coup à celui qui, durant vingt ans, avait mûri la même théorie. Les deux scientifiques se comportèrent en vrais gentlemen. Ils se mirent d'accord pour publier, en même temps, de brèves notes, puis Wallace s'effaça, laissant Darwin préparer à la hâte un abrégé du « grand livre » qu'il se proposait d'écrire. Cet « abrégé » s'intitulait De l'origine des espèces, et il comportait plus de 400 pages. Cet ouvrage réussit, là où tous les précédents avaient échoué : imposer l'idée d'évolution. Darwin avait rassemblé tant de preuves et anticipé si soigneusement les critiques qu'à partir de ce moment l'évolution devint un fait acquis.

∧ On appelle souvent Charles Darwin le « père de la Biologie moderne ». On l'eût tenu pour un grand scientifique même sans son ouvrage De l'origine des espèces, pour ses études détaillées des Balanes, des Orchidées, et des mouvements des plantes.

∧ Le naturaliste anglais Alfred Russel Wallace passa la plus grande partie de sa vie en Malaisie, finançant ses recherches personnelles par l'envoi de Papillons exotiques aux collectionneurs anglais. Il étudia la répartition des animaux et fonda la biogéographie.

La sélection naturelle

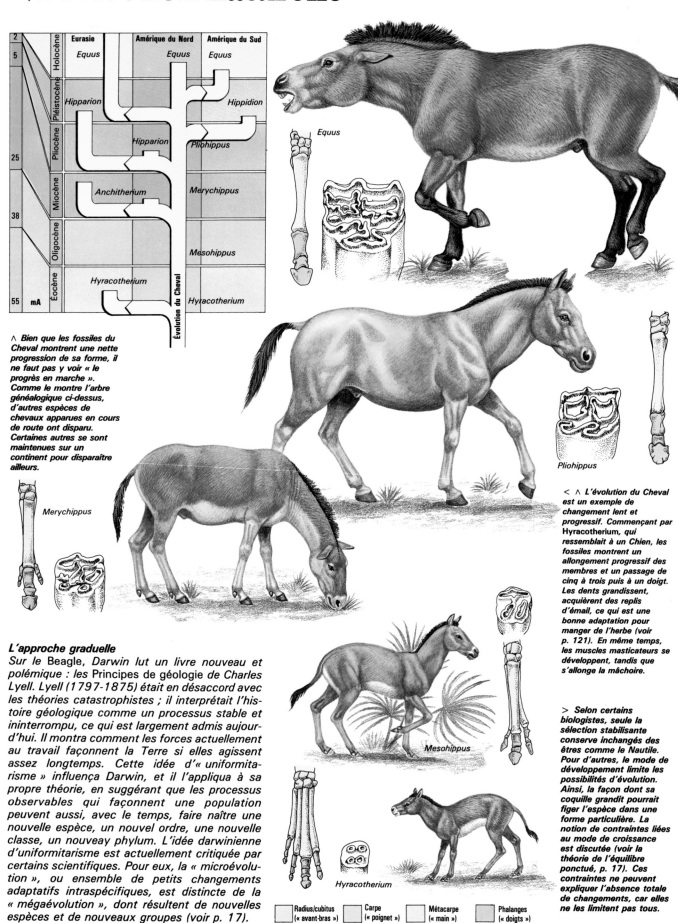

	Eurasie	Amérique du Nord	Amérique du Sud
Holocène	Equus	Equus	Equus
Pléistocène	Hipparion		Hippidion
Pliocène		Hipparion	Pliohippus
Miocène	Anchitherium		Merychippus
Oligocène			Mesohippus
Éocène	Hyracotherium		Hyracotherium

(échelle : 2, 5, 25, 38, 55 mA)

Évolution du Cheval

∧ *Bien que les fossiles du Cheval montrent une nette progression de sa forme, il ne faut pas y voir « le progrès en marche ». Comme le montre l'arbre généalogique ci-dessus, d'autres espèces de chevaux apparues en cours de route ont disparu. Certaines autres se sont maintenues sur un continent pour disparaître ailleurs.*

Equus

Pliohippus

Merychippus

Mesohippus

Hyracotherium

< ∧ *L'évolution du Cheval est un exemple de changement lent et progressif. Commençant par* Hyracotherium, *qui ressemblait à un Chien, les fossiles montrent un allongement progressif des membres et un passage de cinq à trois puis à un doigt. Les dents grandissent, acquièrent des replis d'émail, ce qui est une bonne adaptation pour manger de l'herbe (voir p. 121). En même temps, les muscles masticateurs se développent, tandis que s'allonge la mâchoire.*

> *Selon certains biologistes, seule la sélection stabilisante conserve inchangés des êtres comme le Nautile. Pour d'autres, le mode de développement limite les possibilités d'évolution. Ainsi, la façon dont sa coquille grandit pourrait figer l'espèce dans une forme particulière. La notion de contraintes liées au mode de croissance est discutée (voir la théorie de l'équilibre ponctué, p. 17). Ces contraintes ne peuvent expliquer l'absence totale de changements, car elles ne les limitent pas tous.*

L'approche graduelle

Sur le Beagle, Darwin lut un livre nouveau et polémique : les Principes de géologie de Charles Lyell. Lyell (1797-1875) était en désaccord avec les théories catastrophistes ; il interprétait l'histoire géologique comme un processus stable et ininterrompu, ce qui est largement admis aujourd'hui. Il montra comment les forces actuellement au travail façonnent la Terre si elles agissent assez longtemps. Cette idée d'« uniformitarisme » influença Darwin, et il l'appliqua à sa propre théorie, en suggérant que les processus observables qui façonnent une population peuvent aussi, avec le temps, faire naître une nouvelle espèce, un nouvel ordre, une nouvelle classe, un nouveay phylum. L'idée darwinienne d'uniformitarisme est actuellement critiquée par certains scientifiques. Pour eux, la « microévolution », ou ensemble de petits changements adaptatifs intraspécifiques, est distincte de la « mégaévolution », dont résultent de nouvelles espèces et de nouveaux groupes (voir p. 17).

	Radius/cubitus (« avant-bras »)	Carpe (« poignet »)	Métacarpe (« main »)	Phalanges (« doigts »)

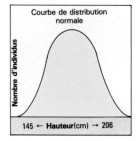

Courbe de distribution
normale

Nombre d'individus

145 ← Hauteur(cm) → 206

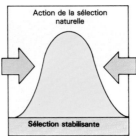

Action de la sélection
naturelle

Sélection stabilisante

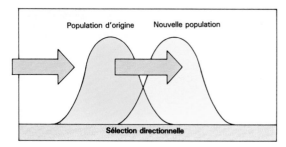

Population d'origine   Nouvelle population

Sélection directionnelle

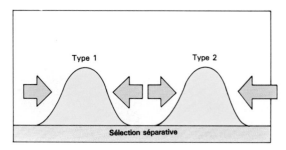

Type 1   Type 2

Sélection séparative

< *Les variations observées dans une population peuvent être représentées par une courbe de fréquences. Prenons la taille dans une population humaine : quelques personnes sont grandes ou petites, très peu sont très grandes ou très petites. La plupart sont de taille moyenne, ce qui se traduit par une courbe en cloche. On peut considérer l'évolution comme une modification de la courbe de distribution des fréquences. La sélection stabilisante élimine les extrêmes et tend à conserver au trait considéré une valeur moyenne. Elle permet d'expliquer la stabilité du Nautile qui, vivant dans un environnement très stable, semble inchangé depuis des millions d'années. En cas de sélection directionnelle (comme pour la taille des dents et la longueur des membres chez le Cheval), la moyenne est déviée dans une direction. La sélection séparative se traduit par une courbe à plus d'un mode, et conduit au polymorphisme. On peut l'observer dans un habitat hétérogène où différents types sont adaptés à l'environnement.*

La sélection naturelle à l'œuvre

C'est quand il y a changement soudain et radical de l'environnement que l'on a le plus de chances d'observer la sélection naturelle à l'œuvre. Ce fut le cas en 1977 dans l'île de Daphné, dans l'archipel des Galapagos, où une grande sécheresse rendit très rares les graines, surtout celles de petite taille. Le Pinson Geospiza fortis, qui se nourrit principalement de graines, subit une forte sélection. De nombreux Oiseaux moururent, mais ceux qui avaient le plus gros bec survécurent, car ils pouvaient manger des graines gropsses et dures. Comme ce sont les oiseaux les plus gros qui ont le plus gros bec, on observa un net changement de la taille du Pinson qui, par sélection naturelle, est devenu, au moins momentanément, un oiseau plus gros avec un plus grand bec. Il y eut un autre superbe exemple de sélection naturelle en Angleterre au XIXᵉ siècle, lié à la pollution par les fumées d'usine : elles foncèrent le tronc des arbres et firent disparaître les Lichens couvrant normalement l'écorce. La Phalène du Bouleau, posée sur les troncs pendant la journée, et camouflée grâce à sa ressemblance avec les Lichens, perdit sa protection et devint la proie des oiseaux. Une mutation traduite par une pigmentation noire se répandit dans les populations des zones industrielles. De telles mutations (appelées mélanisme à cause du pigment noir, la mélanine), sont rarement favorisées par sélection naturelle. Dans les zones industrielles, il existe maintenant des espèces mélaniques, mais, avec le contrôle de la pollution, la fréquence des formes mélaniques diminue.

∧ *La Phalène du Bouleau : formes originelle et mélanique.*

L'élevage accélère la sélection

Pour conforter son idée de sélection naturelle, Darwin fit un parallèle avec la sélection artificielle que pratiquent les cultivateurs et les éleveurs, et dont les résultats sont poussés à l'extrême chez le Chien dont toutes les races dérivent d'un même génome, celui du Loup. En quelques milliers d'années, la sélection artificielle a donné le chihuahua et le dogue allemand, le lévrier et le saint-bernard. La réponse à la sélection naturelle est rarement aussi rapide, cette dernière étant moins impitoyable que la sélection artificielle : les chances de survie des formes avantagées augmentent peu, les formes défavorisées sont éliminées lentement. La sélection naturelle peut varier d'une année à l'autre, et elle agit rarement à l'échelle de toute une espèce.

L'adaptation

Le résultat le plus étonnant de l'évolution par sélection naturelle est l'adaptation — la manière dont les organismes sont harmonisés avec le monde dans lequel ils vivent. Beaucoup semblent si bien accordés à leur environnement que l'on pourrait penser qu'ils ont été placés là pour remplir un rôle particulier. Mais il ne faut pas oublier que la sélection naturelle est une force aveugle, et qu'elle ne poursuit pas de but précis. La variation génétique (voir p. 22) est à l'origine de changements aléatoires, non dirigés, qui seront ensuite retenus ou non par la sélection naturelle. C'est un pur hasard qui élabore lentement les adaptations que nous observons. Il n'y a pas d'adaptation parfaite, justement parce que c'est le fruit d'un phénomène aveugle. En général, les imperfections ne sont pas flagrantes — des milliers d'années de sélection ont minimisé les défauts. Mais certaines espèces ont des malfaçons évidentes, comme le Grand Panda, un Herbivore qui descend de Carnivores. Il digère mal le Bambou dont il se nourrit et doit en ingurgiter d'énormes quantités pour survivre. D'autres indices confirment que le Panda est devenu herbivore assez récemment. Il est clair que ses ancêtres avaient des pattes trapues, munies de doigts très courts — tout le contraire de ce qu'il faut pour arracher et tenir des pousses de Bambou. Le Panda a développé un sixième doigt à partir d'un petit os du poignet. Ce qui ressemble à notre pouce est en fait un « repentir » de l'évolution, ajouté à la patte de l'ours pour lui assurer une certaine dextérité. L'évolution doit faire avec ce dont elle dispose, elle ne peut jamais se mettre à la planche à dessin pour faire un plan idéal.

Il existe des adaptations non seulement à l'environnement mais aussi aux autres êtres vivants. Entre proie et prédateurs, par exemple, il y a une « passe d'armes » où chaque amélioration de la défense s'assortit d'une amélioration de l'attaque. Ce type d'adaptation coordonnée, qui concerne deux ou plusieurs espèces, est appelé « coévolution ».

∧ *Un superbe exemple d'adaptation est visible chez les Mantes qui capturent des Insectes en ressemblant à des fleurs. La Mante se tient parfaitement tranquille et saisit l'Insecte quand il passe à sa portée.*

< *Le Panda est un Carnivore, parent du Chien, du Chat et de l'Ours. Ses pattes antérieures ont six doigts. Le sixième doigt est une excroissance d'un os du poignet, et c'est une adaptation à la consommation des Bambous.*

Fables biologiques

Certaines adaptations sont indiscutables, mais, parfois, ce que l'on décrit comme une adaptation relève plutôt de la « fable ». Quelques biologistes se sont rendus coupables de spéculations extravagantes, allant jusqu'à prétendre que le plumage rose des Flamants est un camouflage dans le soleil levant. Ce type d'approche a été critiqué récemment, et l'on a mis au point des méthodes d'étude de l'adaptation plus scientifiques. Avant de décrire un phénomène en termes d'adaptation, il faut faire des observations et des expériences détaillées sur la nature des pressions sélectives. Par exemple, les Mouettes ôtent du nid les coquilles d'œuf peu après l'éclosion des poussins. Si on les remet en place, on constate que nombre de prédateurs sont attirés par le nid, ce qui suggère qu'éliminer les coquilles est une adaptation défensive.

On peut aussi utiliser la méthode comparative en recherchant des corrélations entre ce qui semble être des adaptations, d'une part, et des caractéristiques de l'environnement ou du mode de vie, d'autre part. Il faut pour cela étudier de nombreuses espèces d'un même groupe.

L'évolution convergente

Ichtyosaure
(Reptile fossile)

Nageoire
d'Ichtyosaure

Nageoire
de Dauphin

Dauphin
(Mammifère, ordre
des Cétacés)

Phoque
(Mammifère, ordre
des Pinnipèdes)

Nageoire de phoque

Patte de
Carnivore

Manchot (Oiseau)

Nageoire de Manchot

Aile d'Oiseau

La sélection sexuelle

Il peut aussi exister une sorte de « passe d'armes » entre membres d'une même espèce en cas de sélection sexuelle. Darwin est le premier à l'avoir décrite ; il croyait que c'était la seule force évolutive significative en dehors de la sélection naturelle.

Le fondement de la sélection sexuelle est que l'aptitude à se reproduire de la femelle est limitée par le nombre d'œufs qu'elle produit, alors que cette aptitude chez le mâle est limitée par le nombre de femelles auxquelles il s'unit. C'est pourquoi les mâles s'affrontent souvent pour s'accoupler le plus possible. Tout cela mène à une sélection soit par compétition entre mâles, soit par choix de la femelle. Dans le premier cas, les mâles peuvent s'affronter directement en se battant, ou essayer de monopoliser tout ce que recherche la femelle. Si bien qu'ils peuvent développer des traits uniquement destinés à combattre ou à intimider les autres mâles, comme les andouillers du Cerf ou la taille énorme de l'Éléphant de mer mâle. Ce dernier est souvent blessé grièvement, mais le résultat en vaut la peine — les 4 % de mâles dominants effectuent 85 % des accouplements.

Dans l'autre mode de sélection sexuelle, les femelles choisissent un partenaire sur des critères souvent arbitraires qui, à l'origine, pourraient être des signes de reconnaissance de l'espèce. Quel est le point de départ d'une préférence donnée, on l'ignore ; cependant, une fois établie, elle conduit les mâles à exagérer le caractère préféré des femelles, ce qui leur permettra de s'accoupler le plus possible. Le processus peut dégénérer : pour rester les préférés, les mâles se chargent d'accessoires de parade extravagants, comme le plumage du Paon ou celui de l'Oiseau de paradis. Ces Oiseaux montrent bien que ce qui importe dans la sélection naturelle, c'est la transmission des gènes. Un Paon mutant dépourvu de plumes somptueuses vivrait sans doute beaucoup plus vieux qu'un mâle typique, mais, comme il n'aurait que peu de chances de s'accoupler, son gène mutant disparaîtrait avec lui.

< *A tout problème posé par l'environnement, il existe un nombre limité de solutions : l'« évolution convergente » en résulte. Ces animaux marins ayant tous des ancêtres terrestres ont une forme hydrodynamique et des membres antérieurs en forme de nageoire. Mais le Phoque et le Manchot se reproduisent à terre, ce qui influence la forme de leur corps. Cette adaptation est donc différente de celle du Dauphin ou de l'Ichtyosaure. En cas de convergence, les ressemblances apparentes cachent des différences fondamentales — c'est ce que montre l'anatomie des membres antérieurs. En comparant le Pingouin et le Phoque, on voit que leurs nageoires dérivent de structures assez différentes, l'aile d'un Oiseau et la patte d'un Carnivore. Les doigts, peu nombreux, d'une aile d'Oiseau ne pourraient en s'étalant former une nageoire, que le Pingouin obtient toutefois par élargissement et aplatissement des os.*

∨ *La pince exagérément développée du Crabe violoniste mâle est le résultat de la sélection sexuelle. Le mâle se sert de sa pince pour signaler sa dominance territoriale aux autres mâles et attirer les femelles pour l'accouplement.*

L'idée que les caractères acquis puissent être héréditaires a eu de nombreux partisans

∨ *L'agronome Lyssenko (à droite) adopta le lamarckisme et l'imposa dans la Russie stalinienne. Le régime soutenait les idées de Lamarck pour des raisons idéologiques : elles rendaient possible la transmission génétique et sociologique du progrès aux générations suivantes. En Russie, des années de programmes d'amélioration des plantes reposèrent sur des idées lamarckistes qui étaient fausses.*

> *Jean-Baptiste de Lamarck (1744-1829) pensait qu'un besoin de progrès guidait les changements évolutifs. L'idée d'hérédité des caractères acquis, à laquelle on l'associe en général aujourd'hui, n'était que secondaire. L'auteur George Bernard Shaw proclama que Lamarck avait sauvé l'évolution en l'arrachant au rôle d'« accident dépourvu de sens » de la sélection naturelle.*

Les facteurs autres que la sélection

On ne peut pas attribuer tous les changements évolutifs à la sélection : le hasard peut jouer un rôle. De très nombreux gamètes sont perdus lors de l'accouplement. Quelques-uns seulement s'uniront pour donner de nouveaux individus porteurs d'échantillons des gènes parentaux répartis selon une distribution aléatoire. C'est ce qui est à l'origine de la « dérive génétique » : changements aléatoires de fréquence des gènes. Un gène mutant peut se trouver par hasard chez de nombreux descendants, devenir de plus en plus fréquent, jusqu'à remplacer complètement le gène originel. Il y a plus de chances que cela se produise dans des populations de petite taille où la sélection contrebalance les effets de la dérive.

Le hasard peut aussi jouer un rôle à plus grande échelle et déterminer la voie évolutive à venir. Par exemple, le Rhinocéros indien n'a qu'une corne, alors que son proche parent africain en a deux. Le nombre de cornes n'est pas une adaptation : l'essentiel est de pouvoir se défendre contre les prédateurs. Ce sont sans doute de légères différences dans le développement plutôt que des différences sélectives qui ont conduit à deux évolutions différentes.

Le linkage (voir p. 21) est encore un facteur d'évolution très important, différent de la sélection. Voisin d'un gène sélectionné, un autre gène se répanda « dans la foulée », bénéficiant du succès de son voisin.

∧ *Le biologiste autrichien Paul Kammerer (1880-1926) croyait à l'hérédité des caractères acquis et affirma l'avoir démontrée chez de nombreuses espèces comme le Crapaud accoucheur. Mais il s'avéra que sa preuve — la présence d'un bourrelet pigmenté sur la patte antérieure — était un trucage. On ignore si la supercherie est de Kammerer lui-même.*

Le lamarckisme

La théorie que Lamarck (1744-1829) avança, en 1809, est la plus célèbre alternative au darwinisme. On la présente souvent comme l'idée d'« hérédité des caractères acquis » ; le passage à la descendance de traits acquis par les parents. Mais ce n'est qu'une partie de la théorie de Lamarck : il croyait surtout que tous les êtres vivants ont le désir — « le besoin ou la nécessité », disait-il — de s'améliorer. Cet effort se traduit en changements physiques héréditaires. C'est l'exemple classique de la Girafe dont le cou s'est allongé de plus en plus pour manger les branches les plus hautes.

La principale objection à la théorie de Lamarck est qu'il n'y aurait alors pas place pour des créatures simples, primitives. Lamarck attribuait leur existence à la génération spontanée, c'est-à-dire au pouvoir qu'aurait la matière de créer spontanément des êtres vivants. La génération spontanée fut réfutée définitivement par Louis Pasteur (1822-1895), qui montra qu'il n'apparaît pas spontanément d'êtres vivants dans un milieu correctement stérilisé.

Utilisation et non-utilisation

L'idée de l'hérédité des caractères acquis n'est pas en elle-même incompatible avec la sélection naturelle. Si elle existait, elle ne ferait qu'accélérer l'évolution. Darwin lui-même pensait que des traits acquis peuvent être transmis, par « hérédité d'utilisation et d'inutilisation ». Par exemple, les oreilles tombantes de nombreux animaux domestiques seraient « le résultat de la non-utilisation des muscles de l'oreille, ces animaux étant rarement en danger ».

Weismann, Crick et le principe fondamental

En 1890, le biologiste allemand Auguste Weismann (1834-1914) affirma que les traits acquis ne sont pas héréditaires parce que la lignée germinale (les cellules formant les ovules et les spermatozoïdes) est distincte du soma (toutes les autres cellules). Ce n'est pas vrai dans tous les cas — chez les Plantes, soma et germen sont confondus — mais le principe a toujours cours et semble exact : les changements génétiques apparaissent au hasard et ne sont pas influencés par les changements de l'organisme.

Cette idée fut renforcée par la découverte, soixante ans plus tard, de la transcription à sens unique de l'ADN en protéines. Tel est le « principe fondamental » de Francis Crick : l'information sort de l'ADN, mais n'y entre jamais.

Cependant, on s'aperçut plus tard que l'ARN messager, l'intermédiaire entre ADN et protéines, peut parfois être transcrit en ADN grâce à des enzymes produites par des Rétrovirus (voir p. 26). C'est pourquoi le biologiste australien Ted Steele a suggéré récemment que le principe fondamental pourrait ne pas toujours être vrai : si un gène d'une cellule somatique est muté et s'avère favorable, la cellule se multipliera, et quelques fractions de l'ARN messager du gène muté pourront être transportées dans les cellules germinales et transcrites en ADN grâce à un Virus : la mutation sera alors héréditaire. Toutes les tentatives de démonstration sont jusqu'alors restées vaines.

Les gènes égoïstes

Il est difficile d'expliquer en termes d'évolution l'altruisme, un comportement qui pousse un animal à se mettre en péril ou à laisser passer une occasion de s'accoupler au profit d'un autre individu. Par exemple, les Abeilles ouvrières ne se reproduisent pas et donnent même leur vie pour la ruche : elles piquent les intrus et en meurent. Comment un trait entraînant une mort précoce est-il maintenu ?

En 1962, Wynne-Edwards suggéra que l'altruisme se maintient pour « le bien du groupe ou de l'espèce » — les groupes où existe l'altruisme ont plus de succès que ceux composés d'individus égoïstes : seuls les premiers subsistent. Mais il y a un problème : dans un groupe altruiste, un mutant « égoïste » peut apparaître ; il bénéficiera de l'altruisme sans y participer, et tout le système s'écroulera au fur et à mesure que le gène « égoïste » se répandra.

Considérer l'évolution du point de vue du gène permet de mieux expliquer l'altruisme, au moins entre individus apparentés. Un gène « égoïste » se préoccupe de sa propre survie sans s'occuper de celle de l'individu dans lequel il se trouve — s'il peut conduire l'individu à un acte d'altruisme en faveur d'autres individus où il se trouve aussi, c'est tant mieux. Évidemment, le descendant de cet individu a de grandes chances d'être porteur de ce gène, de même que ses frères et sœurs, ses parents et même ses cousins. Le calcul montre qu'en moyenne un individu aura en commun autant de gènes avec son frère, sa sœur qu'avec son enfant. C'est ce qui donne un sens au comportement des Geais de Floride et d'autres Oiseaux qui aident leurs parents à élever leurs cadets au lieu de se reproduire eux-mêmes.

Le plus souvent, l'altruisme s'exerce en faveur d'un proche parent, mais on connaît bien des cas où il profite à des étrangers, voire à d'autres espèces. Par exemple un Babouin peut en aider un autre, au cours d'un combat, uniquement pour se faire aider plus tard. Souvent, les Dauphins et les Baleines aident des individus en difficulté à se maintenir à la surface. On l'a observé entre différentes espèces, et il existe des cas où des Dauphins ont sauvé des hommes de la noyade. Un tel comportement s'explique par le principe de réciprocité : un animal qui en aide un autre pourra s'en faire aider par la suite.

ᐯ Les Suricates, de la famille des Mangoustes, ont des sentinelles : elles restent à tour de rôle avec les jeunes, tandis que les autres vont chercher à manger. Certaines sentinelles sont parentes des jeunes, et l'on peut expliquer leur « altruisme » par la sélection familiale. Mais ce n'est pas toujours l cas, parce que des étrangers peuvent se joindre à un groupe social. Quand guetteurs et jeunes ne sont pas apparentés, on peut invoquer la réciprocité pour expliquer l'« altruisme ». Chez les Lions, par contre, un mâle étranger s'unissant à une femelle tuera les lionceaux déjà nés. La sélection familiale peut l'expliquer : le nouveau mâle n'ayant pas de gènes en commun avec les lionceaux, il rend la femelle plus vite disponible pour s'accoupler.

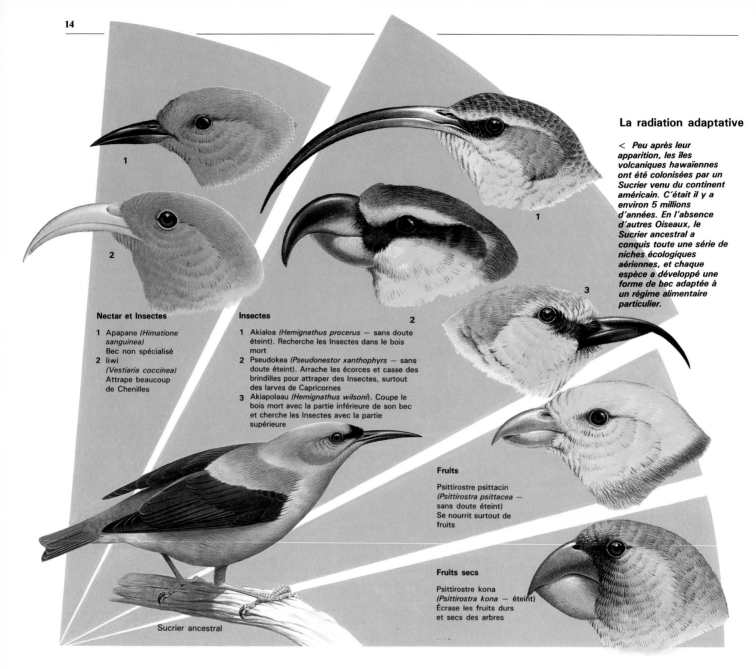

La radiation adaptative

< *Peu après leur apparition, les îles volcaniques hawaïennes ont été colonisées par un Sucrier venu du continent américain. C'était il y a environ 5 millions d'années. En l'absence d'autres Oiseaux, le Sucrier ancestral a conquis toute une série de niches écologiques aériennes, et chaque espèce a développé une forme de bec adaptée à un régime alimentaire particulier.*

Nectar et Insectes

1 Apapane *(Himatione sanguinea)* Bec non spécialisé
2 Iiwi *(Vestiaria coccinea)* Attrape beaucoup de Chenilles

Insectes

1 Akialoa *(Hemignathus procerus — sans doute éteint).* Recherche les Insectes dans le bois mort
2 Pseudokea *(Pseudonestor xanthophrys — sans doute éteint).* Arrache les écorces et casse des brindilles pour attraper des Insectes, surtout des larves de Capricornes
3 Akiapolaau *(Hemignathus wilsoni).* Coupe le bois mort avec la partie inférieure de son bec et cherche les Insectes avec la partie supérieure

Fruits

Psittirostre psittacin *(Psittirostra psittacea — sans doute éteint)* Se nourrit surtout de fruits

Fruits secs

Psittirostre kona *(Psittirostra kona — éteint)* Écrase les fruits durs et secs des arbres

Sucrier ancestral

Le concept d'espèce

Ce concept repose sur l'observation courante que les membres d'une même espèce se ressemblent. Soit ils sont tous pareils, soit il n'existe que quelques types caractéristiques, mâle et femelle par exemple, ou ouvrières et reines chez les Insectes sociaux (les espèces domestiques comme le Chien sont une exception parce que la sélection artificielle produit de nombreux types disparates). L'espèce ainsi définie est en général une unité isolée, au sens biologique du terme. A l'intérieur d'un groupe, tous les individus se croisent ou peuvent le faire.

Mais certaines espèces ont des limites floues et peuvent dans une certaine mesure se croiser avec des espèces voisines. De plus, beaucoup d'espèces sont divisées en sous-espèces ou variétés distinctes qui s'hybrident rarement, bien qu'elles puissent le faire en théorie.

En dépit de ces exceptions, le concept d'espèce a une validité biologique : des organismes adaptés à un mode de vie ne tireront aucun bénéfice du mélange de leurs gènes avec ceux d'autres individus adaptés à des conditions différentes. De tels mécanismes d'isolement ont empêché les croisements interspécifiques.

La spéciation

Jusqu'à présent, nous avons considéré la sélection naturelle comme un processus qui crée et maintient l'adaptation. Dans *De l'origine des espèces*, Charles Darwin extrapole jusqu'à l'apparition d'espèces nouvelles. Il affirme que les processus progressifs de sélection naturelle conduisent à l'adaptation et à la spéciation. On observe un tel continuum en cas de « radiation adaptative » chez les Sucriers hawaïens. De même, dans les îles Galapagos, le colonisateur primitif était une espèce de Pinson. Les espèces actuelles y diffèrent peu, sauf par le régime alimentaire et le bec. Récemment, on a découvert que la forme du bec est un signe de reconnaissance entre membres d'une même espèce à l'époque de la reproduction. Le rejet de congénères n'ayant pas la forme de bec adéquate est un « mécanisme d'isolement » (voir p. 15).

Pendant plus d'un siècle, les biologistes ont discuté de l'importance de l'isolement géographique dans la spéciation. Darwin pensait qu'il est sans importance, et que la spéciation a lieu par simple divergence grâce à un mécanisme adéquat d'isolement. Ce point de vue a ensuite été écarté et supplanté par le modèle de spéciation allopatrique d'Ernst Mayr.

Pour Mayr, chaque individu à l'intérieur d'une population de

Les mécanismes de l'isolement

Des mécanismes d'isolement font intervenir des signes de reconnaissance propres à une espèce — comme la huppe ou la traîne chez les Oiseaux. Un changement du plumage peut isoler un groupe : les femelles ne seront réceptives qu'aux mâles d'apparence adéquate. Les chants, les cris, les gestes de la parade peuvent aussi se modifier, de même que les odeurs ou l'époque de la reproduction. Une nouvelle espèce dont l'époque de reproduction est décalée est tout de suite isolée génétiquement de l'espèce parentale. Pour les espèces à fécondation interne, l'incompatibilité anatomique peut aussi intervenir.

Chez quelques espèces très proches, il n'y a pas de différences flagrantes, sauf pour la parade. Dans ce cas, seul le choix du partenaire conduit à la spéciation.

La répartition en anneau

L'isolement de groupes spécifiques se produit en général très lentement. Au cours de la spéciation, il peut y avoir beaucoup d'analogies et d'hybridations entre groupes divergents (qui sont des variétés ou des sous-espèces). C'est ce qui forme un « anneau », comme chez les Goélands argenté et brun. Ces deux espèces descendent d'une espèce sibérienne qui s'est étendue vers l'est et l'ouest, formant peu à peu une chaîne de sous-espèces dont chacune peut se reproduire, et le fait, avec les sous-espèces adjacentes ; mais, là où les deux populations extrêmes se rejoignent, en Europe du Nord, les Oiseaux ne se croisent pas. On les considère alors comme deux espèces différentes.

< Troupeau mixte de Chevaux et d'hybrides Zèbre-Cheval (les Zébroïdes). Comme le Bardot ou le Mulet, le Zébroïde est en général stérile, ses parents ayant un nombre de chromosomes différent. Dans la nature, la sélection favorise les mécanismes d'isolement qui empêchent des individus de deux espèces différentes de s'accoupler vainement.

grande taille dispose de possibilités d'adaptation ou d'un « ensemble de gènes coadaptés ». Il est peu probable que de nouveaux gènes s'y intègrent, et toute tendance d'une population périphérique à s'adapter à de nouvelles conditions est de ce fait réprimée. Changement et spéciation ne sont possibles que si des populations périphériques se trouvent isolées génétiquement. Une population nouvelle, isolée de la population principale, est fondée par un petit nombre d'individus qui se multiplient rapidement, de sorte que leurs gènes deviennent beaucoup plus fréquents qu'ils ne l'étaient dans la population parentale. L'« ensemble des gènes coadaptés » est détruit. De nouveaux gènes peuvent s'installer, provoquant des modifications rapides et la spéciation. Quand la population périphérique se croise à nouveau avec la population parentale, elles coexistent ou elles entrent en compétition, auquel cas l'une entraîne la disparition de l'autre.

La théorie de Mayr a eu une influence considérable et elle constitue une part du modèle de l'équilibre ponctué (voir p. 17), mais, récemment, elle a été beaucoup critiquée. Peu d'indices confirment que les populations de grande taille résistent autant au changement que Mayr l'affirme. Il n'y a pas non plus de preuves de liaison entre bouleversements génétiques et spéciation. La question n'est toujours pas tranchée, mais le point de vue de Darwin revient en force.

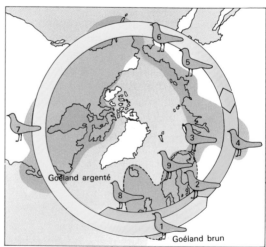

∧ **En Europe du Nord, le Goéland brun et le Goéland argenté sont deux espèces bien distinctes, mais elles sont reliées par une série d'hybrides formant un « anneau ».**

1 *Larus fuscus graellsi*
2 *L. fuscus fuscus*
3 *L. fuscus antellus*
4 *L. fuscus heuglini*
5 *L. argentatus birulaii*
6 *L. argentatus vegae*
7 *L. argentatus smithsonianus*
8 *L. argentatus argentatus*
9 *L. argentatus omissus*

Le modèle de la Reine rouge

Pour comprendre la mégaévolution, on peut se demander comment les peuplements de plantes et d'animaux évoluent. Il existe deux réponses. Si les espèces d'un peuplement sont étroitement coadaptées, alors l'évolution d'une espèce entraîne probablement celle des autres. C'est ce que l'on appelle le modèle de la Reine rouge, d'après A travers le miroir de Lewis Carroll, dans lequel la Reine rouge dit : « Il faut courir le plus possible pour rester sur place. » Les espèces doivent évoluer simplement pour se maintenir en place. Dans le modèle opposé dit « modèle stationnaire », l'évolution est essentiellement guidée par des changements de l'environnement.

De ces deux modèles résultent des prévisions différentes quant aux modes de transformation. Le modèle stationnaire prévoit l'absence d'extinction dans un environnement stable, et des vagues d'extinction dans un environnement qui change périodiquement. Dans le modèle de la Reine rouge, quel que soit l'environnement, les espèces s'éteignent à un rythme constant. On peut tester ces prévisions à l'aide du plancton océanique fossile des forages océaniques profonds qui enregistrent les transformations de l'environnement. Jusqu'à présent, on n'a fait que deux études, et chacune est en accord avec un modèle différent.

Ces deux modèles souffrent une exception lorsque des espèces acquièrent un nouveau statut, comme le vol. Il faudra des millions d'années pour que cette nouvelle aptitude soit au point, et, pendant ce temps, il y aura une pression sélective continue, quels que soient les changements de l'environnement et les interactions entre espèces.

∧ ∨ *Les fossiles bien conservés, comme ce crâne de Tigre à dents de sabre, ce Lézard et ce Poisson holostéen, en disent long sur l'évolution, mais les fossiles ne représentent qu'une petite fraction des formes de vie passées.*

Les fossiles

On peut voir à l'œuvre l'adaptation et, dans une moindre mesure, la spéciation. Mais l'évolution de grands groupes, comme les Oiseaux ou les Insectes, se produit si lentement que l'on ne peut espérer observer son action et l'étudier qu'à l'aide des fossiles.

Darwin savait bien que sa conception d'une évolution graduelle et progressive n'était pas confirmée par les fossiles, dont sont absents de nombreux chaînons et qui montrent peu d'intermédiaires entre grands groupes. Mais c'était le début de la paléontologie, et l'on pouvait attribuer ces absences à la rareté des fossiles. Être fossilisé est un coup de chance, et seul un nombre infime d'organismes sont conservés. La probabilité qu'un fossile soit ensuite découvert est également faible. Tout cela fait que les fossiles retracent très incomplètement l'histoire de la Terre. C'est ce que montre la découverte du Cœlacanthe que l'on croyait éteint depuis le Jurassique (voir p. 96).

Quelques lignées fossiles, comme celle du Cheval, présentent effectivement une succession de formes intermédiaires. Mais, le plus souvent, il y a de longues périodes sans changement (les « stases ») alternant avec de brèves périodes de changement. En 1971, Stephen Jay Gould et Niles Eldredge affirmèrent que cet « équilibre ponctué » n'est pas dû à la rareté des fossiles, mais existe bel et bien. Ils l'expliquèrent à l'aide du modèle de spéciation allopatrique de Mayr (voir p. 14) : pour eux, la stase résulte de l'existence d'ensembles de gènes coadaptés (voir p. 8) et de contraintes liées au développement, qui toutes deux s'opposent au changement. Ces forces conservatrices ne peuvent être vaincues que dans des populations périphériques isolées.

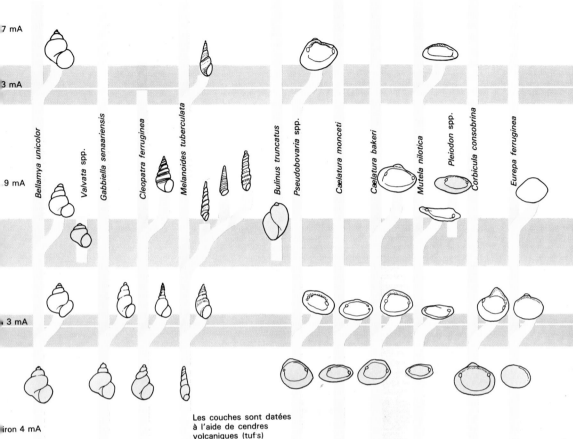

7 mA

3 mA   A

9 mA

Bellamya unicolor
Valvata spp.
Gabbiella senaariensis
Cleopatra ferruginea
Melanoides tuberculata
Bulinus truncatus
Pseudobovaria spp.
Caelatura monceti
Caelatura bakeri
Mutela nilotica
Pleiodon spp.
Corbicula consobrina
Eurepa ferruginea

B

3 mA   C

iron 4 mA

Les couches sont datées
à l'aide de cendres
volcaniques (tufs)

< Les fossiles de Mollusques du lac Turkana au nord du Kenya forment une remarquable séquence complète. Ils semblent être un exemple de stase entrecoupée de brefs accès de changement, quand de nouvelles espèces surgissent pour disparaître plus tard. Cela pourrait être en relation avec une baisse du niveau du lac. Ici, on observe deux époques de changement rapide (A et C) et il pourrait y en avoir une troisième entre les deux (B). Mais les difficultés de la datation font qu'il est impossible de savoir si B correspond à une période longue ou brève. Ces fossiles ne confortent pas nécessairement la théorie de l'équilibre ponctué. Les phases de changement « brusque » couvrent de 5 000 à 50 000 ans, ce qui est assez pour que le changement se soit produit selon le modèle darwinien. Par ailleurs, des changements du pH de l'eau ont pu altérer directement la forme de la coquille sans qu'il y ait eu de changement génétique.

Des monstres prometteurs

Le débat entre gradualistes et partisans de l'évolution par à-coups dure depuis longtemps. Avant Darwin, le biologiste français Étienne Geoffroy Saint-Hilaire (1772-1844) et l'écrivain écossais Robert Chambers (1802-1871) avaient bâti des théories de l'évolution supposant toutes deux de brusques changements. Ces « sauts » devaient se produire au cours de la croissance de l'embryon et aboutir à l'apparition instantanée de créatures d'un type nouveau. C'était, pensaient-ils, le seul moyen de voir apparaître de nouveaux groupes. Dans une certaine mesure, l'idée darwinienne d'uniformitarisme (voir p. 8) était une réaction à ces théories qui remplaçaient une sorte de miracle (la création divine) par une autre. La conviction que l'accumulation de minuscules modifications adaptatives guide l'évolution alimenta par la suite le dogme néo-darwiniste. Le généticien Richard Goldschmidt (1878-1958) mit en cause cette idée, dans les années 1940 : il reprit l'hypothèse des sauts, considérant les mutants comme des « monstres prometteurs ». La théorie de Goldschmidt eut peu de partisans jusqu'à ce que, dans les années 1970, des biologistes comme Stephen Jay Gould la réexaminent avec intérêt : bien qu'ils n'invoquent pas de changements brusques et miraculeux, ces biologistes sont persuadés que l'émergence de nouveaux groupes relève de transformations différentes de celles qui sont à l'œuvre dans l'adaptation.

La nouvelle espèce qui en résulte envahirait ensuite la population parentale et la ferait disparaître. L'absence d'intermédiaires serait donc due au fait qu'ils ne durent pas longtemps et sont peu nombreux.

Le modèle de l'équilibre ponctué implique deux idées différentes. Premièrement, l'évolution a lieu par à-coups et non à vitesse constante. C'est acceptable, surtout si l'on sait comment les paléontologistes mesurent le temps ; pour eux, une « brève période de changement rapide » couvre des dizaines de milliers d'années, et le changement qui s'installe est imperceptible à l'échelle de la vie humaine. La seconde idée est la plus importante : la mégaévolution est indépendante de la microévolution ; elles reposent sur des mécanismes différents et vont peut-être dans des directions différentes.

Mais quels sont exactement ces mécanismes ? Ce pourrait être la spéciation, à ne pas confondre avec la vieille idée du « bien de l'espèce » (voir p. 13) : il pourrait y avoir une sorte de lien entre des traits d'une espèce apparemment indépendants. Par exemple, on observe une tendance à l'augmentation de la taille, si bien que les espèces successives formant une lignée fossile sont souvent de plus en plus grandes. Ce pourrait être dû tout simplement à la pression d'une sélection naturelle favorisant sans cesse les individus les plus grands. On peut aussi expliquer cette tendance en disant que la spéciation est plus rapide chez les espèces de grande taille ou que celles-ci ont une plus grande longévité. Ce mécanisme mégaévolutif indépendant pourrait avoir lieu en sens inverse de la sélection naturelle, mais il n'y en a pas vraiment de preuve.

Voir aussi
La génétique pp. 19-28
La classification pp. 29-32

L'évolution moléculaire

C'est grâce aux progrès de la biologie moléculaire au cours des vingt dernières années que l'on peut maintenant étudier directement les taux d'évolution génique. On ne s'attendait pas à découvrir, ainsi, que de nombreuses protéines existent, à l'intérieur d'une même espèce, sous deux ou plusieurs formes différentes. C'est ce que l'on appelle le polymorphisme électrophorétique, beaucoup plus répandu que l'on ne le croyait.

Pour comprendre pourquoi il existe une telle variabilité, les biologistes durent reconsidérer la mutation. Traditionnellement, on pensait que beaucoup de mutations, parce qu'elles produisent des protéines aberrantes, sont défavorables. Elles sont éliminées par sélection naturelle en provoquant la mort des mutants ou en diminuant fortement leur aptitude biologique. Seul un faible pourcentage des mutations est favorable et donc conservé. Si le polymorphisme électrophorétique était maintenu, comme le sont les autres polymorphismes (voir p. 9), le nombre d'individus devant mourir ou ne pas laisser de descendants à chaque génération dépasserait la capacité de reproduction de la plupart des espèces. Pour rendre compte de l'énorme variabilité observée, il faut imaginer une autre sorte de mutations. C'est ce que l'on appelle les mutations neutres, parce qu'elles entraînent une modification nulle ou minime de la fonction des protéines, et de ce fait échappent à la sélection.

C'est le généticien japonais Motoo Kimura qui, en 1968, avança la « théorie neutraliste », selon laquelle les mutations neutres se répandent au hasard par dérive génétique (voir p. 12), un mécanisme évoqué dès les années 1930.

Kimura proposa aussi l'hypothèse selon laquelle les mutations neutres, étant aléatoires, s'accumulent régulièrement. C'est ce qui expliquerait les observations faites en comparant les séquences de protéines universelles comme l'hémoglobine ou le cytochrome c de différents groupes animaux : on constate que le nombre d'acides aminés différant entre deux groupes d'animaux est proportionnel à l'ancienneté de la séparation entre les deux groupes établie par étude des fossiles. Par exemple, la globine α humaine diffère en 4 sites d'acides aminés par rapport à celle du Singe Rhésus, en 17 sites par rapport à celle du Veau et en 71 sites par rapport à celle de la Carpe. D'après l'étude des fossiles, nos ancêtres se séparèrent il y a 25 millions d'années de ceux du Singe Rhésus, 90 millions d'années de ceux de la Vache, et 400 millions d'années de ceux de la Carpe. Ce résultat correspond à un taux de substitution d'un acide aminé tous les 5 ou 6 millions d'années.

De telles observations forment la base de ce que l'on appelle l'« horloge moléculaire ». Pour une protéine moyenne, environ un acide aminé change tous les millions d'années, mais chaque protéine a son propre taux d'évolution. Les protéines dont la fonction est très spécifique changent peu. Par exemple, l'histone H4 est essentielle pour maintenir la stabilité de l'ADN auquel elle est entièrement liée. L'H4 du Veau ne diffère de celle du Pois que par 2 acides aminés sur 102 : cela correspond à un changement tous les 500 millions d'années.

Le taux de variation des molécules de globine, qui ont également une vieille histoire, n'est faible qu'au niveau du site actif de l'hème, là où la globine se lie au noyau hème pour former l'hémoglobine, vecteur sanguin de l'oxygène. Le reste de la molécule de globine forme un squelette dont la structure fine n'est pas fondamentale. Là, le taux d'évolution est environ 500 fois supérieur à celui du site actif de l'hème.

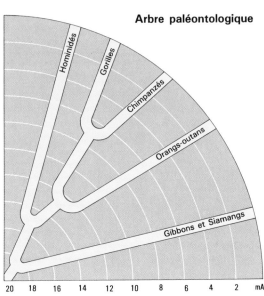

Arbre paléontologique

20 18 16 14 12 10 8 6 4 2 mA

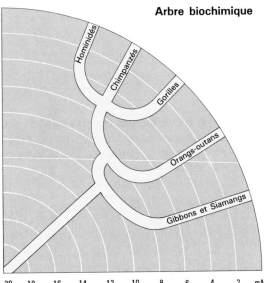

Arbre biochimique

20 18 16 14 12 10 8 6 4 2 mA

∧ *L'arbre évolutif des Singes, basé sur des critères paléontologiques, a été abandonné au profit de l'arbre biochimique. L'étude de l'ADN et des protéines montre que la lignée hominienne s'est séparée du Gorille et du Chimpanzé il y a seulement 5 millions d'années.*

L'origine de l'Homme

Actuellement, on fait plus confiance aux généalogies biochimiques que paléontologiques. Avant 1970, on pensait que l'Homme et le Singe s'étaient séparés il y a environ 15 millions d'années. Depuis, les comparaisons biochimiques montrent une relation beaucoup plus étroite entre l'Homme et les Singes africains, et font remonter la séparation à 5 millions d'années seulement. Des fossiles humanoïdes découverts en Éthiopie et vieux de 3,5 millions d'années ainsi que des empreintes de pas fossiles découvertes en Tanzanie montrent que les Hominidés avaient acquis, dès cette époque, la station debout. Si la séparation s'est produite il y a 5 millions d'années, cela ne laisse que 1,5 million d'années pour une fabuleuse progression. Toutes les protéines examinées donnent pourtant la même date : 5 millions d'années.

La génétique

2

Les pionniers de la génétique ; la découverte des chromosomes ; génétiques classique et moléculaire ; la révolution génétique ; introns, ADN satellites et pseudogènes. PERSPECTIVE : pourquoi sommes-nous tous différents ? ; la Mouche du vinaigre ; les caractères liés au sexe ; les gènes sauteurs

∧ *Gregor Mendel, le moine autrichien dont les études méticuleuses fondèrent la science génétique. Ses expériences portaient sur le croisement d'une variété naine de Pois (voir ci-dessous) avec une variété à grande tige.*

Lorsque Darwin écrivit *De l'origine des espèces*, il n'admettait qu'une seule sérieuse objection à sa théorie : pour un animal ou une plante, comment peut-il y avoir des descendants transformés, alors que tout changement spontané favorable est voué à la dilution dans les générations suivantes ? Darwin assimilait le processus héréditaire à un mélange des traits paternels et maternels, sans doute parce que, depuis longtemps, le sang était considéré comme le vecteur de l'hérédité (notion que l'on retrouve dans des expressions comme « les liens du sang », « le sang bleu »). Darwin ne vint jamais à bout de cette difficulté particulière, bien qu'il approchât souvent de la réponse : « Personne ne peut dire [...] pourquoi on retrouve souvent chez un enfant des traits de son grand-père ou de sa grand-mère », écrivait-il. Sans que Darwin le sût, un moine autrichien nommé Gregor Mendel (1822-1884) fit les mêmes observations et découvrit la réponse.

L'explication est assez simple : on observe un trait à la fois chez un grand-parent et un enfant parce qu'un support de l'hérédité — ce que l'on nomme maintenant un gène — est transmis, en général sans être altéré, d'une génération à l'autre. Il n'y a pas mélange et donc pas dilution, mais les effets du gène peuvent être masqués, d'où leur disparition dans une génération intermédiaire. Les caractéristiques de tels gènes sont dites « récessives », alors que d'autres gènes, dont les effets ne sont pas masqués, sont dits « dominants ». L'essentiel de l'idée de Mendel est que de petites unités ou particules sont le support de l'hérédité, d'où l'idée d'« hérédité fractionnée », par opposition à l'idée précédente d'« hérédité diluée ».

Ce sont des expériences de croisement chez le Pois qui mirent Mendel sur la voie : dans bien des cas, les formes prises par un caractère donné sont l'une dominante et l'autre récessive. Si une variété de Pois à grande tige est croisée avec une variété naine, tous les descendants sont grands. Mais des plantes naines réapparaissent à la génération suivante : quand on croise deux plantes issues du premier croisement, environ un quart de leurs descendants sont nains.

Bien des moines jardiniers intéressés par l'histoire naturelle se seraient arrêtés là, mais Mendel avait l'esprit mathématique. « Pourquoi cette proportion de un quart ? » se demanda-t-il. Il fit des centaines de croisements et, avec ses assistants, compta des milliers de plantes jusqu'à trouver la réponse. En prenant en compte plus d'un caractère à la fois, il trouva des proportions encore plus étonnantes — 9/3/3/1 et même 27/9/9/9/3/3/3/1. Mendel comprit qu'il y avait là une logique mathématique ; elle le conduisit à la découverte de l'explication : chez les Plantes et les Animaux, tout gène a, sous une forme semblable ou non, un homologue. Lors du croisement, les descendants reçoivent un gène de chacun de leurs parents. L'illustration de la page suivante montre comment on obtient ainsi les « proportions mendéliennes ».

Pourquoi un support à l'hérédité n'est-il pas évident ?
Les résultats obtenus par Mendel étaient inattendus. En effet, quand un homme grand épouse une femme petite, leurs enfants seront de différentes tailles et la plupart auront une taille moyenne — c'est ce que l'on pouvait attendre d'un « mélange ». Il était difficile d'admettre l'existence de petites unités d'information, parce qu'elle est loin d'être évidente : elle n'apparaît que si un caractère dépend d'un seul gène. La plupart des caractères étant « polygéniques », c'est-à-dire dépendants de plusieurs gènes, chaque gène n'intervient que pour une faible part dans le résultat final.

Les expériences de Mendel sur le Pois

En croisant une variété de Pois à grande tige avec une variété naine, Mendel n'obtint que des Pois à grande tige (en F1). Mais, croisées entre elles, deux plantes de la F1 ont environ un quart de descendants (F2) nains. Mendel l'expliquait par le fait que chaque plante a « deux exemplaires » de chaque facteur héréditaire (les « gènes »). Les descendants reçoivent un exemplaire de chacun de leurs parents. Et les effets d'un gène masquent ceux de l'autre : grand (G) est dominant, et nain (g) récessif.

La dominance n'est pas toujours totale. En croisant des variétés rouge et blanche de Lychnis, la dominance est incomplète et la F1 est rose, ce qui ressemble à un « mélange », mais à la génération suivante (F2) des fleurs blanches et rouges réapparaissent en proportion 1/2/1. Cette proportion est aussi celle de la F2 pour les Pois grands et nains, mais elle est masquée par la dominance de G et devient 3/1.

En croisant un Pois aux grains jaunes et lisses avec un Pois aux grains verts et ridés, Mendel obtint une F1 jaune et lisse. Quand deux descendants appartenant à la F1 sont croisés entre eux, la F2 montre une proportion de 9/3/3/1 (voir figure de droite). Mendel comprit qu'il y avait ségrégation indépendante des deux paires de caractères (vert/jaune et lisse/ridé) : jaune et lisse sont dominants.

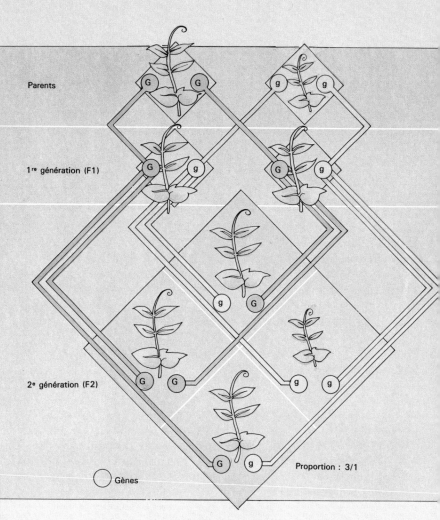

Parents

1ʳᵉ génération (F1)

2ᵉ génération (F2)

Proportion : 3/1

◯ Gènes

< L'Aubépine blanche poussant dans trois habitats différents se présente sous des formes très distinctes. Toutes poussent à la même latitude, à quelques kilomètres de la mer, mais n'ont pas la même exposition et subissent plus ou moins l'action du bétail. A gauche, la forme la mieux protégée est un bel arbre haut de douze mètres. Celle du haut, la plus proche de la côte, reçoit sans cesse les embruns ; le vent l'a façonnée en détruisant bourgeons et petites branches du côté de la mer. La troisième est dans une pâture, et les animaux s'y sont sans doute frottés quand elle était jeune, d'où sa forme de buisson haut de un mètre à peine. Ces arbres ont sans doute à peu près le même génotype, mais leur phénotype a été fortement influencé par l'environnement. Leurs descendants n'en porteront toutefois pas trace, les caractères résultant de l'action de l'environnement n'étant pas héréditaires (voir p. 12).

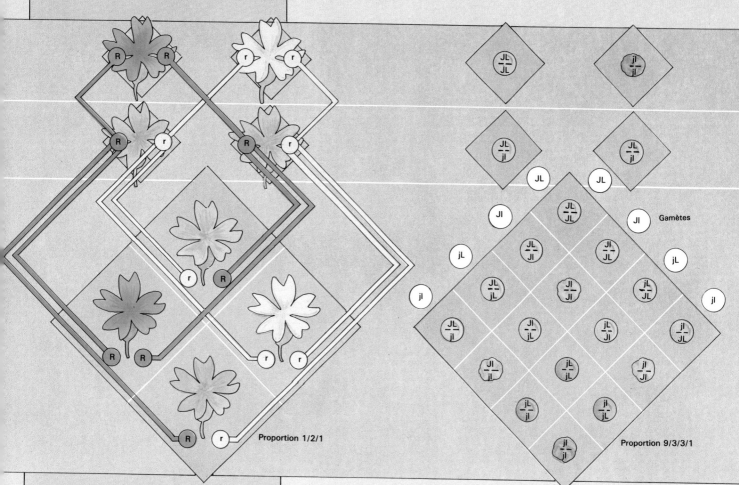

Proportion 1/2/1

Gamètes

Proportion 9/3/3/1

Les mots clés de la génétique

Les paires de caractères, comme « grand » et « petit », ou « rouge » et « blanc », sont codées par des gènes qui occupent le même locus chromosomique. Les différents gènes d'un même locus sont des allèles. Bien que l'on ne montre ici que des exemples où il existe deux allèles par locus, il y a bien des cas où les allèles sont plus nombreux. Quand un individu a deux allèles identiques (G/G ou g/g par exemple), on dit qu'il est homozygote pour le locus considéré. Quand ses allèles sont différents (G/g ou R/r), il est dit hétérozygote. Les caractères récessifs (notés en minuscule) ne s'expriment qu'à l'état homozygote. Les lignées consanguines, comme les plantes à autofécondation (c'est le cas du Pois), ont tendance à être homozygotes en de nombreux locus. Les descendants de croisements entre lignées consanguines sont des hybrides, c'est-à-dire qu'ils sont hétérozygotes en plusieurs locus. La première génération d'hybrides est appelée F1, la seconde F2. A cause de la dominance, deux individus peuvent avoir la même apparence (par exemple grande), bien que leur matériel génétique soit différent (G/G ou G/g). L'apparence est le phénotype, et le matériel génétique le génotype. Des facteurs environnementaux influencent le phénotype : par exemple, une mauvaise alimentation altèrera la croissance.

Les travaux de Mendel passèrent inaperçus de son vivant, mais ils furent redécouverts au début du XXᵉ siècle, et l'on ajouta bientôt une nouvelle pièce au puzzle. Au microscope, les noyaux cellulaires montrèrent des éléments allongés, fixant fortement certains colorants et appelés pour cette raison « chromosomes », du terme grec qui signifie « corps colorés ». Dans les cellules mères des ovules et des spermatozoïdes, on observa un phénomène intéressant, la méiose (voir p. 22), au cours de laquelle les chromosomes s'apparient puis se séparent, chaque gamète recevant un seul chromosome d'une paire donnée. On fit très vite le rapprochement avec les travaux de Mendel : tout s'éclairait si les particules de l'hérédité étaient portées par les chromosomes.

La découverte des chromosomes explique aussi certaines exceptions aux lois de Mendel. Bien que des caractères subissent une ségrégation indépendante (donnant une proportion 9/3/3/1), certains sont hérités en bloc. On explique ce phénomène, le linkage, en disant que les gènes correspondants sont voisins et portés par le même chromosome. En cas de *crossing over*, ils peuvent parfois être dissociés sur chaque chromatide (voir p. 23).

Les généticiens se servent du linkage pour établir des cartes chromosomiques en mesurant la fréquence des dissociations (taux de recombinaison). Les gènes qui se touchent sur un chromosome ont peu de chances d'être dissociés et sont toujours transmis ensemble — on dit qu'ils sont « fortement liés ». Plus les gènes sont éloignés, plus le *crossing over* est probable. A partir de là, on peut dresser la « carte des gènes » d'un chromosome.

Les sources de variation

1 Interphase I/début de prophase I : on distingue tout juste les chromosomes. La réplication de l'ADN est en cours, et c'est là qu'auront lieu la plupart des mutations des bases, bien qu'elles puissent aussi se produire quand l'ADN est réparé.

2 Milieu de prophase I : les chromosomes raccourcissent et épaississent. Ils sont déjà scindés en deux chromatides qui restent accolées. Ils se sont appariés avec leurs homologues pour former des bivalents.

3 Métaphase I : les bivalents se répartissent à l'équateur du fuseau.

4 Anaphase I : les chromosomes se séparent, un de chaque paire migrant à un bout du fuseau.

5 Télophase I/interphase II : la cellule s'est divisée en deux parties dont chacune n'a que la moitié des chromosomes parentaux (toujours scindés en chromatides).

6 Prophase II : les chromosomes raccourcissent et épaississent comme à la prophase I, mais sans qu'il y ait duplication.

7 Métaphase II : les chromosomes se répartissent comme précédemment.

8 Anaphase II : les chromatides se séparent pour former les chromosomes.

9 Télophase II : quatre gamètes sont issus de chaque cellule et les chromosomes s'effacent.

> *Quand on découvrit la méiose dans les années 1900, le rapport avec les facteurs héréditaires de Mendel (les gènes) devint clair. Si les gènes correspondant à une paire de caractères (grand/petit ou rouge/blanc) sont situés sur deux chromosomes homologues, on s'explique pourquoi la descendance reçoit toujours un gène de la mère et un du père, et possède toujours deux exemplaires d'un gène.*

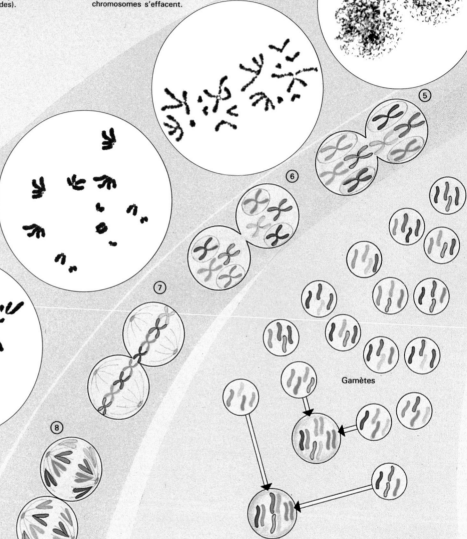

Gamètes

Zygotes formés par autofécondation

∧ *La redistribution des chromosomes a lieu pendant la méiose, car chaque gamète reçoit un lot aléatoire de chromosomes. Avec 4 chromosomes, comme ici, il y a 16 combinaisons possibles pour les gamètes, soit 256 pour les descendants des deux parents (16 × 16). Si l'on ajoute à cela les effets du crossing over, le nombre de recombinants est pratiquement infini. Grâce à la recombinaison, la sexualité se révèle utile, même pour les espèces autofécondes, comme par exemple le Pois.*

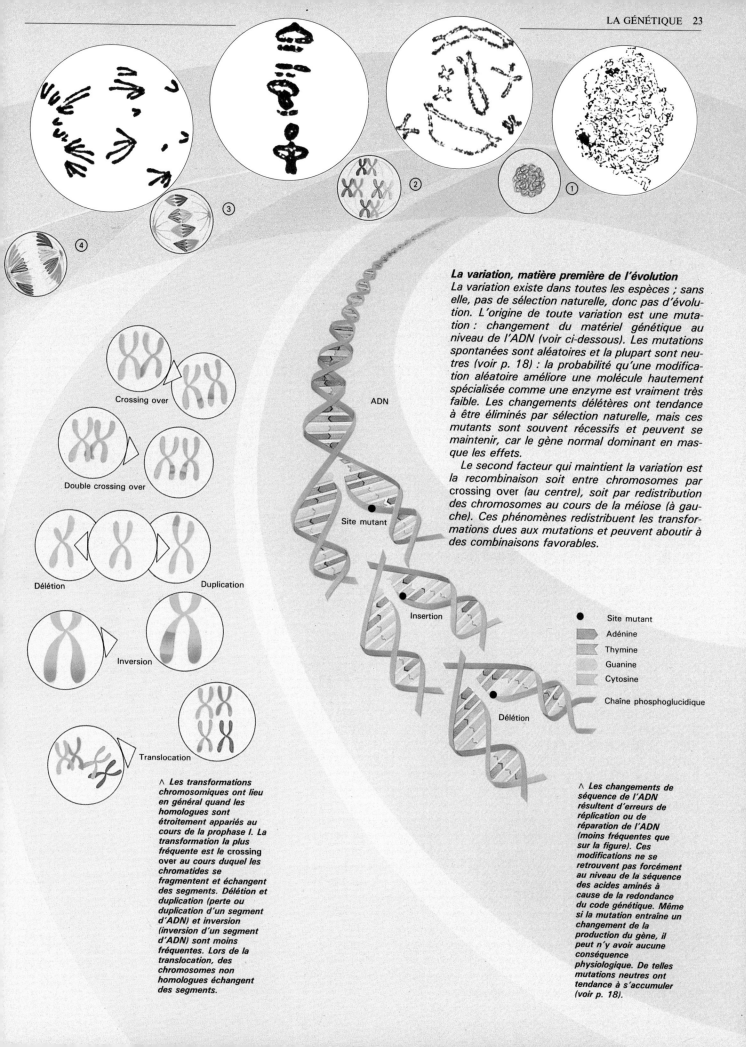

③

②

①

④

Crossing over

Double crossing over

Délétion

Duplication

Inversion

Translocation

ADN

Site mutant

Insertion

Délétion

● Site mutant

Adénine

Thymine

Guanine

Cytosine

Chaîne phosphoglucidique

La variation, matière première de l'évolution

La variation existe dans toutes les espèces ; sans elle, pas de sélection naturelle, donc pas d'évolution. L'origine de toute variation est une mutation : changement du matériel génétique au niveau de l'ADN (voir ci-dessous). Les mutations spontanées sont aléatoires et la plupart sont neutres (voir p. 18) : la probabilité qu'une modification aléatoire améliore une molécule hautement spécialisée comme une enzyme est vraiment très faible. Les changements délétères ont tendance à être éliminés par sélection naturelle, mais ces mutants sont souvent récessifs et peuvent se maintenir, car le gène normal dominant en masque les effets.

Le second facteur qui maintient la variation est la recombinaison soit entre chromosomes par crossing over (au centre), soit par redistribution des chromosomes au cours de la méiose (à gauche). Ces phénomènes redistribuent les transformations dues aux mutations et peuvent aboutir à des combinaisons favorables.

∧ Les transformations chromosomiques ont lieu en général quand les homologues sont étroitement appariés au cours de la prophase I. La transformation la plus fréquente est le crossing over au cours duquel les chromatides se fragmentent et échangent des segments. Délétion et duplication (perte ou duplication d'un segment d'ADN) et inversion (inversion d'un segment d'ADN) sont moins fréquentes. Lors de la translocation, des chromosomes non homologues échangent des segments.

∧ Les changements de séquence de l'ADN résultent d'erreurs de réplication ou de réparation de l'ADN (moins fréquentes que sur la figure). Ces modifications ne se retrouvent pas forcément au niveau de la séquence des acides aminés à cause de la redondance du code génétique. Même si la mutation entraîne un changement de la production du gène, il peut n'y avoir aucune conséquence physiologique. De telles mutations neutres ont tendance à s'accumuler (voir p. 18).

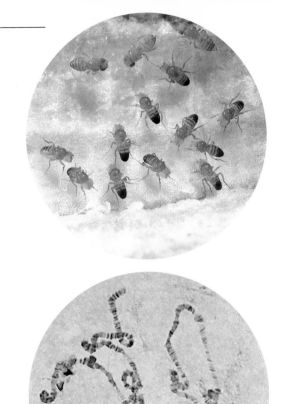

Les études dont Mendel fut le précurseur sont à la base de ce que l'on appelle la « génétique classique » : on observe les gènes indirectement, en effectuant des croisements.

Les premiers généticiens auraient bien aimé s'attaquer aux questions de la « génétique moléculaire » (ce que sont les gènes, comment ils agissent pour produire leurs effets), mais ils ne le pouvaient pas ; les outils biochimiques, indispensables à ces études, étaient encore trop grossiers.

Cependant, à la fin des années 1930, on fit d'importants progrès, en utilisant des micro-organismes — principalement les Bactéries et les Levures. On les choisit, car ils peuvent se développer sur un milieu artificiel préparé en laboratoire avec de la gélose additionnée de substrats nutritifs simples. On peut modifier leur croissance en ajoutant ou en supprimant un substrat. Les mutants ne peuvent en général pas se développer sans addition de substrats particuliers. On a compris que ce fait est dû à l'absence, chez les mutants, d'une enzyme particulière qui, dans les cellules normales, permet de synthétiser ce substrat à partir de molécules plus simples. En étudiant de tels mutants, on en conclut que les gènes produisent surtout des protéines, enzymatiques ou structurales. Comme les autres constituants cellulaires, lipides, sucres, pigments sont synthétisés par des processus contrôlés par les enzymes ; les gènes produisent et contrôlent tout ce que contient la cellule.

A partir de telles expériences, deux scientifiques américains, Beadle et Tatum, affirmèrent en 1941 que chaque gène, pris au sens de la génétique classique, produit une seule enzyme ; c'est la règle « un gène-une enzyme » (qui devint par la suite : un gène-une chaîne polypeptidique). Quelques années plus tard, en 1944, on démontra que c'est l'acide nucléique, l'ADN (et non les protéines constituant aussi les chromosomes), qui forme le matériel génétique. Cette démonstration s'effectua en introduisant de l'ADN purifié d'une souche bactérienne dans une autre et l'on constata alors le transfert d'information génétique.

Grâce à ces expériences de génétique, on apprit beaucoup de choses sur les micro-organismes, comme la Bactérie *Escherichia coli* : on comprit si bien leur fonctionnement et l'on coda si bien leurs chromosomes qu'ils s'imposèrent comme matériel expérimental pour de nouvelles études.

C'est pourquoi les prix Nobel français Jacob et Monod travaillèrent, entre les années 1940 et 1960, sur *E. Coli*, pour étudier l'activation et la désactivation des gènes. Ils analysèrent un système particulièrement astucieux et logique, formé d'une molécule (produit, intermédiaire ou matière première du processus contrôlé) qui se combine à une protéine appelée « répresseur », qui contrôle à son tour l'expression du gène.

Par exemple, *E. Coli* ne synthétise les enzymes dégradant le lactose qu'en présence de ce sucre dans le milieu de culture. En temps normal, un répresseur empêche la synthèse de ces enzymes en se liant à un « site opérateur » particulier situé à côté des gènes qui les codent. Le lactose se fixe sur le répresseur qui ne peut se lier au site opérateur : les gènes des enzymes s'expriment. Par ailleurs, il faut qu'une molécule particulière (produite en général au cours de la réaction contrôlée) se fixe sur le répresseur pour qu'il agisse, c'est-à-dire se lie au site opérateur et réprime l'expression des gènes. Jacob et Monod découvrirent que les enzymes d'une voie métabolique donnée sont souvent codées par une série de gènes voisins qui sont activés ou désactivés tous ensemble : ils forment un « opéron ».

∧ *La Mouche du vinaigre est très utile en génétique : il faut peu de place pour l'élever en grand nombre, et ses glandes salivaires ont des chromosomes géants (voir ci-dessus).*

L'homme qui mit en carte la Mouche du vinaigre

Très tôt, les généticiens se rendirent compte que, pour étudier l'hérédité, ils avaient intérêt à réaliser leurs expériences sur des organismes à cycle vital court et à descendance nombreuse. La Mouche du vinaigre, Drosophila, est idéale : son cycle est d'environ deux semaines, elle n'a que quatre paires de chromosomes (moins il y en a, mieux c'est pour le généticien), et ses glandes salivaires ont des chromosomes « géants ». Ces derniers facilitent beaucoup l'établissement des cartes génétiques, grâce aux bandes irrégulières qui les jalonnent. De plus, quand un gène s'exprime, le chromosome forme un puff (renflement) à son niveau, ce qui permet de confirmer les résultats des cartes.

Le premier a avoir travaillé en génétique sur la Drosophile est l'Américain T.H. Morgan (1865-1945) qui, au début du siècle, doutait des résultats de Mendel, mais fonda pourtant la génétique classique. Morgan et ses collaborateurs prouvèrent définitivement que les gènes sont portés par les chromosomes, découvrirent le crossing over, les chromosomes sexuels et les caractères liés au sexe, inventèrent la technique des cartes chromosomiques basées sur le linkage et établirent les cartes des chromosomes de la Drosophila. Morgan reçut le prix Nobel en 1933 ; il nous a légué un outil expérimental toujours utilisé en génétique : la Mouche du vinaigre.

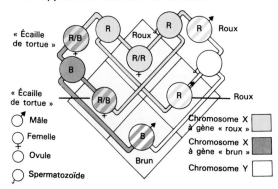

< ∧ *Coucou gris femelle sur le point de pondre (elle ôte avec son bec un œuf de son hôte). Ces oiseaux parasitent de nombreuses espèces ; ils pondent des œufs bleus ou bruns, selon la couleur de ceux de leur hôte. La femelle choisit un hôte de la famille qui l'a élevée, pour que les œufs se ressemblent. Ce ne sont pas des sous-espèces différentes qui pondent des œufs de couleur différente (elles s'accouplent avec n'importe quel Coucou mâle). Aussi pense-t-on que c'est un caractère lié au sexe qui perpétue cette différence. Chez les Oiseaux, les femelles sont XY et les mâles XX. Le gène codant pour la couleur de l'œuf pourrait être sur le chromosome Y, transmis par la femelle.*

< ∨ *Chez le Chat, le gène de la couleur rousse n'est porté que par le chromosome X et est codominant avec son allèle « brun ». Seules les femelles homozygotes peuvent être rousses, mais un mâle dont le chromosome X porte le gène « roux » (sans équivalent sur le chromosome Y) est roux. Pour le pelage « écaille de tortue », mélange de roux et de brun, il faut les deux allèles « roux » et « brun », et donc seules les femelles peuvent avoir un pelage écaille de tortue. Sur la photo, on voit une chatte écaille de tortue et des chatons de père roux (on voit aussi l'influence d'autres gènes à l'origine des raies et des taches blanches, mais ceux-ci ne sont pas liés au sexe). Les résultats théoriques (à droite) donnent autant de mâles roux, de mâles bruns, de femelles écaille de tortue et de femelles rousses. En fait, cette chatte n'a aucune fille rousse, mais cinq fils roux. Le hasard intervenant toujours, les expériences de croisement doivent être répétées des centaines de fois.*

Déterminisme du sexe et caractères liés au sexe

Chez la plupart des organismes supérieurs, le sexe est déterminé par une paire de chromosomes sexuels qui, dans l'un des sexes, sont identiques (XX), alors que l'autre sexe a des chromosomes différents (XY). Chez beaucoup de Vertébrés, d'Invertébrés et quelques Plantes, les femelles sont XX et les mâles XY. Mais, chez les Oiseaux, les Papillons et quelques Poissons, les femelles sont XY et les mâles XX. Les chromosomes sexuels déterminent le sexe, mais ils portent aussi d'autres gènes. Certains sont présents sur les deux chromosomes sexuels ou bien seulement sur un : par exemple, les gènes mutants de l'achromatopsie (impossibilité de voir les couleurs) chez l'Homme. C'est ce que l'on appelle un caractère lié au sexe.

Mimétisme et polymorphisme

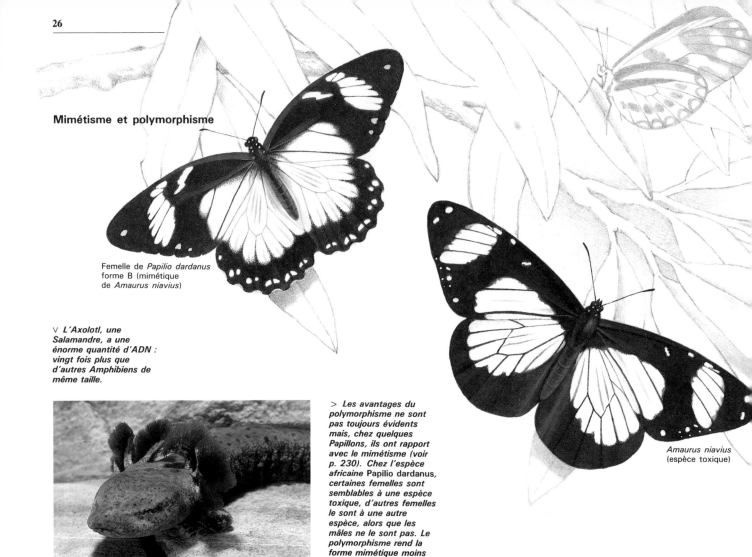

Femelle de *Papilio dardanus*
forme B (mimétique
de *Amaurus niavius*)

∨ *L'Axolotl, une
Salamandre, a une
énorme quantité d'ADN :
vingt fois plus que
d'autres Amphibiens de
même taille.*

> *Les avantages du
polymorphisme ne sont
pas toujours évidents
mais, chez quelques
Papillons, ils ont rapport
avec le mimétisme (voir
p. 230). Chez l'espèce
africaine* Papilio dardanus,
*certaines femelles sont
semblables à une espèce
toxique, d'autres femelles
le sont à une autre
espèce, alors que les
mâles ne le sont pas. Le
polymorphisme rend la
forme mimétique moins
courante que son modèle.*

Amaurus niavius
(espèce toxique)

La révolution génétique

Alors que Jacob et Monod travaillaient sur *Escherichia coli*, d'autres
généticiens étudiaient l'ADN. Watson et Crick en découvrirent la structure en 1953. Dans les années 1970, il fut possible non
seulement de connaître la séquence des bases d'un gène donné,
mais aussi de synthétiser de courts fragments d'ADN de séquence
connue.

Ces techniques fournirent de puissants outils de recherche aux
généticiens. Ils commencèrent à étudier le génome de Plantes et
d'Animaux supérieurs, et, en détail, les micro-organismes. Les découvertes étonnantes qui furent faites conduisirent à une véritable révolution génétique. Actuellement, on pense que le génome des cellules
encaryotes est organisé beaucoup moins simplement et logiquement
que celui des Bactéries et présente des particularités imprévues. Les
systèmes simples et économiques découverts par les premiers généticiens sont loin d'être universels.

Dans les organismes supérieurs, on a découvert en particulier que
les gènes qui interviennent dans un processus donné ne sont pas
regroupés en opérons, comme Jacob et Monod l'avaient découvert
chez *E. coli*. Ils peuvent être répartis sur différents chromosomes, ou
réunis en groupes, mais chacun est contrôlé et s'exprime isolément.
On a aussi découvert les « introns » — séquences d'ADN plus ou
moins longues qui interrompent la séquence codante d'un gène.
Avant d'être traduites en protéines, les sections d'ARN messager
codées par les introns sont excisées pour que le message génétique soit
continu. C'est ce que l'on appelle l'épissage de l'ARN. On se

La génétique du polymorphisme
Dans certaines espèces, il existe deux ou plusieurs formes ; c'est ce que l'on appelle le polymorphisme. Des conditions génétiques particulières doivent être remplies pour éviter le mélange de leurs gènes. Chez les Papillons, comme Papilio dardanus, *les gènes des différentes formes sont groupés sur un chromosome en un complexe génique, et ne sont pas éparpillés sur les différents chromosomes comme chez la plupart des Papillons. Dès que les formes mimétiques sont apparues, une forte pression sélective a favorisé cette solide liaison entre gènes responsables du type mimétique.*

Les Rétrovirus remontent l'information
On pensait que toute information génétique était dans l'ADN, quand on découvrit récemment des Virus à ARN. Certains de ces Virus à ARN ont une voie de synthèse particulière qui permet à leur ARN de former encore de l'ARN. Par contre, d'autres, les Rétrovirus, quand ils infectent leur hôte, transforment leur ARN en ADN grâce à une enzyme, la transcriptase inverse. C'est la source de nombreuses bizarreries, comme la duplication de gènes à partir d'ARN et la formation de certains « gènes sauteurs ». On n'est pas sûr que les Rétrovirus interviennent toujours dans ces phénomènes ; on suppose, en effet, que des cellules ordinaires peuvent synthétiser la transcriptase inverse en l'absence de Rétrovirus.

Papilio dardanus mâle
(non mimétique)

Danaus chrysippus
(espèce toxique)

> Particules à l'origine
de la « tremblante » du
Mouton (× 100 000).
Elles ne contiennent que
des protéines, et sont
cent fois plus petites
que le plus petit Virus.

Papilio dardanus femelle
forme A (mimétique
de Danaus chrysippus)

La vie sans nucléotides
Que l'ARN soit un matériel génétique n'est pas tellement surprenant, car il ressemble à l'ADN. Mais, récemment, on a découvert des organismes apparemment capables de se reproduire et dépourvus de tout nucléotide. Au moins deux maladies, la tremblante du Mouton et de la Chèvre et la maladie de Creutzfeld-Jacob chez l'Homme, semblent dues à des particules infectieuses, les « prions ». Dans les deux cas, on observe une lente dégénérescence du système nerveux. Les prions seraient formés de plus d'une protéine, et il n'est pas sûr qu'ils contiennent un acide nucléique ; s'ils en ont, c'est en quantité infime. Mais ils peuvent amorcer la synthèse d'autres prions. On a découvert avec surprise, dans des tissus sains, que l'ADN de l'hôte avait des séquences codant les protéines du prion. Si ces protéines sont un constituant normal de la cellule, comment la maladie apparaît-elle ? Soit la protéine est modifiée par une coenzyme au cours de l'infection, les particules infectieuses altérant des molécules préexistantes, soit il y a dans ces particules un polynucléotide que l'on n'a pas encore découvert.

demande comment les introns se sont placés au départ. Peut-être des gènes courts se sont-ils réunis en un gène plus long, et les introns sont-ils des restes de l'ADN intermédiaire. C'est ce que l'on observe pour le gène du lysosome de la Poule, qui a trois introns divisant le gène en quatre segments (les exons) correspondant aux unités fonctionnelles de l'enzyme. Les exons 2 et 3 codent le site actif de l'enzyme, l'exon 2 agissant lui-même comme une enzyme. Les exons 1 et 4 codent les parties structurales inactives de la protéine.

On a aussi découvert que les Animaux et les Plantes supérieures ont beaucoup plus d'ADN dans chacune de leurs cellules que n'en ont les Bactéries. On l'explique, en partie seulement, par leur taille et leur complexité plus grandes. Cependant, quelques espèces ont beaucoup plus d'ADN que des espèces voisines ; par exemple, l'Axolotl, sorte de Salamandre, a vingt fois plus d'ADN que d'autres Amphibiens de même taille, et vingt fois plus que l'Homme. Cet ADN qui ne semble pas essentiel est appelé ADN « satellite ». En fait, beaucoup d'organismes supérieurs ont de l'ADN redondant : de courtes séquences sont répétées des milliers de fois. Certaines sont proches du centre ou des extrémités du chromosome, et semblent en contrôler l'activité. D'autres sont sans doute inutiles et pourraient être formées par duplication ou par des Rétrovirus (voir p. 26). L'abondance de l'ARN dans la cellule est une aubaine pour les Rétrovirus et pourrait expliquer le nombre élevé de gènes dupliqués — jusqu'à 300 000 copies par génome dans certains cas. Le nouvel ADN peut être inséré n'importe où sur les chromosomes et pas seulement au niveau du site originel.

Tous les gènes répétés ne sont pas de l'ADN satellite. Par exemple, les gènes qui codent l'ARN ribosomal chez les Animaux et les Plantes sont très nombreux, probablement parce que les cellules ont besoin de beaucoup de ribosomes pour synthétiser leurs protéines. Dans d'autres cas, des copies d'un gène peuvent coder des produits légèrement différents, qui sont utilisés à divers stades du développement. Chez les Mammifères, par exemple, il y a plusieurs copies du gène de l'hémoglobine. Les uns codent l'hémoglobine de l'adulte, les autres l'hémoglobine du fœtus qui tire son oxygène du sang maternel et non de l'air.

Ces ensembles sont appelés familles de gènes. On a découvert avec surprise que certains gènes associés à des familles de gènes ne sont pas de vrais gènes parce que des mutations qu'ils portent les empêchent de s'exprimer. C'est ce que l'on appelle des pseudogènes, et ils sont un type d'ADN satellite. Mais, alors qu'ils ne jouent aucun rôle, ils pourraient être la « matière première » moléculaire sur laquelle pourrait agir la sélection naturelle. L'utilisation d'une copie d'un gène dupliqué est sans doute la voie la plus directe pour l'évolution vers un nouveau gène ; en effet, dans ce cas, beaucoup d'éléments sont préexistants. Le pseudogène possède des mécanismes de contrôle intégrés, y compris des segments signalant le début et la fin de transcription en ARN messager.

Peut-être la découverte la plus étonnante de ces dix dernières années est-elle celle des « transposons » ou « gènes sauteurs », soupçonnés dès les années 1940, mais reconnus dans les années 1970. Ces éléments ne « sautent » pas vraiment, mais envoient des copies qui peuvent aller s'insérer dans le génome sur n'importe quel chromosome. Du point de vue de l'évolution, l'aptitude de certains gènes à se déplacer occasionnellement dans le génome pourrait être la cause de transformations rapides et jouer un rôle particulièrement important dans la formation de nouvelles espèces.

La vie en accéléré

Personne ne sait pourquoi le génome des Eucaryotes (Plantes et Animaux supérieurs) est organisé de façon si différente de celui des Procaryotes (Bactéries).

La réussite évolutive et la survie des Bactéries reposent sur une croissance rapide, un cycle de vie court et une nombreuse descendance, ce qui nécessite un métabolisme « allant droit au but » et donc un génome assez petit pour être répliqué rapidement. De même, les réponses aux variations de l'environnement doivent être promptes ; avoir des gènes regroupés en opérons permet sans doute de modifier rapidement et avec un minimum de pertes énergétiques l'expression des gènes.

La plupart des Eucaryotes, au contraire, sont des organismes à cycle vital long. Parce que leur environnement est stable, ils n'ont pas besoin de modifier autant et aussi vite l'expression de leurs gènes. Leur descendance est moins nombreuse ; aussi leur est-il possible d'avoir un génome complexe, qui nécessite beaucoup de temps et d'énergie pour être répliqué. En fait, la complexité génétique des Eucaryotes a probablement contribué à leur réussite.

Les exceptions sont des Eucaryotes en compétition directe avec des Procaryotes — par exemple les Champignons microscopiques du sol. Eux aussi doivent se développer et se reproduire vite. Ils ont un génome de petite taille, peu de séquences répétitives et des temps de réponse assez courts aux modifications de l'environnement.

Ironie du sort, ce sont des traits comme le cycle vital court qui ont séduit les généticiens chez ces Champignons microscopiques et ces Bactéries, et ont conduit à une interprétation quelque peu erronée de l'expression des gènes.

Barbara McClintock et les gènes sauteurs

Dans les années 1940, la généticienne américaine Barbara McClintock, en publiant les premiers résultats étonnants de ses expériences sur le Maïs, suggéra que des éléments génétiques changeaient l'expression de gènes codant la couleur des grains. Le plus étrange était que ces éléments semblaient se déplacer d'un chromosome à l'autre, en l'absence de crossing over.

A cette époque, l'idée de gène sauteur paraissait absurde, et beaucoup de scientifiques eurent du mal à accepter cette interprétation. C'est seulement dans les années 1970 que l'on découvrit les gènes sauteurs chez d'autres organismes, y compris les Bactéries où ils sont responsables du transfert de la résistance aux antibiotiques d'un plasmide (une petite unité génique indépendante de la boucle d'ADN principale) à l'autre. Il fallait faire des progrès dans la technologie de l'ADN pour prouver indubitablement l'existence de gènes sauteurs ou transposons. On analysa des segments d'ADN de séquence connue, et l'on montra ensuite qu'un nouveau segment d'ADN, le transposon, se trouvait dans la séquence originale. En 1983, Barbara McClintock reçut le prix Nobel pour ses découvertes effectuées quarante ans plus tôt.

< *Barbara McClintock au travail en 1947.*

La classification

Les controverses ; les premiers taxonomistes ; Linné ; la classification phylogénétique ; Hennig et les cladistes. PERSPECTIVE : le besoin de classer ; comparaisons de molécules et « horloge moléculaire » ; le legs de Linné : le système binominal ; la phénétique

Classification : théorie et pratique
La classification, c'est en fait deux sujets en un : d'abord la taxonomie, simple exercice de « rangement » des êtres vivants et résumé de nos connaissances ; c'est aussi une tentative pour expliquer pourquoi certains organismes sont plus proches que d'autres. Les explications modernes sont évolutionnistes, alors que les précédentes se référaient à un Créateur ou à des schémas mathématiques. La systématique recouvre à la fois cet arrière-plan théorique et sa mise en pratique, la taxonomie.

La classification, *a priori* peu sujette à controverse, et pour certains sans intérêt, nourrit depuis dix ans l'un des débats les plus brûlants de la Biologie. Ce débat oppose, d'un côté, les traditionalistes, qui sont en faveur de la taxonomie évolutive, de l'autre, les cladistes, qui soutiennent le système inspiré par le biologiste allemand William Hennig dans les années 1960. En gros, Hennig voulait introduire une approche plus méthodique et plus scientifique de la classification, jusqu'alors plutôt subjective et idiosyncrasique — plus art que science. Changer de méthode, c'est aussi changer d'attitude. Certaines conceptions ayant dominé la taxonomie pendant près d'un siècle ont été remises en question, et c'est de là qu'est née la controverse — durant laquelle les cladistes ont été accusés de tous les maux, y compris d'être créationnistes.

Classification : les anciens et les modernes
Le besoin de classifier, former des groupes et les nommer, est typiquement humain. La nature y a été soumise il y a des millions d'années quand nos lointains ancêtres inventèrent des mots comme « oiseau », « poisson » ou « serpent ». Cette classification grossière s'affina avec l'amélioration des connaissances : par exemple, on distingua oiseau et chauve-souris. .Par la suite, de nombreux naturalistes tentèrent de mettre au point des classifications, comme le fit Aristote qui distinguait quatorze groupes : Mammifères, Oiseaux, Poissons, etc. C'était assez raisonnable, mais il continua à subdiviser les groupes pour arriver à une classification artificielle, parce qu'établie à l'aide d'un critère unique selon la taille. Les taxonomistes modernes s'efforcent de mettre au point des classifications « naturelles » reflétant les véritables relations entre les êtres vivants. C'est ce qu'il est possible de faire en prenant en compte toute une série de critères.

Les bibliothécaires du monde vivant
« Quand l'homme ignore le nom et les propriétés d'un objet naturel [...] il ne sait ni l'observer ni le décrire correctement », se lamentait le naturaliste anglais John Ray (1627 ?-1705). A l'époque, le problème était dû au fait que beaucoup d'animaux et de plantes avaient une multitude de noms locaux, et qu'il n'y avait pas moyen de les décrire de manière intelligible par tous. Ray décida de répertorier le monde vivant et d'y mettre un peu d'ordre en regroupant les animaux ou les plantes qui se ressemblaient manifestement. Au XVIIIᵉ siècle, Carl von Linné (1707-1778), botaniste suédois dont l'ambitieux *Systema Naturæ* fonde la science moderne de la taxonomie, se fixa le même objectif.

Ray et Linné croyaient tous deux que leur classification reflétait l'œuvre du Créateur. Linné remarqua l'organisation hiérarchisée de la nature où de petits groupes s'assemblent pour en former de plus grands ; il leur donna des noms toujours en usage : espèce, genre, ordre et classe. Tout comme les taxonomistes qui lui succédèrent et qui élaborèrent son système, il voyait dans cette hiérarchie le reflet d'un plan divin. Mais, au XIXᵉ siècle, Charles Darwin (1809-1882) interpréta différemment ces hiérarchies naturelles. Il exploita le succès du système linnéen comme argument de sa théorie de la « descendance modifiée », transformant les classifications en arbres d'évolution. Il insista aussi pour qu'à l'avenir les classifications fussent des généalogies. Les choses se gâtèrent quand les cladistes s'en aperçurent.

Au siècle suivant, les taxonomistes tentèrent d'atteindre l'objectif de Darwin, et ils utilisèrent tous les indices, y compris les fossiles, pour établir des généalogies. On construisait alors couramment des arbres évolutifs (sur lesquels s'appuyait désormais la classification), en tentant de remonter une lignée à l'aide de fossiles. Les limites de cette méthode n'apparurent que plus tard (voir p. 31).

∧ *Le naturaliste anglais John Ray fut le premier à tenter de classer les êtres vivants à l'aide de leurs ressemblances anatomiques. Il préfigurait le travail de Linné en proposant une classification plus naturelle qu'artificielle.*

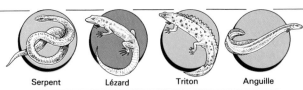

Serpent   Lézard   Triton   Anguille

La méthode cladistique

> 1. La première étape consiste à dresser un tableau récapitulatif des caractéristiques d'animaux ou de plantes à comparer, les taxa. Le tableau représenté ici (à droite) est très simplifié ; dans un cas réel, on prendrait en compte des caractéristiques beaucoup plus nombreuses. Parce qu'ils ne permettent aucune comparaison, les traits spécifiques à un taxum ou communs à tous sont éliminés. Ici sont comparés un Serpent (A), un Lézard (B), un Triton (C) et une Anguille (D). A première vue, Anguille et Serpent pourraient être regroupés, de même que Lézard et Triton, mais ce tableau prouve que c'est incorrect...

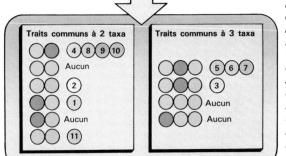

1. Quatre membres osseux
2. Corps long et cylindrique
3. Peau écailleuse
4. Mue périodique
5. Poumons
6. Cœur à trois cavités
7. Vertèbres à pointes osseuses s'articulant avec la suivante
8. Œufs à coquille souple
9. Fécondation interne ; le mâle a un pénis
10. Œuf à membrane interne (amniotique)
11. Stades larvaires différents de la forme adulte

> 2. L'étape suivante consiste à regrouper les traits communs aux taxa pris par paires : A et B, A et C, A et D, B et C, etc. On note leurs points communs (absents chez les autres taxa). On répète l'opération pour tous les triplets A, B, C et A, B, D, etc.

Traits communs à 2 taxa

4 8 9 10
Aucun
2
1
Aucun
11

Traits communs à 3 taxa

5 6 7
3
Aucun
Aucun

Les fossiles : un problème pour le taxonomiste

La façon de prendre en compte les fossiles est l'une des différences clés entre cladisme et taxonomie évolutive. Pour Hennig, la classification doit être basée sur les caractères observables des animaux vivants, sans tenir compte de leur évolution passée. Il faut étudier à part les fossiles, établir leur propre cladogramme et le comparer à celui des formes vivantes.

Actuellement, les cladistes étudient en même temps fossiles et formes vivantes. C'est à partir des formes vivantes qu'ils établissent un cladogramme dans lequel ils placent ensuite les fossiles. Ils évitent de désigner l'un d'eux comme la forme ancestrale, sachant qu'il est impossible de connaître objectivement ses caractéristiques.

Les molécules témoignent

Depuis vingt-cinq ans, les taxonomistes disposent d'un puissant outil : les comparaisons de molécules. La technique en théorie la plus simple est l'hybridation d'ADN : deux simples brins d'ADN de deux espèces différentes sont mis en présence, et l'on mesure leur degré d'appariement. Plus les espèces sont proches, plus l'appariement est important.

Une autre méthode simple consiste à injecter à un animal, par exemple un Lapin, des cellules d'une autre espèce comme le Kangourou. Le Lapin produit des anticorps dont on mesure la réaction quand ils sont mis en contact avec les cellules d'un troisième animal, disons un Wallaby. Une réaction importante est signe que Kangourou et Wallaby sont proches. Ces deux techniques donnent des mesures grossières des distances entre espèces. En comparant des séquences d'ADN, d'ARN ou d'acides aminés communes à plusieurs espèces, on obtient des mesures de distance entre espèces plus fines et une mesure du temps. De nombreux changements neutres se produisant et s'accumulant au niveau des acides aminés des protéines, on dispose d'une « horloge moléculaire » (voir p. 18).

> 3. Ces données sont agencées dans les quinze arbres qu'il est possible de tracer avec quatre taxa. Un trait commun aux seuls B et C sera noté là où B et C se séparent. Il n'y a pas de numéro aux terminaisons qui correspondent aux traits communs à tous les taxa et qui, de ce fait, n'ont pas été pris en compte.

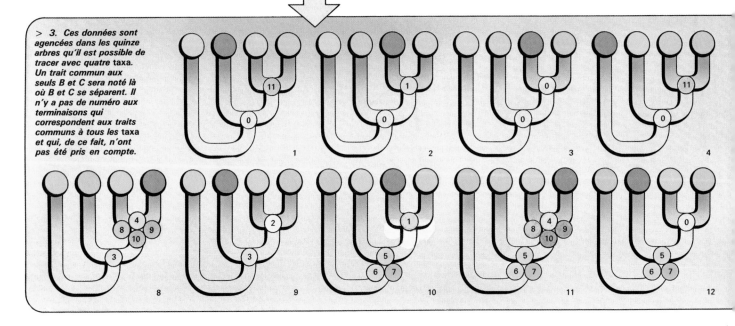

Le problème des fossiles, c'est que seules les parties dures des organismes sont fossilisées, en général seulement les os et les dents. Les parties molles, qui sont essentielles pour établir la plupart des comparaisons, manquent. De plus, seuls quelques organismes sont fossilisés, si bien que les chaînons manquants sont nombreux. Enfin, il est fort périlleux de désigner un fossile comme l'ancêtre de formes actuelles, car il n'existe pas de moyen infaillible pour distinguer un véritable ancêtre d'une forme qui lui soit apparentée ou qui en soit le descendant.

Au-delà de ces difficultés pratiques se dresse un sérieux obstacle théorique. Les classifications évolutives ont toujours reposé sur certaines affirmations quant au sens de l'évolution. Si les classifications ainsi établies sont utilisées pour analyser un processus évolutif, les hypothèses de départ sont de fait inévitablement confirmées et cela peut permettre de les croire plausibles alors qu'elles ne le sont pas réellement.

Les cladistes se sont attaqués à ces problèmes et ont tenté de mettre au point une méthode plus objective et plus scientifique que les approches intuitives antérieures.

La partie la moins controversée de leur approche est leur méthode d'étude des ressemblances, qui est maintenant largement utilisée en taxonomie. En principe, il s'agit d'établir tous les cladogrammes — diagrammes arborescents — possibles pour un nombre donné d'organismes à classer. Pour quatre organismes, on en compte 15, pour cinq 105, pour six 945, et ainsi de suite. Ce sont les ordinateurs qui effectuent maintenant ces tâches fastidieuses.

L'étape suivante consiste à faire le tableau des traits marquants des organismes comparés. On élimine les traits communs à tous, de même que ceux qui sont spécifiques d'un seul organisme — la comparaison est l'essence de la méthode cladistique. Les ressemblances sont ensuite placées sur les cladogrammes dont le « meilleur » est retenu ; c'est celui qui laisse de côté le minimum de ressemblances : c'est le principe d'« économie ». Les organismes ne peuvent donc être placés qu'aux extrémités des cladogrammes, et non aux embranchements. Cela restreint le nombre de diagrammes possibles et facilite les comparaisons entre eux.

∨ 5. Le cladiste essaie d'éliminer les caractères primitifs au début de son analyse, mais les fausses pistes peuvent encore être les plus nombreuses. C'est pourquoi il est important de prendre en compte un très grand nombre de caractères.

① L'embryon de Serpent a des ébauches de ceinture pelvienne — là où s'attachent les membres postérieurs. Quelques Serpents ont des traces de membres postérieurs, ce qui montre que ceux-ci ont disparu. Autrement dit, les ancêtres des Serpents avaient des membres postérieurs.

② En l'absence de membres, un long corps cylindrique permet de se déplacer sur terre, dans l'eau ou dans la vase. Serpent et Anguille réalisent la même forme avec des moyens différents : c'est un phénomène d'évolution convergente (voir p. 13). Les traits convergents sont de fausses pistes.

③ Les fossiles laissent supposer que les ancêtres des Tritons avaient une peau écailleuse qui a disparu chez les Amphibiens actuels.

⑪ L'étude des embryons de Serpents et de Lézards montre qu'ils passent dans l'œuf par des stades équivalant au stade larvaire du Triton. Chez les Vertébrés en général, un stade larvaire est un trait primitif, observé dans l'œuf des plus évolués d'entre eux. Les cladistes essaient d'éliminer ces traits au plus vite.

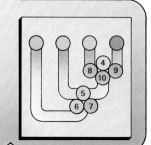

> 4. Le meilleur arbre est celui qui « explique » le plus grand nombre de caractères. Ici, l'arbre 11, qui rend compte de sept caractères, est le meilleur. Mais il laisse inexpliqués les traits 1, 2, 3 et 11. Ceux-ci sont alors examinés de plus près pour voir s'ils sont des « fausses pistes ».

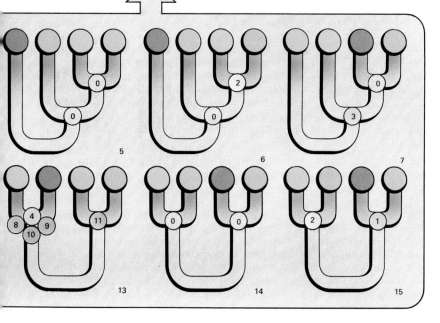

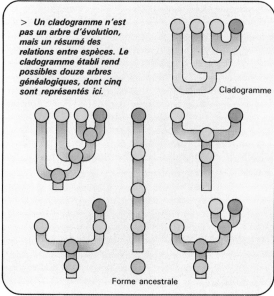

> Un cladogramme n'est pas un arbre d'évolution, mais un résumé des relations entre espèces. Le cladogramme établi rend possibles douze arbres généalogiques, dont cinq sont représentés ici.

Cladogramme

Forme ancestrale

Voir aussi
L'évolution pp. 7-18
Les Plantes sans fleurs pp. 43-56

Un autre aspect plus controversé de la cladistique est le mode de dénomination des groupes. Hennig proposa de ne nommer que les groupes monophylétiques, parce qu'ils sont les seuls à pouvoir être définis par la présence de certains traits communs. Un groupe monophylétique rassemble tous les descendants d'un ancêtre hypothétique ; la classe des Mammifères en est un bon exemple.

Mais les taxonomistes évolutionnistes pensent que les groupes paraphylétiques sont valables. Les Reptiles et les Poissons, par exemple, sont des groupes monophylétiques incomplets, car on en a retiré certains éléments pour les classer à part. Chez les Reptiles, ce sont les Oiseaux qui ont un statut particulier, ce que les évolutionnistes justifient par le fait que les Oiseaux sont très différents des Reptiles dont ils ont beaucoup divergé.

Mais les différences entre taxonomistes évolutionnistes et cladistes sont beaucoup plus profondes. Les cladistes ont parfois été accusés d'avoir une vision étroite, irréaliste de l'évolution, s'en tenant à une spéciation par embranchements dichotomiques. Ces critiques sont fondées sur une incompréhension des cladogrammes, qui ne sont pas des arbres d'évolution mais des résumés de relations existantes. Plus sérieusement, les cladistes ont été accusés de « créationnisme », parce que certains affirmaient que l'on peut faire de la classification sans se référer à aucune théorie de l'évolution. Cette affirmation était une réaction en bloc à l'idée d'évolution, mais elle a été interprétée abusivement. En fait, les cladistes se contentent d'affirmer qu'il n'est pas nécessaire d'avoir des *a priori* quant à l'évolution pour faire de la classification.

∧ *Linné en costume traditionnel de Lapon. Ses premières tentatives de classification comportaient des noms descriptifs longs et incommodes. Son système binominal est une élégante solution à ces problèmes.*

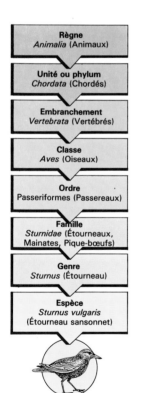

Règne	
Animalia (Animaux)	

Unité ou phylum
Chordata (Chordés)

Embranchement
Vertebrata (Vertébrés)

Classe
Aves (Oiseaux)

Ordre
Passeriformes (Passereaux)

Famille
Sturnidae (Étourneaux, Mainates, Pique-bœufs)

Genre
Sturnus (Étourneau)

Espèce
Sturnus vulgaris
(Étourneau sansonnet)

∧ *La taxonomie identifie et nomme les espèces. Celles-ci ont une identité biologique (voir p. 14), alors que les groupes taxonomiques supérieurs sont des abstractions.*

Carl von Linné
La classification était déjà un sujet de discussion du temps de Linné. Un ecclésiastique anglais écrivait que « rien ne pourrait égaler la lascivité grivoise de Linné », parce que son système de classification des Plantes repose sur les seuls organes reproducteurs (bien que la prise en compte d'un critère unique ait pu conduire, comme Linné le savait, à une classification artificielle, il s'est trouvé que ce caractère fondamental a conduit à une classification largement naturelle).
Linné mit de l'huile sur le feu par ses métaphores érotiques : « Les pétales des fleurs sont une couche nuptiale splendide, parée par le Créateur d'un dais somptueux et des parfums les plus enivrants pour que les nouveaux époux consomment leur union. »

La taxonomie et les chiffres
La « phénétique » est une autre méthode de classification objective qui repose sur la comparaison de très nombreux traits afin de dégager des similitudes entre divers organismes.
Elle diffère de la cladistique parce que l'absence d'un trait est considérée comme une ressemblance. Le nombre total des ressemblances entre les organismes est calculé et permet de regrouper les organismes en paires hiérarchisées.
Les ordinateurs sont essentiels pour cette opération. La phénétique est utile pour classer de nombreux organismes quand les autres méthodes échouent.

Le système binominal
Linné nous a légué le système binominal dans lequel chaque être vivant est désigné par un nom de genre (par exemple Sturnus*) et un nom d'espèce (*vulgaris*). Ensemble, ils désignent une espèce :* Sturnus vulgaris, *l'Étourneau sansonnet. Linné avait d'abord essayé un autre système avec des noms rendant compte de chaque trait de l'être vivant considéré, mais on aboutissait à des noms très compliqués comportant jusqu'à dix mots latinisés.*

Le nom de la Rose change...
Bien que le système binominal soit très efficace, il ne permet pas d'améliorer la communication par une nomenclature standard. Les classifications sont régulièrement révisées et actualisées à la lumière de nouvelles informations et, dans ce cas, les noms scientifiques sont changés.
Par exemple, Linné avait nommé la Jacinthe Hyacinthus non-scriptus *qui devint plus tard* Agraphis festalis, *puis* Scilla festalis, Scilla non-scripta, Scilla nutans *et* Endymion non-scriptus. *Ce dernier nom fut utilisé très longtemps, mais il a été récemment remplacé d'abord par* Hyacinthoides non-scripta *puis de nouveau par* Scilla non-scripta. *Au contraire, le nom commun « Jacinthe » est resté inchangé, ce qui fait de lui le nom le plus pratique, au moins pour les francophones. Par contre, le nom scientifique présente l'avantage de désigner la même chose dans plusieurs pays. En français, le nom commun « Sycomore » désigne en France* Acer pseudo-platanus *et au Québec* Platanus occidentalis.

Bactéries, Virus et Protozoaires

4

Plus de la moitié du poids de tous les êtres vivants ; les principaux groupes de Protozoaires ; l'abondance des Bactéries ; les Virus, la forme de vie la plus simple. PERSPECTIVE : Leeuwenhoek, fondateur de la microbiologie ; Pasteur et le vrai début de la microbiologie ; bactéries et maladies ; la découverte des Virus

Les Flagellés

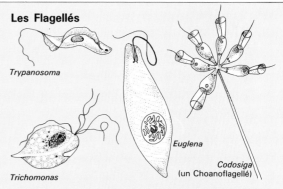

Trypanosoma

Euglena

Codosiga
(un Choanoflagellé)

Trichomonas

△ *Les Euglénidés sont les Flagellés les plus répandus. Bien que photosynthétiseurs, ils ne sont pas autotrophes : ils doivent absorber des acides aminés et peuvent, avec des substances nutritives, vivre dans l'obscurité. Certains, comme les Choanoflagellés coloniaux et les Trypanosomes parasites, ressemblent à des animaux. Certains ont une bouche et un œsophage, d'autres absorbent leur nourriture à travers leur membrane, comme le font les Amibes.*

Les organismes unicellulaires représentent, en poids, plus de la moitié de toutes les créatures vivantes. Pourtant, ils sont invisibles à l'œil nu. Leeuwenhoek les observa pour la première fois au XVIIe siècle, et ce n'est pas avant le XIXe siècle qu'ils furent étudiés en détail.

Leeuwenhoek donna le nom d'« animalcules » à tous les êtres vivants visibles au microscope ; on les appela ensuite « micro-organismes » ou « microbes ». Ces termes sont très larges puisqu'ils englobent des créatures qui ne sont pas apparentées et qui n'ont en commun que d'être invisibles à l'œil nu (les plus grosses ne sont que des points microscopiques) et en général unicellulaires (bien que quelques-unes forment des colonies lâches). Quelques groupes sont apparentés à des organismes pluricellulaires, comme les Levures, qui sont des Champignons (voir p. 37), et les Algues unicellulaires (voir p. 45) ; mais, en dehors de ces groupes, il existe des organismes très divers. On peut néanmoins les classer en trois grandes catégories : les Virus (qui n'ont absolument pas de cellules), les Bactéries et les Cyanobactéries (qui ont des cellules procaryotes), et les Protozoaires (qui, comme d'autres organismes supérieurs, ont des cellules eucaryotes).

Chacun de ces groupes rassemble une grande variété d'organismes différents, mais celui des Protozoaires est probablement le moins satisfaisant des trois. Son nom même est un anachronisme remontant aux efforts malencontreux du XIXe siècle, qui tendaient à classer les micro-organismes dans un monde à deux règnes rigides. Certains, comme les Bactéries, les Levures et les Algues, étaient considérés comme des Plantes parce qu'ils avaient des parois cellulaires rigides, et les autres étaient classés comme Animaux. Les noms Protophytes (premières plantes) et Protozoaires (premiers animaux) leur furent attribués. Le dernier nom resta, malgré le fait que certains Protozoaires comme l'Euglène produisent leur nourriture par photosynthèse, une caractéristique propre aux Plantes. Le nom moins contesté de « Protistes » (ou plus exactement « Protistes eucaryotes ») est parfois utilisé, mais il peut avoir un sens plus vaste, qui mène à la confusion.

Les Protozoaires

Il existe une grande diversité de Protozoaires, que l'on peut classer en trois groupes distincts suivant leur mode de locomotion. Les Flagellés se déplacent grâce à un ou plusieurs flagelles en forme de fouet, tandis que les Ciliés ont des cils plus nombreux et plus courts. Chez les Rhizopodes, l'Amibe a donné son nom à un mode de locomotion particulier, mais tous les Rhizopodes ne se déplacent pas de cette façon. Ceux qui ont une coquille, comme les Foraminifères, se déplacent par un mouvement amiboïde modifié, tandis que les Radiolaires et les Héliozoaires, au squelette siliceux, flottent dans le plancton ou, dans un seul cas, se déplacent en ramant.

Les Rhizopodes

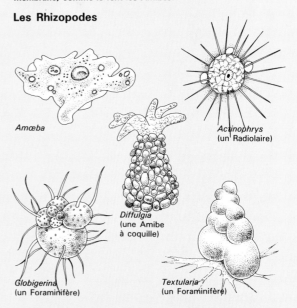

Amœba

Actinophrys
(un Radiolaire)

Diffulgia
(une Amibe
à coquille)

Globigerina
(un Foraminifère)

Textularia
(un Foraminifère)

△ *Beucoup de Rhizopodes, comme l'Amibe, s'entourent d'une membrane de sable ; d'autres, comme les Foraminifères, d'une membrane crayeuse. Celles-ci sont percées de petits trous qui permettent aux pseudopodes de s'étendre. Les Radiolaires et les Héliozoaires ont un squelette siliceux ; chez certains, il est interne et formé de pointes qui irradient à partir du centre de la cellule.*

Les Ciliés

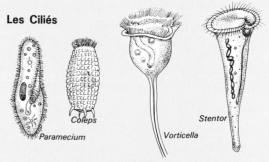

Coleps

Stentor

Paramecium

Vorticella

△ *Les Ciliés sont parmi les organismes unicellulaires les plus complexes. Ils sont recouverts de milliers de cils qui leur servent à se déplacer et à diriger la nourriture vers la « bouche » qui mène à l'œsophage. Chez les formes sessiles, comme Stentor et Vorticella, les cils ont seulement un rôle nutritif. Ils ressemblent aux flagelles, mais sont plus petits et plus nombreux.*

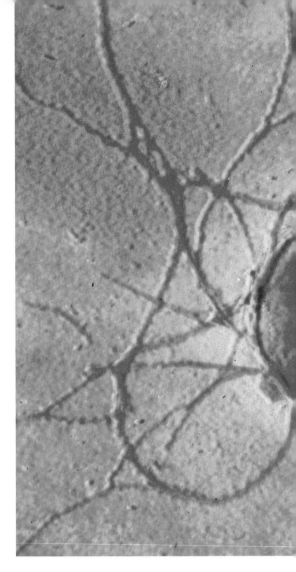

Des caractéristiques autres que le mode de locomotion différencient ces trois groupes. Par exemple, les Ciliés ont au moins deux noyaux par cellule. Le plus grand est souvent responsable de la croissance et du métabolisme. Il se désintègre pendant la reproduction sexuée tandis que le plus petit subsiste. Ce dernier contient l'information génétique à partir de laquelle le plus grand est constitué. Ce dernier contient beaucoup de copies des gènes qui contrôlent les activités de la cellule.

Les Bactéries et les Cyanobactéries

Beaucoup de gens associent les Bactéries à la maladie. En fait, ce sont souvent d'autres micro-organismes qui causent des maladies. La plupart des Bactéries sont saprophytes : elles se nourrissent de substances mortes ou de déchets ; les autres et toutes les Cyanobactéries sont autotrophes. Quelques Myxobactéries sont même des prédateurs qui se nourrissent d'autres Bactéries, d'Algues et de Levures en sécrétant des toxines qui digèrent à l'extérieur.

Les premiers êtres vivants ressemblaient sans doute aux Bactéries. Elles abondent partout sur Terre, et les milieux extrêmes sont presque leur propriété exclusive. Certaines vivent incrustées dans les glaciers arctiques, tandis que d'autres se développent dans les sources hydrothermiques marines où la température peut dépasser 100 °C.

On attribue l'essor des Bactéries à leur énorme versatilité chimique, et à leur rapidité de reproduction et de mutation qui leur permet de s'adapter facilement à tout changement extérieur. Les Bactéries saprophytes se nourrissent de presque tout. Certaines espèces décomposent même l'huile ; il est possible que des Bactéries pouvant décomposer les plastiques se développent ou soient artificiellement cultivées en laboratoire. La fixation de l'azote est une autre de ces fonctions biochimiques uniques.

Malgré leur diversité chimique, les Bactéries ont de nombreux points communs. Ce sont des Procaryotes : leur structure cellulaire est assez simple, et il leur manque beaucoup de caractéristiques présentes chez les organismes supérieurs. De plus, la paroi cellulaire de la Bactérie est faite d'un seul polysaccharide, un glycopeptide, formant une très forte protection autour de la cellule. La pénicilline et d'autres antibiotiques interfèrent avec la synthèse du glycopeptide, affaiblissant ainsi la paroi cellulaire qui ne résiste plus à la pression osmotique et éclate, l'eau envahissant alors la cellule bactérienne.

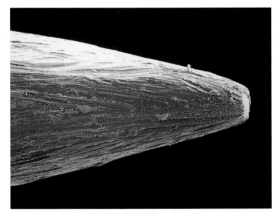

Les Virus, forme de vie animale

Les Virus posent un problème pour la définition du vivant. Ils ont une structure de cristal, et ne peuvent se reproduire que dans les cellules des Bactéries, des Animaux ou des Plantes. La plupart ne sont qu'une longue molécule d'acide nucléique (ARN ou ADN) à l'intérieur d'un manteau protecteur protéique. Cette particule de Virus commence à se multiplier dès qu'elle pénètre la cellule hôte. Les acides nucléiques sont reproduits les premiers, suivis des protéines. A l'intérieur de la cellule hôte, une enveloppe protéique entoure chaque acide nucléique, formant ainsi de nouveaux Virus qui sortent pour infecter d'autres cellules.

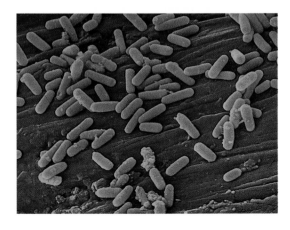

Dans les années 1950, les chercheurs pensaient que les Virus étaient des paquets d'acide nucléique dans des boîtes protéiques. Mais certaines enveloppes virales contiennent des matières grasses ainsi que des glucides. Dans les années 1970, les chercheurs ont aussi découvert des enzymes dans certains Virus comme la transcriptase inverse des Rétrovirus (voir p. 26).

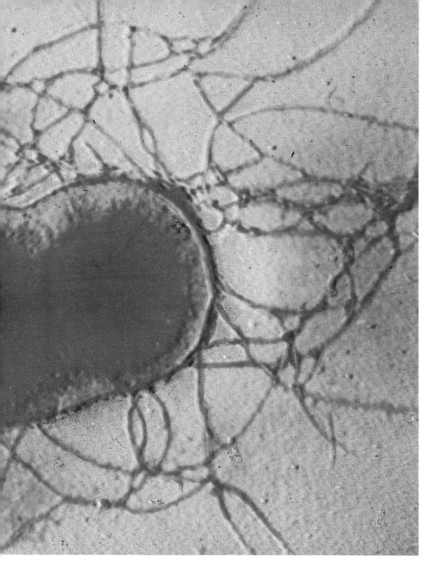

Les Archébactéries

Certaines Bactéries vivent dans des milieux extrêmes ou ont des besoins nutritifs particuliers. D'après les séquences de leurs ARN, elles paraissent être aussi éloignées des autres Bactéries qu'elles le sont des Eucaryotes. Carl Woese, de l'université de l'Illinois, a développé l'étude des Archébactéries, qu'il distingue des Eubactéries.

Il les classe en trois groupes : les Halophytes, qui supportent des habitats très salés, les Méthanogènes, qui utilisent le dioxyde de carbone pour produire du méthane, et les Thermophiles, qui vivent dans les sources chaudes et utilisent le soufre comme source d'énergie. C'est en comparant les séquences de nucléotides de leurs molécules d'ARN (voir p. 30) que Woese définit l'absence de lien entre ces organismes et les autres Procaryotes et Eucaryotes. La molécule 16S-ARN du ribosome est la plus intéressante. On la trouve dans tous les organismes vivants, et elle joue toujours le même rôle dans la synthèse des protéines. Les variations de fréquence de cette molécule d'ARN permirent à Woese de découvrir ce groupe spécial parmi les Procaryotes, observation renforcée par des recherches biochimiques. Par exemple, les lipides des membranes des Archébactéries sont très différents de ceux des membranes des Eubactéries.

Leeuwenhoek, fondateur de la microbiologie

Ce fut le Hollandais Antoine Van Leeuwenhoek (1632-1723), un drapier de Delft qui s'amusait à fabriquer des lentilles, qui ouvrit la porte à la microbiologie. Il fabriquait des microscopes monoculaires qui pouvaient grossir jusqu'à 280 fois. La précision de ses appareils révéla un monde en mouvement d'organismes minuscules et variés, invisibles à l'œil nu, qu'il appela « animalcules ». Il les décrivit en détail dans sa correspondance avec la Royal Society de Londres dans les années 1670. Sa curiosité l'amena à examiner des milieux variés. Il étudia, par exemple, les intestins des animaux, et découvrit ainsi les Protozoaires. Il fit aussi de nombreuses découvertes dans les Mousses et dans les caniveaux. C'est dans sa bouche qu'il découvrit des Bactéries tubulaires, les Spirochètes, à propos desquelles il écrivit : « Plusieurs dames de bonne compagnie sont venues chez moi et ont été enthousiasmées à la vue des anguilles dans le vinaigre ; mais d'autres se sont dégoûtées du spectacle et se sont juré de ne plus jamais utiliser de vinaigre. Et si quelqu'un leur annonçait que l'on trouve plus d'animaux dans l'écume de leur bouche qu'il n'y a d'hommes dans tout le royaume ? »

Peu de progrès furent faits en biologie pendant le siècle qui suivit Leeuwenhoek. Rares étaient ceux qui savaient polir le verre avec la précision nécessaire aux microscopes simples. Il existait déjà des microscopes composés de deux ou plusieurs lentilles, mais ils étaient d'une telle imperfection optique qu'ils produisaient des images déformées. Ce n'est pas avant le milieu du XIXe siècle que les progrès technologiques en optique permirent de fabriquer de bons microscopes à plusieurs lentilles.

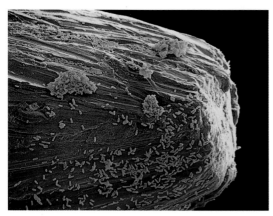

∧ Micrographie de la Bactérie flagellée, **Proteus mirabilis. Le filament de protéines des Bactéries est appelé flagelle, mais il est différent du flagelle des Protozoaires et des autres cellules eucaryotes. Ce dernier devrait s'appeler un « ondulapode ». En plus des différences structurelles, le flagelle bactérien a un mouvement de rotation à sa base, tandis que le mouvement du flagelle des Eucaryotes s'exerce sur toute sa longueur.**

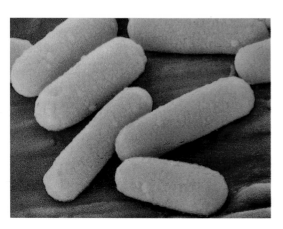

< **Série de photographies grossies respectivement 35 fois, 175 fois, 890 fois et 4 375 fois prises avec un microscope électronique à balayage pour comparer la taille des Bactéries à celle d'une pointe d'aiguille. C'est grâce à leurs parois cellulaires rigides ou semi-rigides que l'on peut classer les Bactéries selon leur forme. Sur ces photos, elles sont de forme tubulaire. Mais elles peuvent aussi être de forme sphérique (tels les Cocci) ou spiralée (tels les Spirochètes).**

Voir aussi
Les Plantes sans fleurs pp. 43-56

Louis Pasteur

La microbiologie commença réellement avec Louis Pasteur (1822-1895). C'est lui qui détermina le rôle des micro-organismes dans les fermentations et les maladies. Pasteur commença ses recherches en microbiologie alors qu'il travaillait sur un problème pratique. A Lille, plusieurs cuvées d'un fabricant d'alcool (à partir de betteraves à sucre) étaient devenues aigres. Pasteur découvrit que les cuvées saines contenaient des structures globulaires microscopiques, tandis que les cuvées aigres contenaient de longs filaments, qu'il interpréta comme des Bactéries qui ne permettaient pas la fermentation. Pasteur démontra que des micro-organismes étaient responsables de la fermentation, et d'autres de l'aigreur. C'est ainsi qu'il réfuta la théorie de la « génération spontanée », qui prétendait que la matière inerte pouvait engendrer la vie. Il prouva que seule la vie pouvait engendrer la vie, en tout cas dans les conditions terrestres actuelles.

Bactéries et maladies

En parallèle avec Pasteur, Robert Koch (1843-1910) étudia la nature des Bactéries et leur rôle dans les maladies. Koch, jeune médecin allemand, fut le premier à montrer que des Bactéries causaient l'anthrax. Il conçut des méthodes simples pour cultiver les Bactéries en laboratoire, et améliora les méthodes de fixation et de coloration des micro-organismes. Il démontra que chaque maladie infectieuse est causée par un micro-organisme différent. Plus tard, il découvrit les Bactéries responsables de la tuberculose et du choléra, et inspira ainsi une série de recherches sur le rôle des Bactéries dans d'autres maladies.

On pense souvent que les Virus sont des parasites qui causent des maladies. Mais des découvertes récentes en biologie moléculaire suggèrent que les Virus sont des fragments épars d'acide nucléique qui se sont échappés des génomes d'autres organismes. Ils ne sont pas indépendants, car ils doivent retourner dans un génome hôte pour se reproduire, utilisant ainsi la cellule comme une usine de production de Virus. Il arrive qu'ils transportent les gènes de certains hôtes et les déposent dans le génome d'un autre, même dans celui d'une autre espèce. On a de plus en plus de preuves que des Virus ont transporté des gènes à travers les frontières, autrement inviolables, des espèces.

Une catégorie encore plus petite et plus simple d'agents responsables de maladies a été découverte en 1971. Ces agents pathogènes, appelés viroïdes, sont des molécules d'ARN, longues de 250 à 400 paires de bases, sans enveloppe protectrice. Jusqu'ici on sait que ces ARN nus causent une douzaine de maladies, mais seulement chez les Plantes supérieures. On ne sait toujours pas comment les viroïdes peuvent endommager les cellules ; leur ARN semble ne coder aucune protéine viroïde ; ils peuvent exercer leur activité pathogène en interférant directement dans la synthèse ou l'action de l'ARN dans la cellule hôte. C'est la forme de vie la plus simple : se multiplier passivement grâce à des enzymes dans les cellules infectées.

> Destruction d'une cellule bactérienne par un Bactériophage (Virus). Les particules de Virus (ovales clairs avec une pointe) remplissent la cellule dont ils ont fait éclater la membrane cellulaire.

∨ Le Dr Robert Koch fut acclamé par le public pour ses découvertes au sujet de nombreuses maladies, dont l'anthrax.

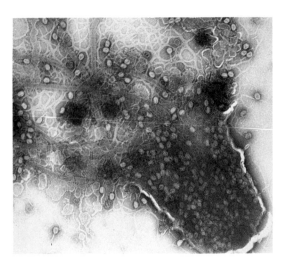

La découverte des Virus

En 1892, le scientifique russe Dimitri Ivanovski découvrit que les maladies pouvaient provenir de micro-organismes plus petits que les Bactéries. Il montra que des plants sains de Tabac pouvaient être infectés par le jus de plants atteints de la mosaïque du Tabac. Il filtra la sève pour en extraire les Bactéries ; mais les plants étaient toujours infectés, donc par un agent filtrant invisible aux microscopes de l'époque et suffisamment petit pour traverser les pores inframicroscopiques des filtres en porcelaine. Ivanovski ignorait si c'étaient des toxines plutôt que des organismes reproductibles qui causaient la maladie. M.W. Beijerinck, de l'université de Delft, appela ce liquide infectieux « Virus », mot qui signifiait « poison ». Les chercheurs découvrirent ensuite la taille exacte des agents filtrants en utilisant des filtres gradués, et identifièrent les maladies virales des animaux. Le Virus de la fièvre aphteuse des Vaches fut identifié en 1902, puis ce furent ceux de maladies humaines telles que la fièvre jaune, la rougeole et la variole.

Les Champignons

5

Les caractéristiques des Champignons ; la vie sexuelle des Champignons supérieurs et inférieurs ; la faculté d'adaptation des Champignons.
PERSPECTIVE : les diverses origines des Champignons ; l'histoire des Moisissures ; comment les Champignons s'attaquent aux plantes ; lichens : mutualisme ou parasitisme ?

On trouve des Champignons partout. Un mètre cube d'air contient des millions de spores fongiques. Dès qu'une de ces spores atteint une source nutritive, elle la décompose, en absorbe les substances nutritives et se développe. C'est ainsi que le pain moisit, que les fruits pourrissent et que les bois se putréfient. Les Champignons qui créent de tels changements sont tous des saprophytes, des organismes qui se nourrissent de corps morts ou de déchets d'autres organismes. Certains de ces saprophytes peuvent devenir parasites si l'occasion se présente, tandis que d'autres sont toujours parasites, c'est-à-dire qu'ils ne peuvent pas vivre autrement. Qu'ils soient saprophytes ou parasites, les Champignons sont tous hétérotrophes : aucun d'eux ne peut synthétiser les composés carbonés complexes à partir du gaz carbonique, comme le peuvent les Plantes. D'ailleurs, leur ressemblance avec ces dernières est tout à fait superficielle ; on les classe souvent parmi elles parce qu'ils sont immobiles. Pourtant, ils n'effectuent pas la photosynthèse, et presque aucun n'a de cellulose, la paroi cellulaire de toutes les Plantes. La plupart ont des parois cellulaires chitineuses (composant de l'exosquelette des Arthropodes), tandis que les Levures ont deux polysaccharides peu communs : le mannane et le glucane. Parmi les vrais Champignons, seuls les Oomycètes contiennent de la cellulose ; ils présentent aussi d'autres caractères qui les séparent de l'ensemble des Champignons.

Les Champignons se distinguent aussi des Plantes par la composition de leurs réserves qui n'incluent jamais l'amidon, le polysaccharide insoluble commun aux Plantes. A la place, on trouve des lipides ou un polysaccharide connu sous le nom de tréhalose, ou même du glycogène, le polymère du glucose que les animaux utilisent pour emmagasiner l'énergie à court terme.

La structure même des Champignons les distingue des Plantes. En dehors de quelques Champignons et de Levures unicellulaires, les Champignons sont constitués de filaments ramifiés, ou hyphes, qui ne poussent qu'aux extrémités. L'ensemble des hyphes forme le mycélium. Contrairement aux tissus typiques des Plantes et des Animaux, le mycélium fongique n'est pas compartimenté en cellules. Les Champignons inférieurs n'ont généralement pas de cloisons séparatrices ou septa. Elles n'existent que lors du développement des organes reproducteurs ou des « blessures ». Le cytoplasme contient de nombreux noyaux minuscules. Il se déplace librement par un courant cytoplasmique qui permet le transport d'éléments nutritifs à l'intérieur du mycélium. Par contre, les Champignons supérieurs ont des septa perforés en leur milieu et permettant au cytoplasme de passer. Chez les Basidiomycètes, les pores sont protégés de chaque côté par une membrane qui les ferme si l'hyphe vient à être coupé. Mais l'organisation de la cellule de ces Champignons est elle aussi inhabituelle, parce qu'une cellule peut contenir deux noyaux avec généralement des groupes de gènes différents.

L'évolution des Champignons

L'évolution des Champignons est encore obscure. Mais on s'accorde à penser que les Champignons sont polyphylétiques, c'est-à-dire qu'ils proviennent de plusieurs embranchements qui se sont développés séparément. L'embranchement des Myxomycètes (voir p. 41) est le plus éloigné des « vrais Champignons ».

On a longtemps cru que les ancêtres des vrais Champignons étaient les Algues ; elles seraient, en fait, les ancêtres des seuls Oomycètes. Ceux-ci forment un groupe de Champignons inférieurs, qui comprend les Moisissures parasites des poissons et des parasites végétaux tels que le mildiou de la Pomme de terre, Phytophthora, responsable au XIXᵉ siècle de la famine en Irlande. Des caractères particuliers distinguent les Oomycètes : leur paroi cellulaire contient de la cellulose et ils synthétisent de la lysine (un acide aminé) inconnue chez les autres Champignons. C'est ce qui étaye l'hypothèse selon laquelle ils dérivent des Algues brunes.

Les autres Champignons ne sont ni des Plantes ni des Animaux. Ils appartiennent à une branche séparée et indépendante de l'évolution des êtres multicellulaires.

∧ *Les spores des Pezizes se forment sur leur paroi interne. Elles se dispersent par décharge explosive.*

∨ *Un Popypore pousse sur une branche morte. Ses spores sont produites par-dessous.*

Les modes de reproduction des Champignons sont variés et complexes

La reproduction des Champignons

L'étrange reproduction sexuée des Champignons supérieurs produit des noyaux de constitutions génétiques différentes, ou hétérocaryose. Ils se reproduisent, non pas par libération des gamètes, mais par fusion des hyphes, comme quelques Champignons inférieurs. Certaines espèces ne peuvent s'unir qu'avec un hyphe du type opposé, sorte de parallèle avec les sexes mâle et femelle, bien que les deux types se ressemblent. Chez d'autres espèces, de telles restrictions n'existent pas. La caractéristique des Champignons supérieurs, liée à l'hétérocaryose, est que les noyaux ne s'unissent pas après la fusion des hyphes, mais restent séparés jusqu'à la formation de spores. Chez les Ascomycètes, cet intervalle est assez court, car la fusion des hyphes mène directement à un corpuscule reproducteur, c'est-à-dire à la formation de spores. Par contre, la plus grande partie de la vie des Basidiomycètes se passe au stade de mycélium hétérocaryote.

La reproduction sexuée des Champignons inférieurs diffère, car l'union des noyaux suit directement la fusion des hyphes. Néanmoins, plusieurs Mastigomycètes libèrent des gamètes et leurs hyphes ne s'unissent pas. Les organes reproducteurs développés des Champignons supérieurs, tels que les Champignons vénéneux, sont des caractères externes de la reproduction sexuée et sont absents chez les Champignons inférieurs.

Les Champignons inférieurs et supérieurs se distinguent aussi par leur reproduction. Les spores asexuées des Champignons inférieurs sont produites par la division du cytoplasme à l'intérieur d'une structure spéciale, le sporange. Par contre, celles des Champignons supérieurs se forment individuellement à l'extrémité des hyphes.

De plus, tous les Mastigomycètes possèdent des spores mobiles qui nagent grâce à un flagelle que l'on ne retrouve ni chez les Champignons supérieurs ni chez les Oomycètes. D'ailleurs, dans certains tableaux taxonomiques, les Mastigomycètes ne sont pas considérés comme des Champignons puisqu'ils ont un flagelle à un moment de leur vie. En effet, les Champignons sont définis comme n'étant pas flagellés.

Enfin, il est difficile de décrire les processus sexués des Champignons, car ils sont extrêmement variés et complexes. De nombreuses espèces peuvent avoir une reproduction sexuée et créer des spores asexuées de deux ou trois manières différentes.

> *La Moisissure du pain,* Mucor, *est l'un des Champignons inférieurs les plus connus. Elle se reproduit (voir ci-contre) de manière asexuée par la formation de spores dans un sporange, une particularité des Champignons inférieurs. Par contre, son processus de reproduction sexuée, par union des hyphes, n'est pas commun à tous les Champignons inférieurs. Les Champignons de couche,* Agaricus, *caractéristiques des Champignons supérieurs, se reproduisent par hétérocaryose, un processus sexué complexe, et grâce à des corpuscules reproducteurs. La reproduction asexuée est rare chez les Basidiomycètes. Elle est plus fréquente chez les Ascomycètes qui forment leurs spores à l'extrémité des hyphes.*

Eumycètes (vrais Champignons)

Champignons supérieurs

Champignons inférieurs

Myxomycètes (Champignons gélatineux)

Le cycle de vie de Mucor

Reproduction sexuée :
1 Les spores haploïdes produisent le mycélium.
2 Les hyphes (zygophores) des souches opposées se forment, s'étendent et s'unissent.
3 Les septa séparent les zygospores des hyphes parents.
4 Le zygospore contient des noyaux provenant de chacun des parents. Souvent, ils fusionnent, puis, après méiose, produisent des spores.

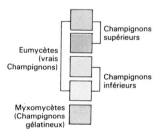

Sporange

⑤

Spores

Chlamydospores

⑦

Les spores germent

Reste de spore

Mycélium

①

5 Le sporange libère ces spores.

Reproduction asexuée :
6 Le mycélium produit des sporanges qui contiennent de nombreuses spores.
7 Les hyphes peuvent aussi produire directement des spores (les chlamydospores).

Basidiomycètes
Champignons de couche, Cèpes, Vesses-de-loup, Morilles géantes, Clavaires, Polypores ; parasites végétaux : charbons et rouilles.

Ascomycètes
De petits Champignons qui font pourrir le bois, des Truffes, la plupart des Lichens ; des parasites végétaux : mildious, ergots ; Penicillium ; des Levures utilisées dans l'industrie.

Mastigomycètes
Moisissures aquatiques (sur plantes vivantes ou mortes) ; Champignons du sol ; parasites végétaux : rouille du Blé, charbon des Céréales ; parasites des Poissons. Ce groupe comprend aussi les Chytrides, Hypochytrides et Oomycètes, et serait polyphylétique.

Oomycètes
Moisissures du pain, Moisissures du sol et d'excréments, parasites d'insectes.

Myxomycètes
Moisissures gélatineuses plasmodiques, cellulaires (améboïdes), et Moisissures gélatineuses qui ressemblent à des filets cellulaires, galle spongieuse de la Pomme de terre, « crachat de sorcières ».

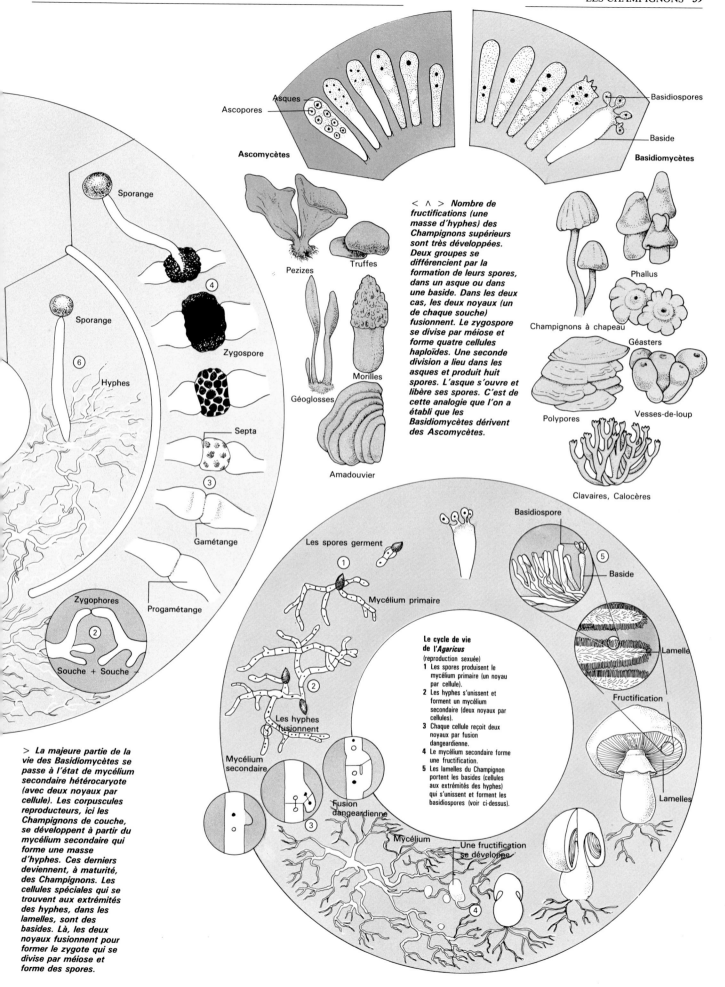

Asques

Ascopores

Ascomycètes

Basidiospores

Baside

Basidiomycètes

Pezizes

Truffes

Géoglosses

Morilles

Amadouvier

Phallus

Champignons à chapeau

Géasters

Polypores

Vesses-de-loup

Clavaires, Calocères

< ∧ > *Nombre de fructifications (une masse d'hyphes) des Champignons supérieurs sont très développées. Deux groupes se différencient par la formation de leurs spores, dans un asque ou dans une baside. Dans les deux cas, les deux noyaux (un de chaque souche) fusionnent. Le zygospore se divise par méiose et forme quatre cellules haploïdes. Une seconde division a lieu dans les asques et produit huit spores. L'asque s'ouvre et libère ses spores. C'est de cette analogie que l'on a établi que les Basidiomycètes dérivent des Ascomycètes.*

Sporange

Sporange

Hyphes

④

Zygospore

③

Septa

Gamétange

Zygophores

②

Souche + Souche −

Progamétange

⑥

> *La majeure partie de la vie des Basidiomycètes se passe à l'état de mycélium secondaire hétérocaryote (avec deux noyaux par cellule). Les corpuscules reproducteurs, ici les Champignons de couche, se développent à partir du mycélium secondaire qui forme une masse d'hyphes. Ces derniers deviennent, à maturité, des Champignons. Les cellules spéciales qui se trouvent aux extrémités des hyphes, dans les lamelles, sont des basides. Là, les deux noyaux fusionnent pour former le zygote qui se divise par méiose et forme des spores.*

Les spores germent

①

Mycélium primaire

Les hyphes fusionnent

②

Mycélium secondaire

③

Fusion dangeardienne

Mycélium

Une fructification se développe

④

Basidiospore

⑤

Baside

Lamelle

Fructification

Lamelles

Le cycle de vie de l'*Agaricus*
(reproduction sexuée)

1 Les spores produisent le mycélium primaire (un noyau par cellule).

2 Les hyphes s'unissent et forment un mycélium secondaire (deux noyaux par cellules).

3 Chaque cellule reçoit deux noyaux par fusion dangeardienne.

4 Le mycélium secondaire forme une fructification.

5 Les lamelles du Champignon portent les basides (cellules aux extrémités des hyphes) qui s'unissent et forment les basidiospores (voir ci-dessus).

La formation des spores des Moisissures gélatineuses est un des phénomènes naturels des plus étonnants

∧ *Le Rhizopus, Champignon du sol (parent proche du Mucor), avec ses sporanges.*

Maladie fongique

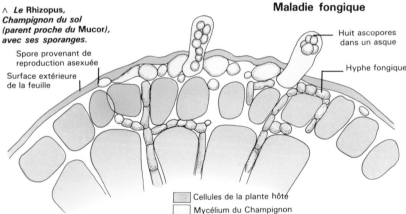

Spore provenant de reproduction asexuée

Surface extérieure de la feuille

Huit ascopores dans un asque

Hyphe fongique

☐ Cellules de la plante hôte
☐ Mycélium du Champignon

Plantes attaquées

Il existe des parasites végétaux parmi les Champignons inférieurs et supérieurs. Ils s'attaquent aux plantes en pénétrant par les stomates des feuilles ou par une « blessure ». Les spores germent, puis forment des hyphes qui se développent entre les cellules de la plante hôte. Des hyphes spécialisés, les suçoirs, pénètrent dans les cellules pour se nourrir. Le mycélium fongique produit ensuite des corpuscules reproducteurs à l'extérieur de la plante. Ces derniers sont les symptômes caractéristiques de chaque maladie : mildious, charbons et rouilles.

∧ > *Chaque année, les maladies fongiques sont responsables d'importantes pertes agricoles. La rouille des plantes (à droite) est un Basidiomycète, tandis que la cloque du Pêcher (au-dessus) est un Ascomycète. L'hyphe du Champignon sécrète une hormone végétale, une auxine, qui stimule la croissance. Il en résulte une croissance des plus irrégulières à l'intérieur même de la feuille.*

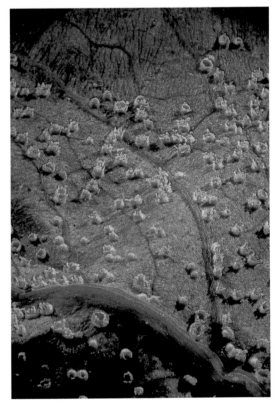

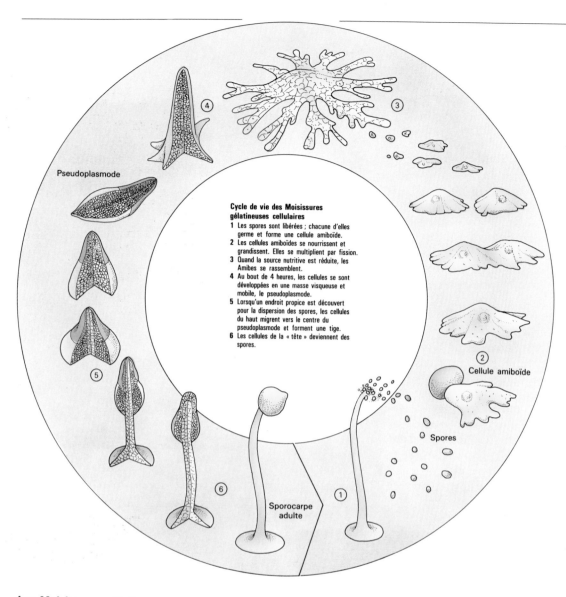

Cycle de vie des Moisissures gélatineuses cellulaires

1 Les spores sont libérées ; chacune d'elles germe et forme une cellule amiboïde.
2 Les cellules amiboïdes se nourrissent et grandissent. Elles se multiplient par fission.
3 Quand la source nutritive est réduite, les Amibes se rassemblent.
4 Au bout de 4 heures, les cellules se sont développées en une masse visqueuse et mobile, le pseudoplasmode.
5 Lorsqu'un endroit propice est découvert pour la dispersion des spores, les cellules du haut migrent vers le centre du pseudoplasmode et forment une tige.
6 Les cellules de la « tête » deviennent des spores.

Pseudoplasmode

Cellule amiboïde

Spores

Sporocarpe adulte

< *Cycle de vie du Dictyostelium, Moisissure gélatineuse cellulaire. Les cellules individuelles vivent dans le sol et ingèrent des Bactéries comme le font les Amibes. Elles grandissent et se divisent jusqu'à épuisement de leur source alimentaire. Ensuite, des Amibes sécrètent une substance chimique, analogue à des hormones, qui attire d'autres Amibes. Ce procédé attire une multitude d'Amibes qui se déplacent vers les cellules accumulées. Les cellules du Dictyostelium forment un pseudoplasmode qui se déplace et réagit à la lumière et à la chaleur, comme le ferait tout animal pluricellulaire. Cette énorme masse cellulaire cherche ensuite un endroit propice pour libérer ses spores. Les cellules de tête du pseudoplasmode migrent et forment une sorte de tige rigidifiée par une gaine de cellulose. Les cellules de la tige ne partagent pas leurs gènes avec les spores ; c'est un exemple intéressant d'altruisme (voir p. 13).*

∨ *Corpuscules reproducteurs des Moisissures gélatineuses plasmodiques. Dans ce groupe, les spores germent et forment des gamètes qui s'unissent.*

Les Moisissures gélatineuses

Les Moisissures gélatineuses (Myxomycètes) se divisent en deux grands groupes. Celles du premier groupe ressemblent (superficiellement) aux Champignons ; elles existent à l'état de plasmodes, masses protoplasmiques plurinucléaires à la surface des troncs en putréfaction, ingèrent des micro-organismes et décomposent la matière végétale. Le plasmode est analogue au mycélium fongique, mais il ne contient pas de parois cellulaires. Lorsqu'il atteint une zone sèche, il développe des corpuscules reproducteurs pédonculés, plumeux ou coralliformes. Par méiose, il forme des spores haploïdes qui produisent des gamètes, s'unissent et forment un zygote qui devient un nouveau plasmode.

Le second groupe est celui des Moisissures gélatineuses cellulaires qui ne forment pas de plasmodes. Ces unicellulaires ressemblent aux Amibes (voir p. 33). Pour se reproduire, elles s'unissent pour former des spores. Pourtant, ceci n'est pas un processus sexué (inconnu chez les Moisissures gélatineuses), mais un phénomène naturel de coopération entre des cellules individuelles qui libèrent leurs spores dans l'air.

Il est intéressant de remarquer que le cycle des Myxobactéries, analogue au précédent, produit des corpuscules reproducteurs. Cependant, ces Bactéries ne sont pas des Moisissures gélatineuses. L'analogie provient sans doute d'une évolution convergente.

Le succès des Champignons

L'abondante production de spores par les Champignons contribue à leur prolifération et leur potentiel de mutation leur permet de s'adapter facilement aux variations du milieu extérieur. Quand ils sont cultivés en laboratoire, certaines sections de leur mycélium développent fréquemment des caractères différents. Ce phénomène peut provenir du processus naturel de mutation (voir p. 23) ou d'autres transformations génétiques, liées à l'organisation peu commune des gènes fongiques. Le mycélium contient parfois plusieurs noyaux de types génétiques différents. La perte partielle ou totale de l'un d'entre eux provoque des transformations. De plus, ce ne sont pas les gènes nucléaires mais des particules cytoplasmiques qui codent d'importantes réactions métaboliques. La répartition inégale de ces particules, par exemple pendant le bourgeonnement des Levures, peut produire des cellules filles avec des métabolismes différents.

Certaines mutations ne présentent pas de caractères génétiques. En effet, de nombreux Champignons adaptent leurs structures aux fluctuations de l'environnement. Il en est ainsi des Champignons mycéliaux qui peuvent parfois se désintégrer et former des cellules individuelles proches des Levures. Ce phénomène est propre à quelques Champignons parasites, qui s'attaquent aux plantes et aux animaux. C'est ainsi que le Champignon de la maladie hollandaise de l'Orme, transporté dans la sève des plantes, devient parasite lorsqu'il est dans l'eau. Chez l'Homme, le Champignon qui crée l'infection du « muguet » présente une mutation analogue, provoquée, elle, par la température du corps, 37 °C.

∧ *Les spores des Vesses-de-loup sont produites par des lamelles situées dans une fructification en forme de poire. Elles sont libérées par un pore, comme ici, ou après rupture de la fructification qui, à l'état adulte, est aussi fragile et fine que du papier.*

Les Lichens

Les Lichens sont constitués de deux organismes : une Algue unicellulaire (ou une Cyanobactérie) et un Champignon supérieur (souvent un Ascomycète). Le mycélium du Champignon entoure l'Algue ou la Cyanobactérie, mais laisse passer suffisamment de lumière pour la photosynthèse. L'Algue partage sa nourriture avec le Champignon, qui ne peut pas survivre seul, même lorsqu'il est cultivé en laboratoire. Par contre, l'Algue peut vivre seule, et se développe même plus rapidement lorsqu'elle est libérée du Champignon. Cette relation de mutualisme peut être une forme de parasitisme.

Pendant la reproduction sexuée, les Lichens libèrent des Ascospores (ou Basidiospores) qui ne contiennent pas de cellules d'Algue. Ils doivent ensuite rencontrer des Algues spécifiques pour se reproduire. La reproduction asexuée des Lichens se fait par détachement de morceaux de mycélium (contenant des cellules d'Algue) du mycélium parental. Ceux-ci régénèrent de nouveaux Lichens. Certains produisent aussi des « petits paquets » d'hyphes, ou sorédies, qui contiennent une ou plusieurs cellules d'Algue.

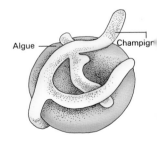

< > *Dans les Lichens, les hyphes fongiques s'entrelacent autour des cellules d'Algue. La Cladonie (à gauche) possède un thalle branchu qui porte des apothécies rouges. Celles-ci renferment les sacs de spores ou asques. Ce sont les sorédies qui donnent au Lichen son apparence poussiéreuse.*

Algue — Champign

Les Plantes sans fleurs

La grande variété des formes ; l'étonnante diversité des Algues et leurs processus de reproduction ; Mousses et Hépatiques ; Lycopodes, Prêles et Fougères ; le grain de pollen et la graine : se passer du milieu aquatique ; Conifères et autres Gymnospermes. PERSPECTIVE : écologie colorée des Algues ; Plantes à coquilles ; reliques des forêts houillères ; Ginkgos, des « fossiles vivants »

∧ *Les Sargasses sont les plus grandes Algues. Mesurant plus de 30 m de long, elles forment des « forêts d'Algues ».*

∨ *Des filaments de Spirogyra. Ils font partie du groupe, très répandu, des Algues vertes filamenteuses.*

Les Plantes à fleurs forment un groupe distinct, celui des Angiospermes. Elles ont toutes une même origine évolutive ou proviennent, au plus, de deux lignées différentes. Il n'en est pas ainsi des Plantes sans fleurs. Celles-ci, des Algues unicellulaires et microscopiques aux Séquoias géants en passant par les Varechs, Mousses, Fougères, Prêles, Cycadales, Conifères et autres petits groupes, sont réunies dans un même ensemble seulement parce qu'elles n'ont pas de fleurs.

Mais l'absence de fleurs est significative. Les fleurs, structures reproductrices spécialisées, sont apparues tard dans l'évolution. Les groupes qui n'en ont pas sont des vestiges du passé. Plusieurs étaient très prolifiques dans les ères géologiques éloignées, quand il n'y avait pas de compétition avec les Plantes à fleurs. Les Plantes sans fleurs étaient alors plus nombreuses et plus grandes que celles d'aujourd'hui. Les forêts marécageuses du Carbonifère étaient constituées de parents géants des Lycopodes actuels, dont les restes sont des constituants des couches de houille. Les Plantes sans fleurs forment un véritable catalogue de l'évolution végétale marquant toutes les étapes depuis l'apparition sur Terre des Plantes unicellulaires.

Les Algues

La taxonomie, ou classification des êtres vivants, est indispensable à l'étude de la Biologie. Pour comprendre un monde aussi complexe que le monde vivant, il est nécessaire d'utiliser des noms précis, qui ne peuvent être définis qu'une fois les organismes classés. La taxonomie n'existe que parce qu'il y a un phénomène d'extinction. Si certaines espèces d'Animaux et de Plantes n'avaient pas disparu, les limites entre espèces seraient imperceptibles, et une classification dans des catégories distinctes serait alors impossible.

Avec un groupe comme celui des Algues, les taxonomistes peuvent oublier leur désir qu'un peu moins d'extinction se soit produite. La variété des formes, des organismes unicellulaires ressemblant aux Animaux jusqu'aux grandes Algues marines, est surprenante. Certains organismes ressemblent étonnamment aux Plantes supérieures, tandis que d'autres sont des voies sans issue au point de vue évolutif. La quantité de schémas taxonomiques, certains plus satisfaisants que d'autres, reflète l'impossibilité de définir avec exactitude les limites entre les Algues pluricellulaires, unicellulaires et les Protozoaires photosynthétiques tels que l'*Euglena* (voir p. 33). Certains organismes classés ici dans le groupe des Algues, comme les Dinoflagellés, seraient dans celui des Protistes dans un autre système taxonomique ; et les rapports avec les autres groupes seraient représentés différemment. En effet, certains taxonomistes n'incluent pas les Algues dans le règne des Plantes. Ils évitent ainsi la difficulté de séparer les Algues unicellulaires, et autres micro-organismes, des Algues pluricellulaires, mais ils ne tiennent pas compte du lien évident entre les Algues vertes et les Plantes supérieures.

Le groupe des Algues comprend plusieurs lignées qui ont évolué indépendamment les unes des autres. On en compte quatre avec certitude mais il peut y en avoir six ou plus. Ce sont peut-être des Bactéries photosynthétiques englouties par un organisme hôte qui sont à l'origine de ces lignées, avec une Bactérie et un hôte différents pour chacune d'elles. On classe généralement les Algues d'après leur couleur, c'est-à-dire d'après les pigments impliqués, directement ou non, dans la photosynthèse. Ces pigments proviennent sans doute de ceux que contenaient les premières Bactéries. Par exemple, les pigments de l'Algue rouge peuvent dériver de ceux des Cyanobactéries. La couleur rouge de ces Algues vient de la phycoérythrine, un pigment du groupe des phycobilines. Il ressemble à la phycobiline bleue des Cyanobactéries (d'où leur ancien nom d'« Algues bleues »), avec une petite différence chimique qui donne un pigment rouge plutôt que bleu. Les Algues rouges contiennent aussi de petites quantités de la phycobiline bleue que l'on trouve dans les Cyanobactéries.

La diversité des formes

Chaque groupe d'Algues est sans doute issu d'un organisme unicellulaire. (A l'exception peut-être des Algues brunes qui dériveraient des Algues vertes.) Certains groupes, comme les Dinoflagellés, sont restés unicellulaires, même s'ils forment des colonies lâches. D'autres ont donné des formes pluricellulaires, mais de nombreuses espèces unicellulaires ont survécu et se sont développées. L'intérêt qu'offre le groupe des Algues est la variété des formes pluricellulaires, surtout chez les Algues vertes. Ce groupe semble avoir subi une phase d'expérimentation évolutive pendant laquelle il a essayé, par tous les moyens, de former des corps toujours plus grands et plus complexes.

Les Algues vertes les plus répandues sont certainement les Algues filamenteuses qui, aujourd'hui, envahissent nos lacs et nos réservoirs. La structure filamenteuse est particulièrement intéressante, parce qu'elle s'est perfectionnée, chez les Chætophorales. Là, les filaments poussent dans deux directions : horizontalement, pour former une plaque plate, et verticalement, un corps érigé. Cet arrangement ressemble à celui des premières Plantes terrestres, et indique peut-être comment une structure apte à croître hors de l'eau a pu se développer.

Chez les Algues vertes et les Algues brunes, le système filamenteux s'est davantage développé et forme une masse complète de filaments entremêlés, appelée le pseudoparenchyme. Ce type de tissu plein a eu un rôle très important dans l'évolution des Algues brunes, car il leur a permis d'accroître la taille de leur corps, et surtout chez les Sargasses, où certaines Algues atteignent 35 m de long.

La reproduction des Algues

La reproduction asexuée existe chez toutes les Algues, mais, même chez les formes unicellulaires simples, on trouve une reproduction sexuée. Chez les Chlamydomonas, par exemple, la détérioration de l'environnement provoque la division des cellules en 8 à 32 gamètes flagellés, plus petites mais identiques aux cellules normales. Lorsque deux d'entre elles s'unissent, elles forment une cellule, le zygote, qui possède 2 n chromosomes et est donc diploïde. Celui-ci subit une division réductrice, ou méiose (voir p. 22) et forme quatre cellules filles haploïdes (avec n chromosomes). C'est une forme de reproduction sexuée, même si les deux sexes se ressemblent : il existe une différence physiologique, et chaque gamète doit rencontrer un gamète du type opposé pour le féconder.

> Le **Codium** est une Plante marine dont les tissus sont faits d'une multitude de filaments entremêlés. On trouve aussi ce type de tissu, le pseudoparenchyme, chez d'autres Algues.

Chara (× 1/8)

Draparnaldia (× 25)

Codium (× 1/3)

< Chladophora, *un groupe typique d'Algues filamenteuses, comprend des Algues marines et d'eau douce. La* Draparnaldia *est peu commune : les cellules de son filament principal sont beaucoup plus grandes que celles des filaments latéraux. La structure des Charophytes, comme le* Chara, *est unique, car chaque entre-nœud est une longue cellule cœnocytique. Aux nœuds se trouvent des verticilles de petites cellules mononuclées. Les petits* Plinia *font partie des Chætophorales.*

× 25

Chladophora (× 4)

Plinia (× 200)

× 150

> L'**Ulva**, la Laitue de mer, a une texture fine et pelliculée. Elle est formée de deux couches de cellules. L'**Enteromorpha** est constituée d'une seule couche de cellules formant un tube au lieu d'une « feuille ».

× 50

Ulva (× 1/3)

Enteromorpha (× 1/3)

Une écologie colorée

Les différents pigments contenus dans divers groupes d'Algues leur permettent d'exploiter une variété de niches écologiques. Les Algues vertes, comme les Plantes supérieures, contiennent les chlorophylles a et b qui absorbent le mieux la lumière aux extrémités rouge et violette du spectre. L'énergie de la lumière entre ces deux bandes spectrales est réfléchie, ce qui donne la couleur verte au pigment. Dans des régions bien éclairées (sur la terre ou dans les couches supérieures de l'eau), ce système pigmentaire est très efficace. Les Algues vertes ne

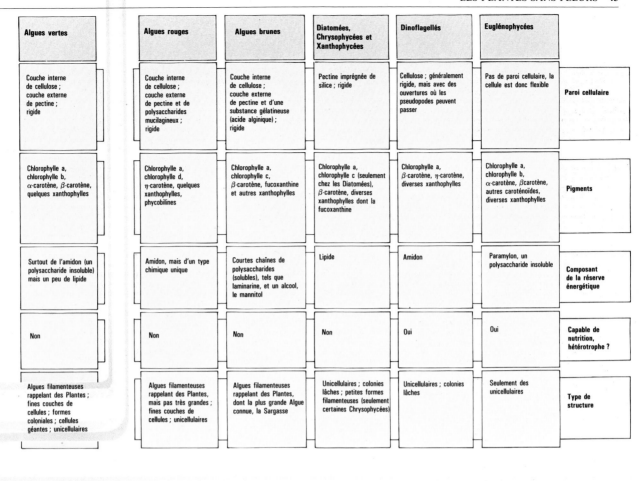

Algues vertes	Algues rouges	Algues brunes	Diatomées, Chrysophycées et Xanthophycées	Dinoflagellés	Euglénophycées	
Couche interne de cellulose ; couche externe de pectine ; rigide	Couche interne de cellulose ; couche externe de pectine et de polysaccharides mucilagineux ; rigide	Couche interne de cellulose ; couche externe de pectine et d'une substance gélatineuse (acide alginique) ; rigide	Pectine imprégnée de silice ; rigide	Cellulose ; généralement rigide, mais avec des ouvertures où les pseudopodes peuvent passer	Pas de paroi cellulaire, la cellule est donc flexible	**Paroi cellulaire**
Chlorophylle a, chlorophylle b, α-carotène, β-carotène, quelques xanthophylles	Chlorophylle a, chlorophylle d, η-carotène, quelques xanthophylles, phycobilines	Chlorophylle a, chlorophylle c, β-carotène, fucoxanthine et autres xanthophylles	Chlorophylle a, chlorophylle c (seulement chez les Diatomées), β-carotène, diverses xanthophylles dont la fucoxanthine	Chlorophylle a, β-carotène, η-carotène, diverses xanthophylles	Chlorophylle a, chlorophylle b, α-carotène, βcarotène, autres caroténoïdes, diverses xanthophylles	**Pigments**
Surtout de l'amidon (un polysaccharide insoluble) mais un peu de lipide	Amidon, mais d'un type chimique unique	Courtes chaînes de polysaccharides (solubles), tels que laminarine, et un alcool, le mannitol	Lipide	Amidon	Paramylon, un polysaccharide insoluble	**Composant de la réserve énergétique**
Non	Non	Non	Non	Oui	Oui	**Capable de nutrition, hétérotrophe ?**
Algues filamenteuses rappelant des Plantes ; fines couches de cellules ; formes coloniales ; cellules géantes ; unicellulaires	Algues filamenteuses rappelant des Plantes, mais pas très grandes ; fines couches de cellules ; unicellulaires	Algues filamenteuses rappelant des Plantes, dont la plus grande Algue connue, la Sargasse	Unicellulaires ; colonies lâches ; petites formes filamenteuses (seulement certaines Chrysophycées)	Unicellulaires ; colonies lâches	Seulement des unicellulaires	**Type de structure**

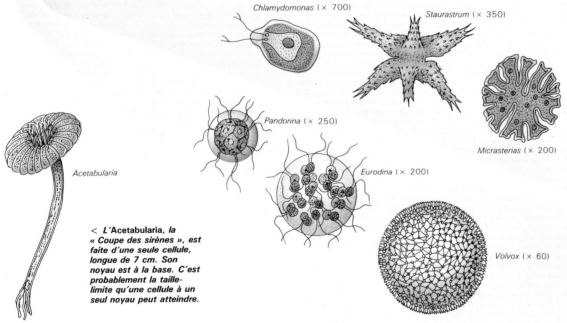

Chlamydomonas (× 700)

Staurastrum (× 350)

Micrasterias (× 200)

Pandorina (× 250)

Eurodina (× 200)

Acetabularia

Volvox (× 60)

< *L'*Acetabularia, *la « Coupe des sirènes », est faite d'une seule cellule, longue de 7 cm. Son noyau est à la base. C'est probablement la taillelimite qu'une cellule à un seul noyau peut atteindre.*

< *Le* Chlamydomonas, *avec ses deux flagelles, est typique des Algues unicellulaires mbiiles. Les cellules individuelles des formes coloniales et les gamètes des Algues pluricellulaires ressemblent souvent aux Chlamydomonas, suggérant ainsi un lien étroit. Les Desmidiadées, telles que Staurastrum et Micrasterias, sont classées parmi les Algues vertes, bien qu'elles ressemblent aux Diatomées par leurs formes symétriques et leurs parois cellulaires sculptées.*

< *La* Pandorina *est faite de 16 cellules, laissant juste un petit creux au centre, et recouvertes d'une couche de mucus. L'*Eudorina *contient 32 cellules enfermées dans une sphère à aspect gélatineux. Les cellules sont assez indépendantes les unes des autres, mais sont reliées par de fins fils de cytoplasme. Les colonies de* Volvox *contiennent jusqu'à 50 000 cellules, sur la surface d'une boucle de mucus. Ces cellules sont plus interdépendantes que celles des petites colonies, et certaines sont même spécialisées pour la reproduction. Avec ses 0,5 mm, le* Volvox *a sans doute atteint la taille limite pour ce genre de colonies.*

sont pas restreintes aux habitants aquatiques ; on les trouve aussi sur les troncs d'arbres, dans le sol, dans la glace et la neige.

Néanmoins, les Algues vertes peuvent difficilement vivre dans les eaux profondes. La lumière est progressivement absorbée, dispersée et réfléchie alors qu'elle pénètre dans l'eau. En général, 80 % se perd dans les premiers 10 m. Mais, plus la lumière va vers le bas, plus sa composition spectrale change, avec une absorption sélective dans le rouge. La chlorophylle devient alors inefficace, et d'autres pigments sont nécessaires pour absorber le peu de lumière et transmettre l'énergie à la chlorophylle. Les pigments qui captent la lumière dans les bandes spectrales bleu et verte (celles qui pénètrent le mieux dans l'eau) sont particulièrement utiles. Les Algues brunes ont de la fucoxanthine, pigment absorbant les bandes spectrales intermédiaires, et leur permettant d'être plus efficaces dans les eaux profondes. Les Algues rouges contiennent de la phycoérythrine qui, elle aussi, reçoit bien la lumière verte. Ces dernières prolifèrent dans les grandes profondeurs : on en a récemment découvert une à une profondeur de 286 m dans les eaux claires des Antilles.

La reproduction sexuée des Algues pluricellulaires nécessite souvent des cellules spécialisées qui produisent les gamètes. Les gamètes de l'Algue brune *Ectocarpus*, par exemple, se forment dans des organes sexuels. Les gamètes, de même que les Algues, sont haploïdes, mais le zygote qui provient de la fusion est, lui, diploïde, et évolue en une Algue *Ectocarpus* diploïde. Malgré la différence chromosomique, cette Algue ressemble à l'Algue haploïde. Par reproduction asexuée, elle produit des spores, et puisque la formation de spores est précédée d'une méiose, la génération suivante est haploïde. Deux types de spores haploïdes se forment et deviennent des Algues haploïdes, mâles et femelles. Ce type de cycle de vie, qui comprend un gamétophyte haploïde (un producteur de gamètes, avec n chromosomes) et un sporophyte diploïde (un producteur de spores, avec $2n$ chromosomes), est très répandu chez les Algues et est appelé l'« alternance des générations ». On la retrouve chez les Plantes terrestres, mais, là, les stades haploïdes et diploïdes ne se ressemblent pas (voir p. 48).

Les deux générations sont différentes chez certains groupes d'Algues brunes. Chez les Fucus, le thalle massif, l'Algue des plages, est la génération du sporophyte diploïde. Par méiose, il forme deux types de spores haploïdes. Celles-ci sont libérées, puis germent et deviennent respectivement des gamétophytes mâles et femelles : filaments ramifiés microscopiques qui flottent à la surface de la mer. A l'intérieur de chacun d'eux se développent les organes sexuels. Le gamète femelle ne quitte jamais le gamétophyte femelle, mais ce sont les gamètes mâles qui nagent jusqu'à lui. Après la fertilisation, le zygote se développe et devient l'embryon d'une nouvelle génération sporophytique qui attend d'être rejetée vers la côte et de s'accrocher pour pouvoir survivre. Ce cycle de vie, avec un sporophyte développé à longue durée de vie et un petit gamétophyte transitoire, ressemble à celui des Plantes terrestres, comme les Fougères, mais leurs lignées évolutives sont complètement indépendantes. Chez les Algues rouges, l'alternance des générations est compliquée, et certaines espèces ont un cycle de vie à trois générations, avec un stade sporophyte supplémentaire sur le gamétophyte. Dans tous ces groupes, le nombre d'« exceptions » et de variations du cycle de vie « normal » est surprenant. L'immense diversité des formes que l'on trouve chez les Algues est égalée par leurs processus de reproduction.

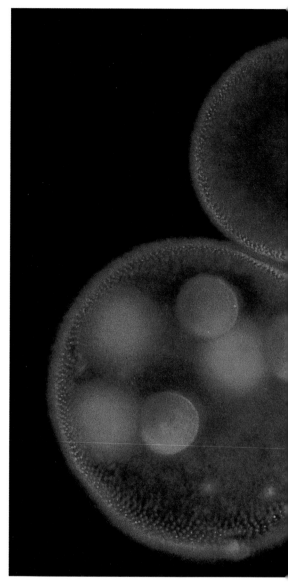

< *L'Algue rouge, Corallina, a une coquille crayeuse qui la soutient, conserve l'humidité, et la protège probablement de certains animaux.*

∧ > *Le Volvox forme des colonies filles de manière asexuée (à droite). Elles ne sont libérées que lorsqu'elles sont assez grandes.*

Plantes à coquille

Certaines espèces d'Algues rouges et d'Algues vertes sont recouvertes d'une sorte de squelette fait de carbonate de calcium. Des couches de calcaire enferment leurs tissus mous, les protégeant contre la dessiccation en cas de sécheresse. Ce type de squelette se retrouve chez les Algues rouges, comme la Corallina, ou les formes incrustées, comme le Lithophyllum. Les Charophytes, un groupe d'Algues vertes d'eau douce, ont profité de cette structure. Ces « boîtes » calcaires ont facilité leur fossilisation, et l'on en connaît qui remontent à 420 millions d'années. Il est même possible que les premières tentatives de conquêtes terrestres aient été effectuées par certaines de ces Algues calcaires. Mais ce type de développement est peu efficace pour un mode de vie terrestre.

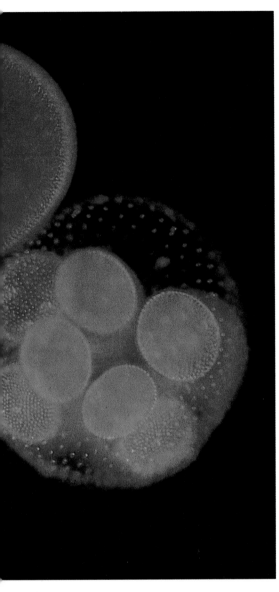

Formation d'une colonie fille chez *Volvox*

Mousses et Hépatiques

Il y a 500 millions d'années, tous les continents de la Terre étaient désertiques ; et cela, non pas à cause de la chaleur ni de l'aridité, mais parce que très peu d'êtres vivants s'y trouvaient. Les eaux abondaient de vie, tandis qu'autour d'elles se dressait un paysage rocheux, silencieux et inanimé, avec seulement par endroits une fine poudre d'Algues unicellulaires. Les pionniers de la vie sur Terre sont apparus il y a 40 millions d'années. Un de ces pionniers était une plante *a priori* insignifiante, pas plus grande qu'une petite masse de cellules, rappelant des Algues, qui envahissait les bords des étangs et des lacs. Là, elle baignait dans l'humidité, ce qui a permis à ses cellules fragiles de se développer. Les fossiles de cette plante, les *Sporogonites*, montrent qu'elle avait, au-dessous d'elle, de petites expansions qui servaient sans doute à absorber l'eau et les éléments nutritifs. Ces expansions constituent un des premiers types de racines.

En dehors de ses racines primitives (ou rhizoïdes), une des particularités du *Sporogonites* est la présence de structures sporifères droites, à la surface de la plante. La corrélation entre celles-ci et les Mousses et Hépatiques actuelles, que l'on pense être issues des *Sporogonites*, est frappante. Chez ces Plantes, les structures sporifères, ou sporogones, sont constituées de cellules différentes de celles du corps principal de la plante, ou thalle, puisqu'elles contiennent $2n$ chromosomes au lieu de n. Comme chez les Algues, la méiose précède la production des spores, qui sont donc haploïdes et germent pour former un nouveau thalle haploïde : le gamétophyte. On pense que cette alternance de générations était un des traits des *Sporogonites*, comme elle l'est chez les Bryophytes actuels (Mousses et Hépatiques). Aujourd'hui, elle existe chez toutes les Plantes terrestres, et même chez les Plantes à fleurs, bien qu'elle y soit modifiée, puisque le gamétophyte vit à l'intérieur des tissus du sporophyte et n'est donc pas visible.

La phase sexuée du cycle de vie se déroule dans le gamétophyte, et l'œuf fécondé se développe ensuite en un sporophyte. Dans sa forme la plus simple, c'est-à-dire chez les Bryophytes, la phase sexuée ne se produit que si le spermatozoïde peut nager jusqu'au gamète femelle et, pour cela, le gamétophyte doit être recouvert d'une pellicule d'eau. Il doit par conséquent rester près du sol dans des milieux humides.

< ∨ *Hépatique actuelle et reconstitution du Bryophyte fossile* Sporogonites. *Les spores se forment en haut d'une tige, ce qui facilite la dispersion par le vent.*

Les cycles de vie des Plantes sans fleurs montrent une succession d'adaptations vers un mode de vie terrestre

Deux autres facteurs ont limité le potentiel de croissance des Bryophytes et les ont restreints à des habitats humides. D'une part, le thalle n'a pas de revêtement protecteur et peut donc facilement sécher, d'autre part, il lui manque un support. En effet, la plupart des espèces n'ont pas de tissus ligneux pour fortifier les tiges et permettre une croissance vers le haut. Il en résulte que la plupart des Bryophytes ne mesurent pas plus de quelques centimètres.

Néanmoins, les Bryophytes sont très répandus et nombreux, et, parmi les deux types de base (Mousses et Hépatiques), les formes sont très variées. Quelques-unes des Hépatiques ont conservé le thalle du gamétophyte primitif, une masse aplatie de cellules sur laquelle se forment les organes sexuels mâles et femelles. D'autres, les Hépatiques à feuilles, ont un thalle assez complexe et leurs organes sexuels sont souvent contenus à l'intérieur de grandes feuilles spécialisées, les périanthes. L'origine évolutive de ces Hépatiques à feuilles est assez récente, puisque leurs fossiles remontent à 64 millions d'années.

Les Mousses, elles, remontent dans les documents fossiles à plus de 300 millions d'années, à l'époque des forêts marécageuses du Carbonifère (voir p. 52). Leur gamétophyte (la Mousse bien connue des sous-bois) est un organisme plus complexe qu'une Hépatique, et est différenciée en tiges et en feuilles. Les deux groupes principaux sont celui des Mousses pleurocarpes, qui forment des tapis rampants ou des trames grimpantes sur les troncs d'arbres, et celui des Mousses acrocarpes, qui se dressent érigées et forment ainsi des « coussins » denses. Le premier stade de la vie d'une Mousse est le protonéma, une chaîne de cellules qui ressemble au filament d'une Algue verte. Il en sort des bourgeons, dont chacun devient une Mousse génétiquement identique. Les Hépatiques, elles, n'ont pas de protonéma, la spore développe donc directement un thalle. Certains botanistes pensent que cette différence au début du cycle de vie révèle une origine évolutive indépendante.

La génération sporophytique des Mousses est aussi plus complexe que celle des Hépatiques. Elle est presque dressée et a même des ouvertures spécialisées, les stomates, qui recueillent le dioxyde de carbone pour « alimenter » la photosynthèse. La feuille des Mousses n'a pas de stomates, mais on peut les voir sur les sporophytes des Fougères et des Plantes supérieures. L'extrémité des capsules forme un couvercle qui se détache quand la capsule sèche, et découvre un ensemble de dents protectrices au-dessus de l'entrée du sporange. Ces dents réagissent aux variations de l'humidité atmosphérique, et s'ouvrent lorsqu'il fait chaud et sec pour libérer les spores dans l'air.

De même que chez les Hépatiques, la longue tige du sporophyte participe à la dispersion. Puisque les spores sont libérées bien au-dessus du thalle, elles sont éloignées de l'humidité du sol et le vent peut donc les transporter loin de la plante mère. Ce processus illustre clairement comment les Bryophytes ont abandonné leur passé aquatique, et mis à profit les avantages que leur offre la vie sur Terre.

Gamétophyte

Gamète femelle

Gamète mâle

Sporophyte

Sporange

Spore

Grain de pollen

Bryophytes (les Mousses), Ptéridophytes (les Fougères) et Gymnospermes (les Pins) présentent tous une alternance des générations, où la génération du sporophyte (producteur de spores) alterne avec la génération du gamétophyte (producteur de gamètes). Le sporophyte provient de la fusion des gamètes et a donc 2 n chromosomes (diploïde) alors que le gamétophyte n'en a que n (haploïde). Pour former des spores haploïdes, les cellules du sporophyte subissent une méiose (voir p. 22) juste avant la formation des spores.

Cycle de vie des Pins

1 La graine germe et une nouvelle génération sporophytique prend racine.
2 L'arbre adulte produit des cônes mâles et femelles.
3 Les écailles des cônes mâles portent des microsporanges (sacs polliniques), et celles des cônes femelles des mégasporanges (nucelles).
4 La cellule mère de la mégaspore subit une méiose et forme 4 spores haploïdes.

Tube pollinique
Noyau du tube pollinique
Anthérozoïdes

Gamétophyte femelle
Embryon

Tégument

Graine

Écaille du cône

Graine

Aile

Jeune plante

Arbre adulte

5 Une spore forme un gamétophyte femelle à l'intérieur du sporange.
6 L'archégone, qui contient l'oosphère, se développe dans le gamétophyte.
7 Le pollen est transporté par le vent jusqu'au cône femelle, et attiré dans un micropyle par une goutte de fluide. Une cellule du grain de pollen se développe à travers le nucelle et forme un tube pollinique.
8 Quand le tube atteint l'archégone, les anthérozoïdes le descendent pour féconder l'oosphère.
9 Seul un des œufs se développe.
10 Le zygote devient l'embryon d'une nouvelle génération sporophytique, enfermé dans du tissu nutritif de la génération gamétophytique. L'enveloppe externe de la cellule provient de la génération sporophytique précédente.

Anthéridie

Anthérozoïdes

Oosphère

Archégone

5

6

7

Protonéma

4

Spores

3

8

Jeune sporophyte

1

2

Sporophyte adulte

Capsule

Cycle de vie des Mousses
1 La génération sporophytique se développe à partir du gamétophyte.
2 Les spores se développent dans une capsule.
3 Le sporophyte adulte libère les spores, dispersées par le vent.
4 Sur un milieu humide, la spore germe et devient un protonéma.
5 Les bourgeons du protonéma deviennent des Mousses (gamétophyte).
6 Au sommet se forment des organes sexuels : l'anthéridie contient des anthérozoïdes, et l'archégone une oosphère.
7 Les gouttes d'eau emportent les anthérozoïdes qui nagent vers les oosphères.
8 L'oosphère est fécondée, se divise plusieurs fois et forme un sporophyte.

métophyte mâle

6

be pollinique

sphère

7

Oosphère

Ballonnet d'air

5

Grains de pollen

Micropyle

Nucelle

Spores

4

Sac pollinique

Une écaille

Nucelle

Cône mâle

3

Cône femelle

Prothalle

6

5

Racines

Spores

Archégone

Anthéridie

4

7

Anthérozoïdes

Sporange

8

Sporange

Section d'un sore

Foliole

Cycle de vie des Fougères
1 Le jeune sporophyte est tout d'abord dépendant du gamétophyte.
2 Une fois le sporophyte indépendant, le gamétophyte se dessèche.
3 Le sporophyte adulte développe des sporanges dans un sore.
4 Les sporanges libèrent les spores, qui sont dispersées par le vent.
5 Les spores germent sur sol humide.
6 Le prothalle du gamétophyte est quelques centimètres plus loin.
7 Anthéridies mâles et archégones femelles se développent sous le gamétophyte. Les anthérozoïdes nagent vers les œufs mûrs.
8 L'œuf fécondé se divise, puis forme un nouveau sporophyte.

Sporophyte

1

3

Foliole

Sores

2

Limbe

Limbe

Fougère adulte

∧ Dans une hêtraie de
Nouvelle-Zélande,
Mousses, Fougères et
Lichens poussent parfois
en épiphytes sur les arbres.

> Les capsules des
spores des Mousses
s'ouvrent quand l'air est
sec pour assurer une
bonne dispersion.

∨ Beaucoup d'Hépatiques
ont une reproduction
asexuée. Des coupes du
thalle libèrent et
dispersent des
« gemmes ».

Se tenir droit

Les plus grandes Mousses, comme le Polytrichum,
mesurent environ 30 cm. Elles peuvent atteindre
cette taille grâce aux cellules centrales de leurs
tiges qui participent au soutien et peut-être au
mouvement de l'eau, comme le font les appareils
vasculaires des Plantes supérieures. D'autres
caractères évolués du Polytrichum font qu'il est
mieux adapté à un mode de vie terrestre que la
plupart des Mousses. Ses feuilles ont des replis
chargés des échanges gazeux. Quand l'atmosphère est sèche, les bords des feuilles s'enroulent
et recouvrent ces parties fragiles. Malgré ces
structures, le Polytrichum et ses « parents » n'appartiennent sans doute pas à la lignée évolutive
qui a mené aux Plantes supérieures. On ne les
trouve que tard dans l'histoire géologique, il y a
environ 50 millions d'années, alors que les Fougères et leurs familles étaient apparues depuis bien
longtemps.

Un survivant bien singulier

En dehors des deux grands groupes de Bryophytes, les Mousses et les Hépatiques, il existe quelques exceptions. Il en est ainsi de l'Anthoceros
et de ses « proches », qui ressemblent peut-être
aux Bryophytes ancestraux. Leur thalle plat a des
rhizoïdes rappelant des racines, et des sporophytes verticaux qui en sortent. De plus, les cellules
du gamétophyte ressemblent à celles d'une
Algue : elles contiennent un seul grand chloroplaste par cellule. A la différence de la plupart des
Bryophytes, le sporophyte n'a pas d'appareil globulaire producteur de spores à son extrémité.
C'est, en fait, une masse en forme de colonne et
porteuse de spores, qui croît de la base et s'ouvre
en haut pour libérer les spores.

Changement de tactique

Bien que les Lycopodes, les Prêles et les Fougères se soient développées parallèlement aux Mousses et aux Hépatiques, elles se différencient par un caractère important. Leur sporophyte n'est plus « parasite » du gamétophyte ; il mène une existence indépendante et représente l'étape la plus longue et la plus visible du cycle de vie de la plante.

Les Mousses et les Hépatiques ont suivi ce qui s'est avéré être une voie « sans issue », car le gamète mâle, qui doit nager jusqu'aux oosphères, oblige le gamétophyte à vivre dans des habitats humides et à rester petit. En accroissant l'importance de la génération sporophytique, les Fougères ont pu découvrir de nouveaux habitats. Mais elles ne sont pas aussi indépendantes d'une source d'eau que les Plantes supérieures, parce qu'elles ont toujours besoin d'un habitat humide pour permettre la croissance du gamétophyte. Son petit thalle discret, en forme de lame, ne peut se développer sans eau. Les anthérozoïdes nagent sur le thalle jusqu'aux oosphères et les fécondent (voir p. 49). Une fois fécondé, l'œuf se transforme en un nouveau sporophyte qui devient rapidement indépendant grâce aux tissus verts et photosynthétiseurs. Des petites frondes poussent vers le haut, et la tige principale, ou rhizome, commence à se différencier. A ce stade, le gamétophyte n'est plus nécessaire et dégénère rapidement.

∧ *Les spores des Prêles se forment sur des pousses (blanches ou brunes) dans des épis coniques. Les pousses vertes apparaissent plus tard et sont constituées d'une tige centrale entourée de verticilles de ramifications pointues.*

Les Lycopodes, les Prêles et les Fougères

Les premières plantes qui ont envahi le sol terrestre ont dû se confronter au problème du support. Sans l'eau pour les soutenir et leur permettre d'étendre leurs feuilles absorbant la lumière, elles ont été forcées de rester petites et en tapis, comme la plupart des Mousses et des Hépatiques. Les plantes à structures élaborées y ont trouvé quelques avantages : des pousses dressées et ramifiées permettent de capter beaucoup de lumière et de se propager loin grâce aux spores aéroportées. Une telle plante, *Cooksonia*, a été découverte dans les fossiles de sédiments d'il y a 410 millions d'années et est probablement une des premières plantes à s'être installée sur Terre. La *Cooksonia*, contemporaine du *Sporogoites*, a seule connu un développement prometteur, puisqu'elle est le précurseur des Fougères, des Lycopodes, des Prêles, des Conifères et peut-être même des Plantes à fleurs ou, en d'autres termes, de la végétation actuelle du globe.

Les tiges droites, comme la plupart des progrès évolutifs, ont entraîné certaines difficultés. Une plante haute doit faire face au problème de l'évaporation ; l'eau ne peut donc être remplacée qu'à partir du sol humide, et le transport d'eau est alors indispensable. Les *Cooksonia* étaient très bien adaptées à ces problèmes. Elles avaient développé dans leurs tiges des cellules spécialisées (xylème), précurseurs du bois. Ces éléments étaient constitués d'une substance endurcie pour le support, la lignine, et puisqu'ils étaient morts et vides, ils servaient aussi au transport de l'eau dans la tige. L'humidité s'évaporant des tiges ramifiées de la plante créait alors la force nécessaire pour faire monter l'eau du sol par les éléments du xylème. Pour minimiser la perte d'eau, les couches cellulaires externes étaient épaissies.

Le développement de ce système interne de transport et de support a offert à la plante de nouvelles possibilités, car elle pouvait maintenant se développer en hauteur. L'ombre de ces hautes plantes a créé un nouvel habitat pour celles qui ne supportaient ni les fortes intensités lumineuses ni les sécheresses, mais pouvaient croître dans les niches sombres et humides près du sol.

La sélection naturelle a fait se transformer en plantes imposantes quelques-unes des premières plantes. Parmi celles-ci, plusieurs, dont les Lycopodes géants et les Prêles, formaient déjà de grandes forêts marécageuses à la fin du Dévonien, il y a 345 millions d'années. C'étaient les premiers des grands marécages qui ont contribué, par leurs dépôts organiques, à la formation des gisements houillers. Les descendants de ces énormes plantes, qui mesuraient jusqu'à 40 m ou plus, paraissent bien petits : les Prêles actuelles ne mesurent que 1 m de haut, et les Lycopodes 30 cm. Par contre, les Cyprès des marais, comme leur nom l'indique, dominent aujourd'hui les marais.

Les Fougères se sont développées au Dévonien et vivaient aux côtés des Lycopodes géants et des Prêles (ces trois groupes constituent les Ptéridophytes). Les Fougères se distinguaient par leurs frondes composées qui se développaient à partir du tronc central ou de la tige. Elles n'ont pas atteint les dimensions des Lycopodes ni des Prêles, mais certaines, les Fougères arborescentes, atteignaient, et aujourd'hui encore, des hauteurs de 18 m. Néanmoins, les premières Fougères étaient généralement petites et, de même que leurs parents actuels, elles vivaient sans doute sur le sol des forêts, près des ruisseaux et dans d'autres habitats sombres. Les formes comme le Ptéris, qui peut vivre dans des prairies découvertes, sont rares. Le Ptéris se répand rapidement grâce à sa reproduction végétative, par le déploiement de rhizomes, sans passer par le stade gamétophyte.

Des reliques de forêts houillères

Les Ptéridophytes sont un ancien groupe de Plantes, dont seules les Fougères existent encore en grand nombre. Les Lycopodes et les Prêles géantes, qui ont formé les couches de houille du globe, sont aujourd'hui très peu représentés, mais ceux qui existent encore intéressent beaucoup les botanistes. Parmi les petits Lycopodes, on trouve le Lycopodium conifère, dont les « cônes » sont des parties spécialisées des frondes qui portent les sporanges. Leurs spores sont indifférenciées et se développent dans un gamétophyte qui porte des structures reproductives mâle et femelle. Néanmoins, un autre Lycopode, la Selaginella, produit des spores mâle et femelle. Néanmoins, un autre Lycopode, la Selaginella, produit des spores mâles et femelles dans des sporanges séparés. Bien qu'elles soient libérées, les spores femelles ne donnent jamais un gamétophyte indépendant. Au contraire, les tissus haploïdes se développent dans la paroi de la spore et y portent leurs oosphères. Les spores mâles libèrent des anthérozoïdes qui vont féconder les oosphères. Cette différenciation des gamétophytes mâles et femelles présente un intérêt évolutif indéniable, car elle ressemble au processus qui s'est produit chez les Progymnospermes (voir p. 55). Ces plantes, avec des spores mâles et femelles séparées, sont dites hétérosporées par opposition au type homosporé primitif.

Les Prêles Equisetum ont des feuilles réduites à de petites écailles qui s'organisent en verticilles autour des tiges et des ramifications. De même que le Lycopode Lycopodium, elles portent leurs sporanges dans des cônes spécialisés et sont homosporées.

Un autre Ptéridophyte peu commun est le Psilotum, qui est un bel exemple de fossile vivant, et ressemble étroitement aux Ptéridophytes primaires du Dévonien, il y a entre 350 et 400 millions d'années. Cette plante tropicale n'a pas du tout de feuilles, ses tiges réalisant la photosynthèse. Les sporanges se forment sur des ramifications latérales très courtes.

Les couleurs primitives

Comme les Algues vertes et les Bryophytes, tous les Ptéridophytes contiennent les chlorophylles a et b, qui leur donnent leur couleur verte. Ces trois groupes (avec les Plantes à fleurs et les Gymnospermes, qui ont aussi ces pigments) ont donc sans doute une origine commune. Les paléobotanistes pensent actuellement que les Bryophytes et les Ptéridophytes ont évolué à partir de certaines Algues vertes, il y a 400 millions d'années.

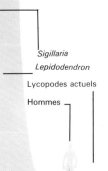

∧ *Les premiers Lycopodes étaient de petites formes rampantes. Mais ils ont donné des espèces géantes comme les Sigillaria et Lepidodendron. Ils ont envahi les marécages, et leurs restes ont formé d'épaisses couches de tourbe. Sur des millions d'années, ces débris végétaux, qui ne pouvaient pas se décomposer par manque d'oxygène, se sont transformés en charbon.*

Sigillaria

Lepidodendron

Lycopodes actuels

Hommes

∧ *Toutes les feuilles de Fougères portent des spores. Elles se forment dans des sporanges qui se développent sous les feuilles et sont recouvertes de disques de tissu protecteur, ou sores, qui deviennent marron et fragiles à maturité.*

< *Plusieurs caractères de l'Ophioglosse sont peu communs. Il ne produit qu'une seule fronde par an, qui se divise pour donner une « feuille » ovale et pointue, et une tige centrale qui porte jusqu'à 40 spores. La spécialisation d'une partie du sporophyte pour la production de spores se retrouve chez d'autres Fougères et est parallèle au développement évolutif qui a mené aux Fougères séminifères.*

∨ *Sélaginelle denticulée, type de Lycopodiacée des forêts du Costa Rica.*

< *Les Fougères
arborescentes tropicales
sont les vestiges d'une
végétation qui, à une
époque, dominait la Terre.
Leur tronc dérive de la
tige des Fougères, et
correspond au rhizome
souterrain des Ptéris. Il est
rarement ramifié, n'a pas
d'écorce et ne peut pas
accroître sa circonférence.
Il leur manque aussi le
système extensif de
racines des arbres
Gymnospermes et
Angiospermes. Malgré
tout, elles mesurent 18 m
de haut, et jusqu'à 25 m
si elles sont soutenues par
d'autres arbres.*

∨ *Les frondes de cette
Fougère lamellaire de
Nouvelle-Zélande n'ont
qu'une couche de cellules.
Elles ne peuvent donc
survivre qu'à 100 %
d'humidité : dans les
forêts tropicales, près de
cascades ou dans des
crevasses humides.*

Pendant la période glaciaire, les Conifères dominaient l'hémisphère Nord

∧ < *Des Cycas du sud de l'Afrique, et leurs cônes massifs qui abritent les organes reproducteurs.*

> *Le Pin de Monterey, que l'on trouve seulement dans la région de Monterey en Californie, rappelle que pendant l'époque glaciaire les Conifères étaient très répandus. A Monterey, ces arbres forment une population isolée, issue des Pins qui ont survécu lorsque l'étendue des Conifères a diminué à la fin de l'époque glaciaire.*

Le pouvoir du pollen

Le grain de pollen représente un progrès évolutif très important, et les Gymnospermes sont les représentants vivants des premières plantes productrices de pollen. Tous les Gymnospermes semblent dépendre du vent pour être pollinisés. (Bien que certains botanistes affirment que des Cycas sont pollinisés par des Insectes.) Le problème que pose le vent est la grande quantité de pollen qui doit être libérée à cause du taux de perte très élevé. Mais il présente sans doute un avantage « économique » à long terme, puisqu'il ne nécessite ni fleurs visibles ni nectar alléchant.

L'indépendance des Conifères par rapport aux Insectes explique peut-être leur succès dans le Grand Nord, où les hivers sont longs et rigoureux et les étés très courts. Ils peuvent terminer le processus de pollinisation avant que les Insectes ne prolifèrent, et offrir ainsi à l'embryon une saison entière pour se développer.

L'arbre du Trias

Le Ginkgo est un « fossile vivant », issu d'arbres du Trias, il y a quelque 200 millions d'années. En dehors de ses feuilles, le Ginkgo diffère du groupe principal des Gymnospermes actuels, les Conifères, en particulier par certains détails du processus de reproduction. Les sporanges femelles ne sont pas dans des cônes protecteurs, mais restent nus au bout de pousses spécialisées. Le pollen est produit par des structures en forme de chatons, puis est transporté par le vent. De même que chez les Cycas, les grains de pollen libèrent des gamètes mâles flagellés qui nagent jusqu'aux oosphères et les fécondent. La graine du Ginkgo développe une enveloppe charnue de couleur orange avec une odeur nauséabonde de fromage trop fait. A l'intérieur se trouve, néanmoins, un pignon comestible pour lequel le Gingko était cultivé : en chinois, son nom signifie « abricot argenté ».

> Le Gingko a été décrit pour la première fois en 1690, à propos d'un arbre cultivé au Japon. On a longtemps pensé qu'il avait disparu, mais une population vestigiale a été découverte en Chine. Ses feuilles étonnantes ressemblent à celles des Angiospermes, mais s'en distinguent par l'absence de nervure centrale ; les nervures se déploient toutes à partir du pétiole des feuilles. Les feuilles de cette espèce, ou d'une espèce très proche, ont été retrouvées dans des fossiles du Trias. Cet arbre est le seul représentant actuel d'un ordre de Gymnospermes qui, à une époque, fut très répandu et diversifié.

Les Fougères à graines et les Cycadales

Bryophytes et Ptéridophytes présentent une faiblesse évidente en tant que Plantes terrestres : leur dépendance par rapport à un milieu aqueux pour leur génération gamétophytique et donc pour leur reproduction sexuée. La solution à ce problème a été apportée par le développement de deux nouvelles structures, le grain de pollen et la graine.

L'hétérosporie (le développement de spores mâles et femelles distinctes, créant ainsi des gamétophytes mâles et femelles distincts) représente le premier pas vers ce nouveau développement. Le suivant a été la création d'une protection efficace du gamétophyte contre la dessiccation. Il était facile de protéger le gamétophyte femelle en le conservant entouré dans les tissus du sporophyte. Mais cela a reporté la responsabilité sur le gamète mâle, qui devait alors se déplacer plus loin qu'auparavant et souvent horizontalement plutôt que vers le sol ; il devait aussi pénétrer à travers les tissus du sporophyte pour pouvoir féconder le gamète femelle. La solution évolutive a été la formation puis la libération d'un gamète mâle aussi petit que possible, protégé dans une enveloppe imperméable faite d'un matériau résistant : le grain de pollen. Certaines plantes en forme de Fougères, les Progymnospermes, évoluaient dans cette direction il y a 370 millions d'années, et leurs descendants, les Gymnospermes (Ginkgos, Conifères, Cycadales), ont connu une grande extension.

Les Progymnospermes étaient des plantes ligneuses qui mesuraient jusqu'à 30 m de hauteur, et avaient des branches robustes et des feuilles en forme de Fougères, dont certaines portaient des sporanges, souvent de deux sortes, mâles et femelles. Ils sont probablement les ancêtres, non seulement des Gymnospermes, mais aussi des Fougères à graines, ou Ptéridospermées, qui étaient les premières plantes ayant de vraies graines. La graine est un gamétophyte femelle conservé sur la plante mère et enroulé dans du tissu sporophytique (le sporange lui-même, maintenant appelé nucelle) et dans une couche supplémentaire, les téguments. La graine permet au gamétophyte femelle de rester attaché à la plante mère, puisque sa fonction de dispersion a été accomplie auparavant par les spores aéroportées. Mais la nouvelle plante doit toujours être transportée loin de la plante mère pour trouver un endroit où vivre, et la graine sert alors à la dispersion.

Les Fougères à graines se sont développées pendant des millions d'années jusqu'à leur extinction au Crétacé, mais les Cycadales vivent encore dans certaines régions tropicales ; ces descendants des premières Plantes à fleurs présentent des structures reproductives primitives : le grain de pollen doit germer pour libérer les anthérozoïdes nageurs (alors que, chez les autres Gymnospermes, les gamètes mâles ne sont pas mobiles). Les anthérozoïdes se déplacent sur la surface humide du cône du Cycas femelle pour atteindre le gamète femelle.

Les Ginkgos et les Conifères

Bien que les Cycadales soient un groupe très ancien de Gymnospermes, ils ne sont pas répandus. Ils ont atteint leur apogée il y a environ 150 millions d'années, et depuis n'ont fait que décliner pour être aujourd'hui rares, et dispersés sous les tropiques. D'autres types de Gymnospermes se sont développés il y a à peu près 300 millions d'années : ils comprennent les Ginkgos, les Ifs et les Conifères. Ce dernier groupe s'est diversifié en une multitude d'espèces avec des types de feuilles allant des petites feuilles en forme d'écaille des Cyprès aux longues aiguilles pointues des Pins. Les Conifères ont acquis une variété d'habitats bien supérieure à celle des Cycadales, et prédominent maintenant dans la zone boréale froide.

Voir aussi
Bactéries, Virus et Protozoaires pp. 33-36
Les Plantes à fleurs pp. 57-64

La méthode des Conifères pour protéger leurs gamétophytes est semblable à celle des Cycadales. Les gamétophytes femelles sont retenus dans du tissu sporophytique, au fond du cône femelle, tandis que les grains de pollen ont une paroi rigide faite d'une substance très résistante, la sporopollénine. Celle-ci empêche le gamétophyte mâle de se dessécher lorsqu'il est dans l'air. Il arrive sur le cône femelle par un coup de chance, mais, une fois qu'il y est, il est entraîné dans le sporange par la résorption d'une goutte de fluide. Une fois à l'intérieur, il produit un tube, mais ne libère pas de spermatozoïdes mobiles. Le tube transporte les cellules mâles passives qui sont libérées à l'intérieur du gamète femelle et le fécondent (voir p. 49). Ce processus est très lent, comme l'est la maturation du nouvel embryon sporophytique : la période entre l'arrivée du pollen dans le cône femelle et la libération éventuelle de nouvelles graines peut durer deux ans. Une fois libérées, les graines doivent être dispersées. Facilitant la dispersion par le vent, l'enveloppe de nombreuses graines de Conifères présente des extensions en forme d'ailes. Certaines sont même davantage développées, comme chez les Genévriers, où l'écaille du cône enfle, devient charnue et forme une enveloppe qui ressemble à une baie. Celle-ci attire les oiseaux, qui digèrent la « baie » et rejettent la graine intacte dans leurs fientes.

L'épanouissement surprenant des Conifères par rapport à celui des Cycadales provient, entre autres, de structures plus élaborées. Les Cycadales n'ont jamais dépassé le stade de la formation des verticilles de feuilles, à formes de Fougères, aux extrémités de troncs ligneux, alors que des Prêles géantes présentent une taille et une arborescence bien plus évoluées. Les Conifères, par contre, produisent des couronnes de branches, soutenues par des troncs robustes qui peuvent atteindre des hauteurs considérables. Même aujourd'hui, le groupe comprend les plus hauts arbres du globe, des Pins kauri de Nouvelle-Zélande, qui mesurent jusqu'à 50 m, aux immenses Séquoias de Californie, qui peuvent atteindre plus de 100 m de haut.

Le rôle de la résine

Les tiges et les feuilles de nombreux Conifères possèdent un système de canaux qui contiennent une substance collante, aromatique et huileuse, appelée la résine. C'est elle qui donne aux Pins leur odeur particulière. Son rôle est d'empêcher le développement de microbes et d'éloigner les insectes qui chercheraient à s'y nourrir. Mais il existe des insectes, comme le Scolyte, qui, loin d'être découragé par la résine, ont en fait développé des méthodes pour l'utiliser à leur avantage. Lorsqu'elle se nourrit, la femelle convertit les substances chimiques de la résine en phéromones (substances chimiques porteuses de messages) qui servent d'appâts sexuels pour attirer les mâles.

L'avantage des plantes toujours vertes

La majorité des Conifères restent toujours verts, et cette particularité leur a permis de bien s'adapter aux hautes latitudes et altitudes, ce qui peut s'expliquer de plusieurs façons. Il est évident que cela permet aux arbres de garder une activité photosynthétique pendant l'hiver, puisque l'été est très court à ces latitudes, ce qui réduirait la croissance des plantes. En fait, des mesures montrent que les Conifères arrêtent toute activité pendant l'hiver, comme le font les arbres à feuilles caduques. Par contre, ils peuvent reprendre leur photosynthèse au tout début du printemps et n'ont pas besoin d'attendre que leurs feuilles se soient développées. La feuille des plantes toujours vertes peut aussi servir de réserve nutritive, ce qui représente un atout important pour le développement de ces plantes dans les régions septentrionales où les sols sont souvent très pauvres. La feuille-aiguille qui retient l'humidité présente aussi un avantage en cas de pénuries d'eau dues au givrage.

> Un étonnant Gymnosperme, le Welwitschia, se développe dans le désert du Namib en Afrique du Sud. C'est une espèce solitaire. Un rhizome-tige ligneux et massif, qui atteint jusqu'à 1 m de diamètre, est presque entièrement enfoui dans le sable. A son apex, se développent des feuilles d'une longueur variable, qui atteignent 2 m et parfois plus. Le Welwitschia peut même pousser lors de longues sécheresses, car ses feuilles peuvent absorber l'humidité du brouillard, qui se propage sur le Namib et provient de l'océan Atlantique, et est alors la seule source d'eau. En général, le Welwitschia est classé parmi les Gymnospermes.

Les Plantes à fleurs

L'évolution végétale ; les Plantes à fleurs sont-elles les descendantes des Magnoliacées ? ; la pollinisation et la fécondation ; le bois et l'eau. PERSPECTIVE : les feuilles, à l'origine de toutes les pièces florales ; la dispersion des graines ; le rôle du Dodo dans la germination d'un arbre

Plus de 80 % des Plantes vertes vivantes sont des Angiospermes, ou Plantes à fleurs. Dans ce sens, elles représentent l'apogée de l'évolution des Plantes, mais ne sont pas pour autant supérieures à d'autres groupes tels que les Fougères ou les Conifères. En effet, au cours de l'histoire géologique, tous ces groupes ont une origine commune, mais ils se sont, par la suite, développés séparément. Les autres groupes existent encore actuellement, car, même s'ils ne sont pas aussi répandus que les Angiospermes, ils sont mieux adaptés qu'eux à certains milieux et à certaines circonstances.

On ne peut donc pas dire qu'un groupe soit primitif et que l'autre soit évolué. Les biologistes n'utilisent pas ces termes pour indiquer que le groupe primitif a précédé le groupe évolué. Le terme « primitif » signifie que ce groupe a conservé plus de caractères qui se sont développés tôt dans le processus évolutif. Ainsi, les Angiospermes sont les plantes les plus évoluées, car elles sont apparues et se sont diversifiées tard dans l'histoire géologique, et présentent aussi une grande variété de nouvelles structures.

L'origine des Plantes à fleurs est encore obscure, même si leur expansion, tant géographique que taxonomique, a été très brusque. C'est au Crétacé, la période géologique des mers de la craie et du règne des Dinosaures sur Terre, que les Plantes à fleurs ont proliféré. Il y a environ 110 millions d'années, leur nombre était négligeable par rapport au reste de la végétation mondiale dominée par les Gymnospermes. Mais, il y a 100 millions d'années, de nombreuses familles d'Angiospermes actuelles étaient déjà formées et, depuis, leur nombre n'a fait que croître.

D'après certains botanistes, les Gymnospermes sont les ancêtres des Angiospermes. D'autres pensent que leur ancêtre immédiat est une Fougère à graines (voir p. 55). Les premières Angiospermes étaient peut-être des arbustes ligneux ou des arbres. On connaît certaines de leurs structures (feuilles et grains de pollen) que l'on a retrouvées fossilisées. Par contre, on ne peut qu'imaginer la forme de leurs fleurs, car celles-ci n'ont laissé aucune trace fossile jusqu'au Crétacé supérieur.

On doit donc recomposer les formes ancestrales à partir des formes actuelles, à cause du manque de fossiles végétaux. C'est en comparant les feuilles et les tiges des familles actuelles à celles des fossiles que l'on peut déterminer lesquelles ont conservé le plus de structures primitives. On suppose ensuite que leurs fleurs ressemblent à celles des premières Angiospermes. C'est ainsi que les familles des Magnolias, les Magnoliacées, et des Nénuphars, les Nymphéacées, sont considérées comme les plus primitives. Il y a 100 millions d'années, il existait déjà certainement, sur Terre, des fleurs qui ressemblaient à celles des Magnolias, d'autant plus que du pollen analogue à celui des Magnolias subsiste sur des roches plus anciennes.

Les parties d'une fleur

Carpelles

Étamines

Pétales

Sépales

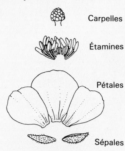

< ∨ *Les Cerisiers d'ornement ont été soumis, au Japon, pendant des milliers d'années à une culture artificielle intense pour pouvoir donner des fleurs doubles, une profusion de fleurs durables et la variété de couleurs que l'on trouve aujourd'hui. Une culture aussi intense peut entraîner des imprévus, tels que la transformation des carpelles en petites feuilles (voir ci-dessous). Cette fleur anormale nous rappelle que toutes les parties de la fleur angiosperme ont évolué à partir de feuilles ordinaires qui se sont spécialisées pour la reproduction.*

Les premières fleurs

Les premières fleurs angiospermes ont évolué à partir de pousses feuillues, dont les feuilles se sont transformées en parties florales. Les feuilles les plus élevées étaient des feuilles fertiles, femelles et porteuses d'ovules. Au cours de l'évolution, elles se sont enroulées autour de l'ovule pour former le carpelle, une importante innovation des Angiospermes, qui protège l'ovule et les graines. Les feuilles suivantes étaient aussi fertiles, mais mâles, et elles sont devenues les étamines. Au-dessous de celles-ci, les feuilles ont perdu leur chlorophylle et se sont colorées : ce sont les pétales. Certaines ont même développé des nectaires sécréteurs d'un liquide sucré, qui attirait les insectes porteurs de pollen. Enfin, certaines feuilles, les sépales, protégeaient les parties reproductrices.

Les « graines enfermées »

Les Angiospermes se font remarquer par leurs fleurs, bien que celles-ci ne soient pas toujours parfumées ni colorées. Certaines Plantes à fleurs, comme les Graminées, ont de toutes petites fleurs vertes pollinisées par le vent. Le mot « angiosperme » signifie, en réalité, « graines enfermées », car elles sont enfermées dans le carpelle, couche de tissus qui enrobe l'ovule et, plus tard, dans la graine. Cette structure manque aux Gymnospermes (ou « graine nue »). Le carpelle croît et devient un fruit qui participe à la dispersion des graines (voir p. 64).

Les Coléoptères pollinisent les Magnolias, et le font peut-être depuis plus de 100 millions d'années

∧ *Les chatons mâles du Bouleau argenté libèrent leur abondant pollen qui est dispersé par le vent vers les fleurs femelles. Les fleurs femelles des Bouleaux sont aussi disposées en chatons, mais celles d'autres groupes, comme les Noisetiers, ne sont pas dans des chatons et ressemblent peu aux fleurs mâles.*

Deux contre un

Les Plantes à fleurs se répartissent en deux groupes selon leur nombre de cotylédons (organes analogues à des feuilles), produits par la graine en germination. Cette distinction peut paraître arbitraire, mais elle représente en fait une séparation fondamentale qui peut dater de l'origine des Plantes à fleurs. La plupart de nos Plantes à fleurs communes, des Pissenlits aux Chênes, sont des Dicotylédones, le plus grand des deux groupes. Elles ont deux cotylédons, alors que les Monocotylédones n'en ont qu'un. Ce dernier groupe comprend les Graminées, les Lis, les Orchidées et les Palmiers.

Il existe des différences entre ces groupes, autres que le nombre de cotylédons. Les Monocotylédones ont des feuilles simples avec des nervures parallèles, qui se distinguent des feuilles des Dicotylédones et de leur système de nervures complexe. Les parties florales des Monocotylédones sont au nombre de trois ou d'un multiple de trois, tandis que le nombre le plus répandu des parties florales des Dicotylédones est cinq.

Si l'on accepte la nature primitive des fleurs de Magnolia, les premières Angiospermes avaient sans doute des structures florales érigées et coniques à l'intérieur desquelles les parties de la fleur, trahissant leur origine foliée, se développaient en spirale. Les plus basses étaient les sépales se perdant dans les feuilles blanches ou colorées, en forme de pétales, situées au-dessus d'eux. Viennent ensuite les étamines, puis les carpelles (la partie charnue qui contient les cellules reproductrices femelles) arrangés en spirale.

On ne peut pas savoir si la pollinisation des Angiospermes primitives se faisait par le vent ou les insectes, puisqu'elle n'a laissé aucune trace fossile. Une fois de plus, c'est l'observation de la pollinisation des Magnoliacées et d'autres plantes primitives qui permet de résoudre ce problème. Chez les Magnoliacées, les Coléoptères se nourrissent de certaines parties de la fleur et transportent les grains de pollen en allant d'une fleur à l'autre. Cette méthode de transport du pollen, par les insectes, s'avère très efficace pour la plante et est probablement celle qu'utilisaient déjà les Angiospermes primitives.

Il faut tout de même préciser que les botanistes ne considèrent pas tous le Magnolia comme l'Angiosperme actuelle la plus primitive. Certains pensent que les premières fleurs étaient les chatons. Les familles des Noisetiers, des Bouleaux et des Saules seraient alors les plus primitives. La pollinisation de ces familles se fait par le vent, bien que les Saules dépendent plus des insectes.

Traverser les défenses

Une fois l'organe femelle atteint, la tâche fécondatrice du grain de pollen des Angiospermes est plus compliquée que celle du pollen des Gymnospermes (voir p. 49), car le premier doit pénétrer plusieurs couches de tissus protecteurs. Le carpelle a une forme évasée, et c'est à son extrémité supérieure (le stigmate) que le grain de pollen germe. Il développe un tube de tissu gamétophyte, qui s'enfonce dans le stigmate et la tige du carpelle (le style), puis atteint la base gonflée (l'ovaire), qui renferme le gamétophyte femelle. Le tube pollinique localise les ovules ; puis le gamète mâle, qui n'a pas la faculté de se mouvoir, se déplace alors dans le tube et s'unit à l'ovule. La rapidité de croissance de ces tubes polliniques est assez surprenante : elle peut atteindre 35 mm/h.

< *La fleur du Magnolia est dite « primitive », car ses sépales, pétales, étamines et carpelles sont nombreux, et leur nombre varie d'une fleur à l'autre. De plus, ces éléments sont disposés en spirale et ils n'ont pas fusionné les uns avec les autres. Les pièces florales des plantes évoluées sont moins nombreuses et leur nombre est fixe. Elles sont disposées en verticille, plutôt qu'en spirale, et la fleur est parfois asymétrique. Certaines parties peuvent être perdues, d'autres avoir fusionné et créé de nouvelles structures plus complexes, comme chez les Orchidées.*

> *Les fleurs de ce Cactus, comme d'autres fleurs voyantes, avertissent les animaux pollinisateurs de la présence de nectar.*

Des endospermes riches en énergie

Une des caractéristiques de la graine angiosperme est l'endosperme ; c'est une réserve nutritive qui alimente l'embryon végétal pendant la germination et participe au développement de la jeune plante. Cette réserve alimentaire est formée par fusion sexuée, un processus analogue à la fécondation de l'œuf. Lorsque le tube pollinique atteint l'ovule, il libère deux gamètes mâles. L'un d'eux s'unit à l'ovule, l'autre s'unit à deux autres noyaux haploïdes, puis se divise plusieurs fois pour former l'endosperme. Ce dernier a donc trois ensembles de chromosomes.

Les Plantes carnivores

En général, les plantes représentent une source nutritive pour les animaux. Mais, dans certains cas, le processus inverse se produit et la plante se nourrit d'animaux pour enrichir son apport en phosphore et azote. On a longtemps pensé que ces Plantes insectivores ne pouvaient ni absorber de grosses molécules ni recevoir d'énergie des insectes. Mais l'utilisation d'acides aminés radioactifs a détruit cette hypothèse, car ils sont absorbés. Néanmoins, la photosynthèse reste leur principale source de vie. Le surplus de minéraux fourni par les insectes permet simplement aux plantes de vivre sur des sols pauvres.

La plupart des Plantes insectivores ont des feuilles spécialisées pour attraper les insectes. Les feuilles des Droséras sont recouvertes de poils glanduleux ou de tentacules qui contiennent des enzymes digestives, et auxquels les insectes se collent. La feuille des Népenthès a une forme d'urne. Les insectes sont attirés vers les bords glissants de la feuille par le nectar et, une fois tombés, des rangées de poils orientés vers le bas les empêchent d'en sortir.

∨ *Un petit Utriculaire attrape une larve de moustique dans une des vésicules qui se forment aux bords de ses feuilles. La capture d'insectes aquatiques permet aux Utriculaires d'habiter des milieux tourbeux, dont l'apport nutritif est trop faible pour la plupart des plantes. La fermeture des vésicules est contrôlée par un message électrique.*

La pollinisation

Les associés du pollen

L'évolution des Plantes à fleurs tend vers la réduction du nombre des parties florales et la fusion de certaines composantes. Elle est, en général, liée à des relations étroites avec des animaux pollinisateurs spécifiques. Il s'agit souvent d'insectes mais, dans les régions tropicales, la pollinisation ornithophile ou par les Chauves-souris est assez fréquente, le nectar étant disponible pendant toute l'année. D'autres petits Mammifères transportent le pollen, mais seul l'Opossum australien boit le nectar.

Une relation de pollinisation bien établie, entre une plante et un animal, minimise la perte de pollen et assure un contact assez direct avec les stigmates, d'où la réduction du nombre d'étamines et de carpelles. Il peut se produire une fusion entre différentes parties de la plante, donc une structure florale assez complexe. Par exemple, la fusion des pétales pour former les gaines tubulaires qui entourent les organes nectarifères se fait en fonction de pollinisateurs spécialisés. Les animaux, qui n'ont pas l'appareil buccal approprié, ne peuvent donc pas atteindre les nectaires de la fleur. Ainsi, en Amérique du Sud, certaines plantes ont de longues corolles recourbées, que seuls les Colibris peuvent polliniser grâce à leur long bec courbé. De même, la corolle tubulaire des fleurs de Chèvrefeuille ou de Nicotiane (Tabac doux) n'est accessible qu'au long proboscis des Papillons pollinisateurs.

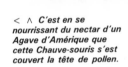

< ∧ C'est en se nourrissant du nectar d'un Agave d'Amérique que cette Chauve-souris s'est couvert la tête de pollen.

∨ Le velouté rouge de la fleur de cette Orchidée imite l'abdomen de la femelle d'une certaine Guêpe. Le mâle vient s'accoupler : l'éperon de la fleur s'ouvre et ses sacs polliniques se collent à lui. Ils se détacheront quand le mâle ira sur une autre fleur.

Le prix de la pollinisation... et les tricheurs

La pollinisation par les insectes apporte plusieurs avantages à la plante, dont la réduction de la perte du pollen et la possibilité de bien se propager. Mais, pour cela, la plante doit dépenser beaucoup d'énergie. La plante offre de la nourriture sous forme de nectar et/ou de pollen, et doit attirer les insectes à elle à l'aide de grandes corolles colorées et parfois parfumées.

Certaines plantes sont très généreuses. Le Figuier, par exemple, n'est pollinisé que par une seule espèce de Guêpes et dépend donc entièrement de cet insecte. En hiver, il porte des fruits stériles, dont la seule fonction est d'assurer la survie de son porteur de pollen en lui offrant un abri. Voilà un exemple extrême de coévolution.

D'autres plantes sont loin d'être généreuses. Certaines Orchidées ont des fleurs qui imitent la forme et la couleur des insectes femelles. Chacune de ces Orchidées se spécialise dans une seule espèce d'insectes et imite la femelle avec un tel réalisme que les mâles, essayant de s'accoupler avec elle, la pollinisent. Dans la plupart des cas, les mâles sont récompensés par la présence de nectar, dont ils se nourrissent. Dans d'autres cas, comme chez l'Orchidée pourpre précoce, la fleur présente un éperon courbé et bien développé, mais vide : les fleurs trichent.

Parfois, les insectes trichent aussi et prennent le nectar sans polliniser la plante. Des Abeilles prennent régulièrement le nectar des fleurs de certaines Légumineuses (Pois et Haricots) en perçant un trou près de leur base. Les insectes doivent pénétrer à l'intérieur de la fleur légumineuse pour atteindre le nectar ; ils l'atteignent donc plus rapidement en perçant un trou dans les pétales.

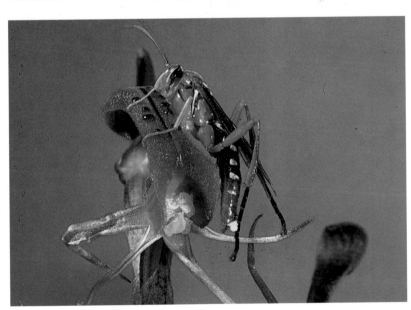

< La pollinisation des Orchidées Coryanthes se fait à l'aide d'un piège qui séduit les Abeilles. Les fleurs renferment un réservoir de liquide dans une « chambre » verticale. Ce liquide contient une drogue qui attire les insectes et les étourdit. Les Abeilles qui grimpent le long de la paroi tombent alors dedans. Elles nagent jusqu'à ce qu'elles trouvent l'unique issue : une petite bande de tissu au niveau du liquide. En se déplaçant sur ce tissu, l'Abeille passe sous les stigmates et sous les étamines. Ces dernières lui collent au dos deux sacs de pollen, ou pollinies. Un « tunnel » au-dessus du réservoir de liquide permet ensuite à l'Abeille de sortir de la fleur. Sur la photo, l'Abeille quitte ce « tunnel ». L'Abeille s'envole, puis sera tentée de renouveler l'expérience avec une autre fleur. Cette fois-ci, les stigmates récupèrent les pollinies sur le dos du mâle, et la fertilisation a lieu.

∨ Pollen sur les stigmates d'une fleur de Coton.

∧ Une Abeille porte deux pollinies de Corianthes. Si elle retourne à la même fleur, l'autopollinisation n'aura pas lieu, car les stigmates ne sont pas réceptifs juste après le retrait des pollinies.

Les Plantes errantes

L'étude de la répartition géographique des plantes est particulièrement intéressante et pertinente pour étudier leurs origines évolutives, puisqu'elles ne se déplacent pas aussi facilement que les animaux. La répartition des plantes représente une grande partie des preuves de Darwin dans De l'origine des espèces. Il remarqua que les plantes des îles océaniques et celles du continent le plus proche se ressemblaient, et démontra que les graines pouvaient être transportées par des courants marins ou des oiseaux. Il attribua la ressemblance entre les plantes de chaînes de montagnes éloignées aux périodes glaciaires qui ont facilité la dispersion des plantes de hautes latitudes, lorsque ces nappes glaciaires ont fondu. Plusieurs preuves fondamentales à l'élaboration de ces hypothèses ont été rapportées par Joseph Hooker, un ami de Darwin. Hooker observa, entre autres, que les plantes d'Amérique du Sud, d'Afrique du Sud et d'Australie se ressemblaient ; mais ce n'est que dans les années 1950, lorsque la dérive des continents fut acceptée, que l'on comprit que ces trois continents, à l'origine, n'en formaient qu'un (voir p. 122).

Le bois et l'eau

Il n'y a pas que la fleur qui distingue les Angiospermes des Plantes primitives. Les Angiospermes ont aussi des tissus ligneux plus différenciés que ceux des Conifères. Ils sont formés, entre autres, d'éléments tubulaires ligneux, les vaisseaux, qui participent au transport de l'eau le long de la tige. Les vaisseaux sont des cellules mortes, qui sont reliées par des parois terminales perforées, permettant ainsi à l'eau qu'elles contiennent de former une longue colonne continue tout le long de la plante. On ne trouve pas de tels vaisseaux chez les Gymnospermes ; celles-ci ont des trachéides plus étroites dont les parois terminales ne sont pas perforées. L'eau passe alors d'une trachéide à l'autre à travers des ponctuations qui se trouvent sur les parois latérales de la cellule.

Pourtant, le bois des *Welwitschia*, une Gymnosperme anormale, contient des vaisseaux, alors que de nombreux membres d'une famille d'Angiospermes primitives, les *Winteraceæ* (ou Drimys de Winter), n'en ont aucun. Des découvertes récentes de grains de pollen de *Winteraceæ* dans des roches âgées d'environ 110 millions d'années laissent croire que ce groupe est assez proche des Angiospermes ancestrales. Mais le débat sur l'origine des vaisseaux est compliqué, car ceux-ci peuvent avoir évolué indépendamment à diverses occasions.

< Joseph Hooker rassemblant des plantes de l'Himalaya pour les Royal Botanic Gardens de Kew, à Londres. Collectionneurs de plantes et botanistes ont fait de nombreuses découvertes sur la répartition des plantes, qui ont étayé les théories de l'évolution de Darwin.

> Le Baobab d'Australie, comme le Baobab africain, est adapté aux climats arides. Son tronc gonflé emmagasine de l'eau pour la saison sèche. A un moment de leur vie, ces arbres s'arrêtent de pousser, et les plus grands peuvent même se contracter lors de grandes sécheresses.

La flexibilité des structures

Une des caractéristiques les plus étonnantes des Plantes à fleurs est la diversité de leurs structures végétatives et florales. C'est sans doute grâce à la flexibilité des structures (tiges, feuilles, racines, fleurs et fruits), plutôt qu'à certains caractères particuliers (vaisseaux conducteurs de sève, fleur ou carpelle), que les Angiospermes prolifèrent autant.

Les feuilles de nombreuses Angiospermes présentent des structures protectrices développées contre les animaux hervibores, telles que les feuilles épineuses des Chardons ou les substances chimiques irritantes dans les poils creux et fragiles des Orties. D'autres plantes, telles que le Sumac vénéneux, provoquent des réactions aiguës au moindre contact avec la peau.

Les feuilles servent aussi de réservoir. Les feuilles épaisses et charnues de certaines plantes conservent l'eau, tandis que d'autres, comme les bulbes d'Oignons, sont élaborées pour emmagasiner des substances nutritives.

Les feuilles des Plantes sensitives peuvent se refermer au moindre contact pour paraître moins attirantes, alors que celles des Plantes carnivores peuvent attraper et dévorer des insectes.

La taille des Angiospermes varie aussi beaucoup. Les Eucalyptus australiens sont aussi hauts que les Séquoias, et les Baobabs atteignent des circonférences phénoménales, tandis que les minuscules Lentilles d'eau ont environ 1 mm de diamètre.

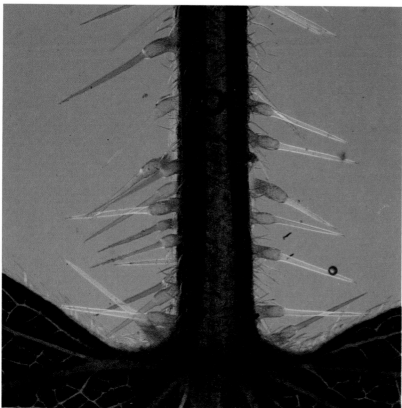

< *Les poils urticants des Orties contiennent de l'acétylcholine, de l'histamine et d'autres substances qui provoquent l'effet irritant. Le bout des poils est un petit nodule qui se brise facilement et laisse poindre des pointes de silice très aiguës. Celles-ci pénètrent dans la peau et injectent des toxines.*

∨ *Les Lentilles d'eau n'ont ni feuilles ni tiges. Elles se reproduisent par bourgeonnement, et forment parfois des fleurs minuscules dans des cavités sur les bordures de la plante. Leur ressemblance avec les plantules des Plantes aquatiques Pistia suggère qu'elles ont pu se développer par néoténie.*

Voir aussi
Les Champignons pp. 37-42
Les Plantes sans fleurs pp. 43-46
Les Arthropodes pp. 77-84

La dispersion des graines

Pendant que la graine d'une Plante à fleurs mûrit, le carpelle qui la renferme se transforme en fruit. Les fruits sucrés et juteux que l'on mange sont, en botanique, un seul type de fruits. Les épines, glands, cosses et duvets sont aussi des fruits. La structure d'un fruit est adaptée pour la dispersion par les animaux ou d'autres moyens. Les fruits charnus dépendent des Oiseaux ou des Mammifères qui les mangent et profitent de la nourriture fournie par le carpelle. Les graines sont suffisamment bien protégées pour traverser le tube digestif de l'animal et en sortir indemnes. (Pourtant, il arrive parfois que le « mauvais » animal mange le fruit et cause ainsi des pertes importantes à la plante. Certains décortiquent même le fruit et mangent les graines, brisant l'enveloppe protectrice.) La distance parcourue par la graine dépend du temps qu'elle reste dans l'intestin de l'animal et du déplacement de ce dernier. Les dégâts causés par le tube digestif de l'animal sont réduits grâce à l'effet laxatif des fruits qui accélère le « passage » de la graine.

Certains fruits, tels que ceux des Violettes, ne sont pas ingérés par les animaux qui les dispersent. Là, les Fourmis transportent les graines vers la fourmilière, mais n'en consomment qu'une petite partie, une gouttelette d'huile ; le reste de la graine peut alors germer. Certains fruits, comme les glands et les noix, offrent une nourriture riche qui se conserve bien, et dépendent des Mammifères qui les enterrent comme réserves pour l'hiver. Les graines oubliées germent au printemps, après avoir profité de l'animal qui les a dispersées puis plantées.

Certains fruits non comestibles sont aussi adaptés à une dispersion par les animaux, comme les épines qui s'attachent aux poils ou aux plumes. Mais la plupart de ces fruits dépendent de forces inanimées comme le vent ou l'eau. Les graines que le vent disperse ont des structures en forme d'ailes, de parachutes ou de plumes qui leur permettent de planer.

∧ *Les Fourmis ouvrières rapportent de la nourriture à la fourmilière pour les autres Fourmis et participent ainsi à la dispersion des graines.*

< *Églantiers attaqués par des Verdiers qui mangent les graines mais pas le fruit. Les plantes doivent produire un surplus de graines pour compenser ces pertes.*

∨ *Sans le Dodo, le Calvaria major ne pouvait plus se reproduire. Aujourd'hui, ses graines reprennent vie grâce aux Dindes ou à un polisseur de graines.*

S'en sortir sans le Dodo

Les botanistes sont restés perplexes devant le Calvaria major, un arbre de l'île Maurice, pendant plusieurs siècles. Ces arbres très répandus à une époque se sont tous éteints jusqu'à ce qu'il n'en reste plus que treize. Tous âgés de plus de 300 ans, ils produisaient des graines saines mais qui ne germaient plus. Au milieu des années 1970, un écologiste américain, Stanley Temple, proposa une explication. D'après lui, un oiseau, le Dodo, dont le gésier rempli de pierres avait un effet de broyeur, se nourrissait des gros fruits de cet arbre. Les graines de l'arbre, adaptées à supporter cette pression, étaient recouvertes d'une enveloppe épaisse. Le gésier du Dodo frappait sur l'enveloppe des graines, l'affinait, la craquelait, sans pour autant endommager la graine elle-même. Celle-ci germait après avoir été déposée par l'oiseau. La graine avait donc besoin du « broyage » effectué par le gésier du Dodo pour pouvoir se dégager de son enveloppe protectrice. Lorsque le Dodo a disparu, il y a 300 ans, les graines de l'arbre n'ont plus pu germer. Voilà un exemple extrême du phénomène de coévolution entre deux espèces.

Les Invertébrés inférieurs

8

Une surprenante diversité de formes ; les Spongiaires, les animaux pluricellulaires les plus simples ; les innovations des Vers ronds et des animaux rotateurs ; une profusion de Vers ; des prédateurs étonnants ; segmentation et coquilles. PERSPECTIVE : les avantages de la pluricellularité ; les difficultés de la classification ; les cavités corporelles ; les filtreurs ; des Invertébrés intelligents

Il existe une importante diversité d'Invertébrés inférieurs. Ils varient des superbes Conques et Coraux aux moins séduisantes Sangsues, Douves du foie et Limaces, des Rotifères microscopiques et des Vers Nématodes filiformes aux imposants Bénitiers. Ils vont des Éponges qui semblent inanimées à des créatures aussi habiles et rapides que les Poulpes et les Calmars. Mais, au-delà de ces différences superficielles, en existent d'autres, plus importantes, dans l'organisation interne et le développement.

Autrefois, cette diversité conduisit les zoologues à suggérer que les Invertébrés avaient dérivé à plusieurs reprises d'un tronc protozoaire, qu'il y avait eu plusieurs « tentatives » pour produire des animaux pluricellulaires. Aujourd'hui, la plupart des zoologues s'accordent à dire que les Invertébrés vivants (les Métazoaires) proviennent sans doute tous d'un même ancêtre. Cela ne signifie pas pour autant que les pluricellulaires ont évolué en une seule fois. Il est possible que la pluricellularité soit apparue plus d'une fois, mais qu'un seul aspect ait survécu, les autres ayant péri il y a longtemps.

Au-delà de ce simple fait, toute démarche pour parvenir à un consensus zoologique échoue. Les liens entre les Invertébrés les plus primitifs sont depuis longtemps un domaine riche en spéculations taxonomiques. Les efforts pour essayer de les éclaircir ne sont pas soutenus par les documents fossiles, puisque les premiers Métazoaires à petits corps mous n'ont laissé que peu ou pas de trace et que, lorsque les fossiles avec des parties solides sont apparus, les Invertébrés supérieurs existaient déjà en grand nombre. Il reste néanmoins l'existence des animaux actuels : une faune très riche de formes assez simples.

Pourquoi être pluricellulaire ?

Avec le bénéfice du recul, il n'est pas difficile de comprendre l'avantage qu'offre la pluricellularité. Elle permet aux cellules individuelles de se spécialiser, et cette répartition des tâches entraîne une efficacité supérieure et la possibilité d'un grand corps. La taille des organismes unicellulaires est restreinte par le fait que gaz et molécules alimentaires doivent diffuser entre la surface de la cellule et son centre. Au-delà d'une certaine taille, le processus de diffusion devient trop lent et un appareil circulatoire est alors nécessaire. De plus, le protoplasme a la consistance d'un blanc d'œuf cru. Donc, sans le développement d'un squelette pour soutenir un grand corps, la vie hors de l'eau est impossible.

Mais appareils circulatoires et squelettes (qui permettent un déplacement rapide, la colonisation du milieu terrestre, le vol, etc.) ont évolué après l'apparition de la pluricellularité. Quel était donc l'avantage que les premiers Métazoaires avaient sur les Protozoaires ? Les Protozoaires ont vécu pendant peut-être un billion d'années avant l'apparition du premier Métazoaire, et ils étaient, et sont toujours, à leur façon, des organismes très sophistiqués. Que s'est-il donc passé pour qu'une grande taille offre un avantage ? Nul ne le sait. Il est pourtant possible que les relations alimentaires des Protozoaires se soient modifiées et aient abouti à l'apparition des premiers prédateurs. Des Protozoaires se sont alors nourris d'autres Protozoaires. Un nouveau problème de survie se posa : que faire pour éviter d'être dévoré ?

Il est possible que la division cellulaire ait parfois été imparfaite, et que les cellules filles ne se soient pas entièrement séparées. Il suffit que cela recommence pour former un gros tas de cellules qu'il est bien plus difficile d'ingérer qu'une seule. L'« union » présente alors un avantage, et le procédé évolutif n'a besoin que d'un avantage infime pour être déclenché.

Mais cela explique seulement pourquoi des « colonies » cellulaires subsistent encore. Des Algues coloniales, comme la Pandorina ou même le plus grand Volvox, existent aujourd'hui (voir p. 45). Elles n'illustrent pas la finalité de l'état pluricellulaire, si l'on entend par là une division des tâches. Mais les masses cellulaires sphériques ont des propriétés intéressantes : les cellules qui se trouvent à l'intérieur de la sphère n'ont aucun contact avec le milieu extérieur, et donc avec la nourriture. La taille de cette masse est limitée par les cellules internes qui meurent. Le Volvox a « résolu » ce problème en étant creux. Il serait aussi possible que les cellules externes transmettent une partie de leurs aliments aux cellules internes. On peut expliquer pourquoi elles accompliraient un acte aussi altruiste d'après les théories de sélection familiale (voir p. 13). Quelle que soit l'évolution exacte, cela a été le début de la répartition des tâches, et donc de la vraie condition métazoaire. Et c'est la « première pierre » de l'évolution métazoaire.

< Une communauté d'Hydrozoaires, de Coraux (l'éventail en forme de feuille et celui aux circonvolutions, en premier plan) et d'Éponges (les Éponges tubulaires jaunes et celles incrustées de rouge) des Caraïbes. Bien que sessiles, ce sont des animaux et non des plantes. Ils se nourrissent de particules alimentaires en suspension dans l'eau.

Les Invertébrés inférieurs sont importants par leur abondance et la diversité des espèces ; ce sont, malgré la simplicité de leur structure corporelle, des organismes très évolués. En effet, les systématiciens doivent se garder d'assimiler une simplicité de structure à un caractère primitif. Les créatures complexes, *a priori* évoluées, mais avec une faible faculté d'adaptation génétique, risquent de disparaître face au développement de nouvelles formes. Les organismes simples qui peuvent se diversifier rapidement présentent un avantage évolutif.

Les Métazoaires les plus simples

De nombreux zoologues pensent que les Spongiaires sont les pluricellulaires (Métazoaires) les plus simples, à part quelques créatures comme le *Trichoplax* et les Mésozoaires. A une époque, les Spongiaires étaient considérés comme des animaux divergeant de la lignée principale de l'évolution métazoaire, parce qu'ils semblaient n'être que des sacs à deux couches cellulaires, sans aucun tissu ni organe, et avec une très faible interdépendance cellulaire. Celle-ci est démontrée en passant au travers d'un tamis un Spongiaire vivant. Chaque cellule individuelle survit, bien qu'elle ait été séparée des autres, et, avec le temps, elles se réorganisent et forment un nouveau Spongiaire.

Une des particularités des Spongiaires est leur couche cellulaire interne qui présente une collerette autour d'un flagelle unique. Ces cellules peu communes sont appelées choanocytes. Une autre particularité est le procédé embryologique appelé « gastrulation ». L'extérieur des larves des Spongiaires est cilié et, en devenant adultes, on pensait que les cellules ciliées et non ciliées s'inversaient. Cette particularité les avait classées dans un sous-règne à part. Mais, récemment, on a découvert des choanocytes dans d'autres groupes métazoaires, et il a été démontré que leur origine ne provient pas de la gastrulation. Les cellules larvaires ciliées se perdent ou sont résorbées, tandis que les choanocytes forment une couche interne à partir de cellules qui étaient indifférenciées. Les Spongiaires ont aussi plusieurs traits propres aux Vertébrés supérieurs, comme le tissu contractile, les systèmes de reconnaissance cellulaire, les systèmes immunitaires et une matrice (mésoglée) entre les deux couches cellulaires, sans doute faite de tissu conjonctif. Aujourd'hui, les Spongiaires sont considérés comme des Métazoaires.

Les trois embranchements suivants présentent au zoologiste un problème encore plus grand. Les Cnidaires (appelés auparavant Cœlentérés) sont des animaux à symétrie radiaire : Anémones de mer, Méduses, Coraux, Hydrozoaires et autres. Les Cténaires comme la « Ceinture de Vénus » sont des prédateurs qui abondent en pleine mer. Le troisième groupe, celui des Plathelminthes, ou Vers plats, comprend trois sortes de Vers à symétrie bilatérale : les Douves et les Vers solitaires (tous deux des parasites), et les Vers plats appelés Turbellariés (qui ne sont pas parasites).

Ces trois embranchements présentent une structure corporelle semblable, qui consiste en une couche cellulaire externe et une interne, séparées par une matrice, la mésoglée. C'est elle qui donne sa consistance gélatineuse à la Méduse : chez les autres, elle est plus fine, mais elle garde la même consistance. Ces animaux ont des systèmes d'organes très rudimentaires, des petits groupes de cellules avec des fonctions spécialisées. L'innovation la plus importante par rapport aux Spongiaires est la couche interne continue, l'intestin, qui offre une cavité pour une digestion efficace de la nourriture. Chez les Spongiaires, chacune des cellules fonctionne seule, absorbant et digérant ses propres particules alimentaires.

∧ *Le Béroé est un Cténaire au corps globulaire ; il nage à l'aide de palettes natatoires en forme de peigne, faites de cils qui ont fusionné. Certains Cténaires ont une forme allongée, et ils ont un mouvement ondulatoire créé par les fibres musculaires de la mésoglée.*

∨ *L'Anémone de mer est un grand polype, alors que les Coraux sont des colonies de nombreux petits polypes, revêtus d'un squelette. Les Hydrozoaires ont des formes coloniales (Corail) ou solitaires (Anémones de mer). La structure du corps du polype de ces animaux est identique.*

Cycle de vie d'un Cnidaire

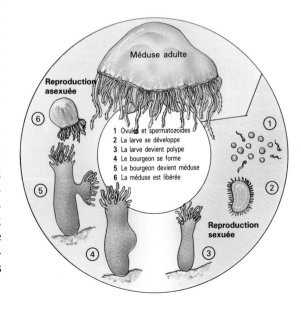

Méduse adulte

Reproduction asexuée

1 Ovules et spermatozoïdes
2 La larve se développe
3 La larve devient polype
4 Le bourgeon se forme
5 Le bourgeon devient méduse
6 La méduse est libérée

Reproduction sexuée

Le Trichoplax et les Mésozoaires

Il y a un peu plus de un siècle, on a découvert dans un aquarium d'eau de mer une petite boule cellulaire de 0,5 mm que l'on a appelée Trichoplax adherens. Ces animaux ont un corps aplati, fait de deux couches de cellules flagellées séparées par une couche de cellules contractiles. Ils se déplacent en glissant et changent continuellement de forme. Certains zoologistes pensent que le Trichoplax est un descendant direct de l'ancêtre des Métazoaires, d'autres disent que c'est une forme dégénérée d'un autre groupe d'Invertébrés.

Contrairement au Trichoplax, tous les Mésozoaires sont parasites. La plupart ont deux couches cellulaires, qui diffèrent néanmoins de celles des autres pluricellulaires : chez un Mésozoaire, une longue « cellule axiale » plurinucléée se trouve au centre du corps vermiforme, avec, autour, la couche externe organisée en spirale. Les Mésozoaires peuvent être des animaux simples, apparentés aux premiers Métazoaires, ou bien des descendants dégénérés d'un autre groupe, comme les Vers plats.

Des embranchements problématiques

Hormis quelques grands groupes d'Invertébrés, il en existe de nombreux petits, très difficiles à classifier parce qu'ils ne présentent aucun lien défini avec aucun embranchement. Les Pogonophores, par exemple, n'ont pas d'intestin, et, bien que cela puisse provenir d'une perte secondaire, ils sont difficiles à comparer avec d'autres Invertébrés et donc placés dans une classe indépendante.

Les Pogonophores ont été découverts en 1900, mais, en 1956, on a encore découvert un nouveau phylum, celui des Gnathostomulidés. Ces animaux vermiformes vivent dans les sédiments marins très profonds, entièrement dépourvus d'oxygène. On en connaît aujourd'hui 54 espèces, et la plupart sont longs de 0,5 à 1 mm. Ils peuvent être apparentés aux Vers plats, mais certaines structures démentent cela, et les taxonomistes sont loin de s'accorder sur la place de cet étrange groupe. Il est possible que, pendant les prochaines années, il navigue entre les différents groupes d'Invertébrés inférieurs avant de trouver sa place définitive.

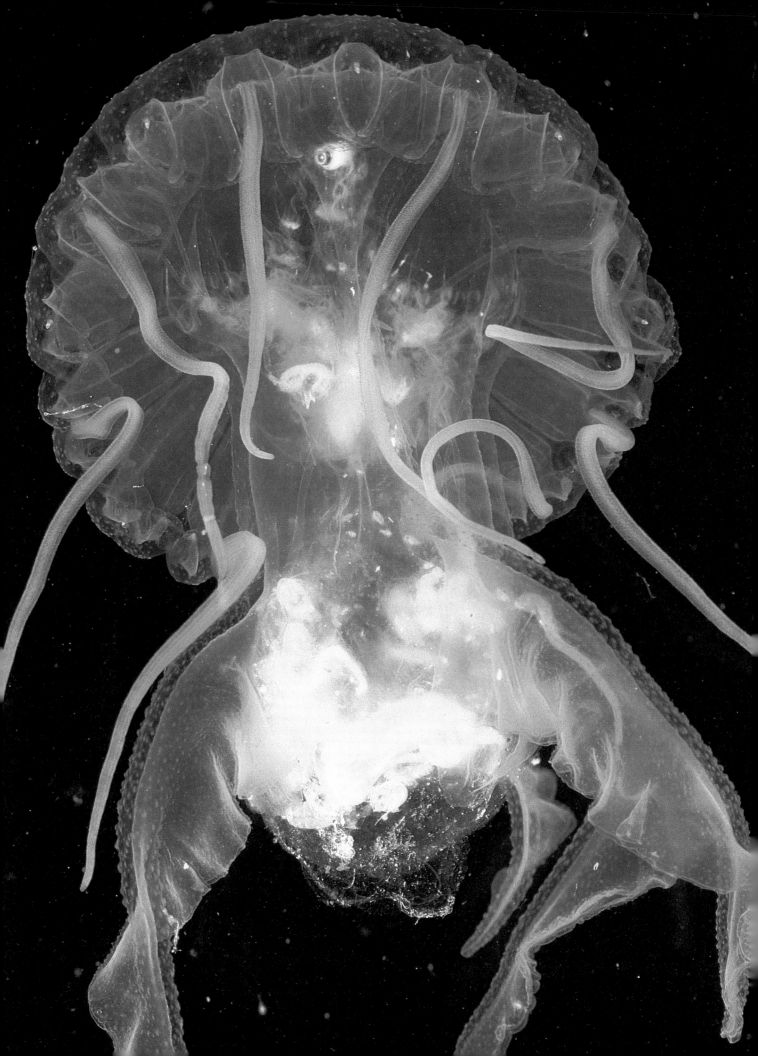

Jadis, la symétrie radiaire des Cnidaires et des Cténaires les classait dans le même groupe. Pourtant, la symétrie radiaire des Cténaires est incomplète, et de nombreuses différences séparent ces deux groupes. Par exemple, les Cténaires sont hermaphrodites. Ils ne forment pas de colonies et ne possèdent pas les cellules urticantes (appelées nématocystes) propres aux Cnidaires. De plus, les Vers plats partagent plusieurs caractéristiques avec le Béroé. Aucune preuve absolue n'existe pour rapprocher ces deux groupes, et il est bien difficile, pour les zoologistes, de savoir si les trois groupes ont divergé avant que les caractères fondamentaux de chacun ne se développent.

Une profusion de Vers

Un groupe qui semble apparenté aux Vers plats et qui a évolué à partir d'eux est celui des Vers rubanés, ou Vers à trompe : les Némertes. Comme celui des Vers plats, leur épiderme est cilié, et ils ont un corps solide et des organes excréteurs tubulaires : les protonéphridies. Mais ils sont plus évolués que les premiers, entre autres parce que leur intestin a un anus et est donc à « sens unique ». Ils présentent aussi un appareil circulatoire primitif et une structure spéciale pour se nourrir : la trompe.

Le stade évolutif suivant est bien représenté par les Nématodes (Vers ronds) et les Rotifères (animaux rotateurs). Ils ont un anus, un appareil musculaire bien développé et quelques cils à la surface du corps. Ces animaux conservent aussi le même nombre de cellules lorsqu'ils sont adultes, et grandissent en augmentant la taille de leurs cellules plutôt que leur quantité, une innovation intéressante mais sans issue sur le plan de l'évolution.

En dehors des Nématodes, six autres groupes de créatures vermiformes existent et atteignent le même niveau de sophistication, bien qu'ils soient distinctement différents de plusieurs manières : les Chétognathes, les Gastrotriches, les Échinodères, les Priapuliens et Acanthocéphales. Ces minuscules créatures vermiformes se ressemblent à l'œil nu, mais, à la loupe, les différences structurelles qu'elles présentent sont étonnantes. Les Nématodes sont néanmoins les plus développés de tous. La structure peu commune de leur cuticule, kératinisée afin d'assurer son étanchéité, et leur locomotion efficace leur ont permis de pénétrer presque tous les habitats. On les trouve dans les sédiments marins et ceux d'eau douce, et dans les sols terrestres. Ils parasitent presque tous les animaux et toutes les plantes, et sont responsables de nombreuses maladies humaines.

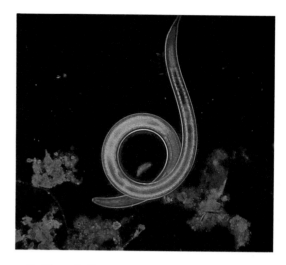

∧ *Un Nématode d'eau douce. Il existe plus de 12 000 espèces connues de Nématodes, mais beaucoup d'autres attendent d'être découvertes. Ils vivent dans presque tous les habitats. Parmi ceux qui ne sont pas des parasites, on compte l'Anguillule du vinaigre.*

∨ *Rotifères se nourrissant des cellules d'une Algue verte. La queue pointue leur permet de tenir prise. Une structure masticatrice, le mastax, faite de cuticule résistante, offre une variété de possibilités alimentaires aux Rotifères. Certains sont prédateurs, d'autres parasites.*

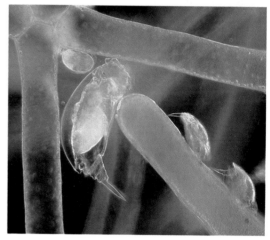

> *Une colonie de Bryozoaires, ou animaux-mousses. Chaque « cellule » minuscule contient un animal avec sa coquille en forme de boîte avec un couvercle. Chaque animal fait sortir son lophophore de cette coque pour se nourrir. Ils forment tous un halo flou autour de la colonie.*

< *La Méduse Pelagia noctiluca possède quatre extensions membraneuses qui pendent sous ses tentacules et participent à l'alimentation. Elles produisent un mucus luminescent lorsqu'elles sont effrayées, et éloignent les prédateurs en les avertissant des piqûres douloureuses.*

Les animaux-mousses

Les animaux-mousses (Ectoproctes ou Bryozoaires) sont de petits, mais abondants, filtreurs coloniaux ; ils forment des colonies arborescentes ou laminaires. Chaque colonie est faite de plusieurs individus, ou zoïdes. Chacun d'eux est enfermé dans une boîte ou un tube calcaire, et se nourrit à l'aide d'un lophophore : un anneau de tentacules ciliés. On peut les prendre à tort pour de petits Coraux ou des Hydrozoaires coloniaux, mais leur structure est plus complexe que celle des Cnidaires. Ils possèdent une cavité corporelle ou cœlome (voir p. 72), qui est une structure d'Invertébrés évolués. Les muscles reliés à l'enveloppe du corps peuvent se contracter et augmenter la pression du liquide corporel du cœlome, ce qui fait gonfler le lophophore. Lorsqu'il est menacé, il est attiré par les muscles rétracteurs à l'intérieur du corps et est protégé par un opercule rigide qui se referme.

Structures corporelles des Invertébrés

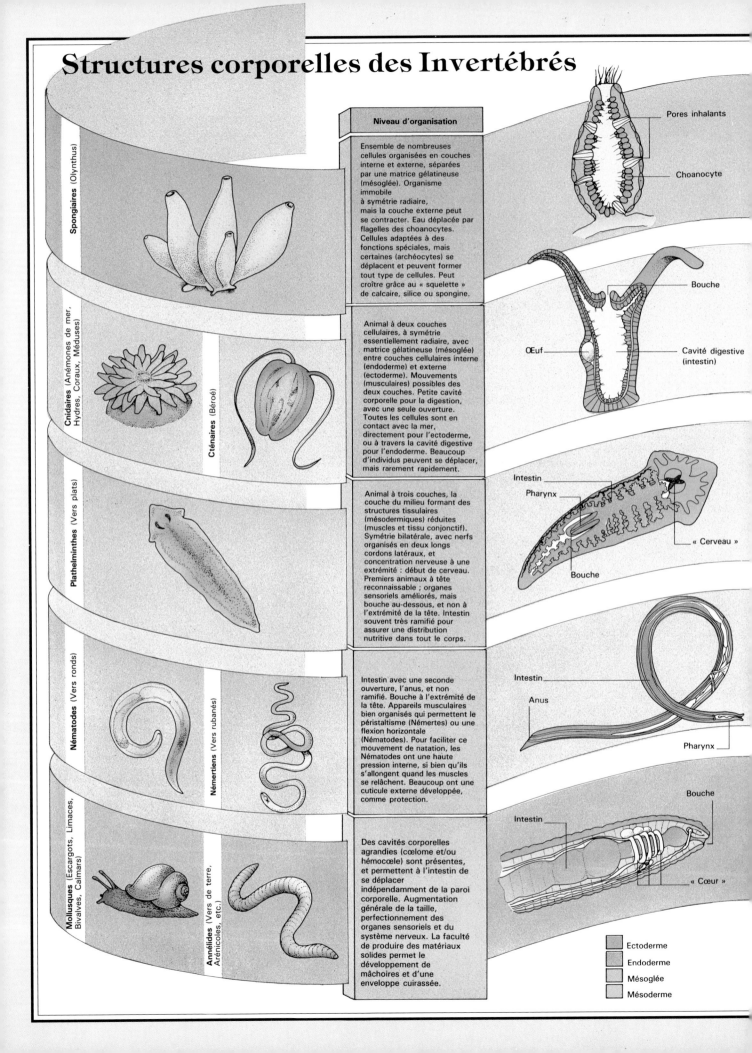

Spongiaires (Olynthus)

Cnidaires (Anémones de mer, Hydres, Coraux, Méduses)

Cténaires (Béroé)

Plathelminthes (Vers plats)

Nématodes (Vers ronds)

Némertiens (Vers rubanés)

Mollusques (Escargots, Limaces, Bivalves, Calmars)

Annélides (Vers de terre, Arénicoles, etc.)

Niveau d'organisation

Ensemble de nombreuses cellules organisées en couches interne et externe, séparées par une matrice gélatineuse (mésoglée). Organisme immobile à symétrie radiaire, mais la couche externe peut se contracter. Eau déplacée par flagelles des choanocytes. Cellules adaptées à des fonctions spéciales, mais certaines (archéocytes) se déplacent et peuvent former tout type de cellules. Peut croître grâce au « squelette » de calcaire, silice ou spongine.

Animal à deux couches cellulaires, à symétrie essentiellement radiaire, avec matrice gélatineuse (mésoglée) entre couches cellulaires interne (endoderme) et externe (ectoderme). Mouvements (musculaires) possibles des deux couches. Petite cavité corporelle pour la digestion, avec une seule ouverture. Toutes les cellules sont en contact avec la mer, directement pour l'ectoderme, ou à travers la cavité digestive pour l'endoderme. Beaucoup d'individus peuvent se déplacer, mais rarement rapidement.

Animal à trois couches, la couche du milieu formant des structures tissulaires (mésodermiques) réduites (muscles et tissu conjonctif). Symétrie bilatérale, avec nerfs organisés en deux longs cordons latéraux, et concentration nerveuse à une extrémité : début de cerveau. Premiers animaux à tête reconnaissable ; organes sensoriels améliorés, mais bouche au-dessous, et non à l'extrémité de la tête. Intestin souvent très ramifié pour assurer une distribution nutritive dans tout le corps.

Intestin avec une seconde ouverture, l'anus, et non ramifié. Bouche à l'extrémité de la tête. Appareils musculaires bien organisés qui permettent le péristaltisme (Némertes) ou une flexion horizontale (Nématodes). Pour faciliter ce mouvement de natation, les Nématodes ont une haute pression interne, si bien qu'ils s'allongent quand les muscles se relâchent. Beaucoup ont une cuticule externe développée, comme protection.

Des cavités corporelles agrandies (cœlome et/ou hémocœle) sont présentes, et permettent à l'intestin de se déplacer indépendamment de la paroi corporelle. Augmentation générale de la taille, perfectionnement des organes sensoriels et du système nerveux. La faculté de produire des matériaux solides permet le développement de mâchoires et d'une enveloppe cuirassée.

Pores inhalants

Choanocyte

Bouche

Œuf

Cavité digestive (intestin)

Intestin

Pharynx

« Cerveau »

Bouche

Intestin

Anus

Pharynx

Bouche

Intestin

« Cœur »

Ectoderme
Endoderme
Mésoglée
Mésoderme

	Avantages	Problèmes	Solutions

Choanocyte

Plus grands que les organismes unicellulaires ; à l'origine, cela peut les avoir protégés des prédateurs unicellulaires.

Pas de systèmes musculaire ni nerveux, d'où mouvements impossibles. Ne peut pas se déplacer vers un habitat plus approprié que celui dans lequel il se trouve. L'absence d'organes sensoriels, parallèlement à celle de mouvement, rend ces organismes très vulnérables devant les prédateurs.

Les larves peuvent nager pour trouver l'endroit approprié pour se fixer.

L'organisme peut se régénérer à partir d'un tout petit groupe de cellules ; il récupère donc très facilement après avoir été attaqué.

Intestin

Un petit intestin permet l'ingestion de plus grandes particules alimentaires.

Pour attraper et ingérer de grandes particules, différentes cellules du corps doivent fonctionner simultanément. Néanmoins, les grandes particules ne peuvent pas pénétrer à l'intérieur des cellules pour être digérées.

Des cellules allongées coordonnent les activités des autres cellules présentes : ce sont les premiers nerfs. Elles constituent un réseau dans tout le corps.

Les cellules qui tapissent l'intestin sécrètent des enzymes pour décomposer la nourriture : c'est le début de la digestion extracellulaire.

Intestin

Pharynx

Des mouvements rapides permettent à l'animal de bien attraper la nourriture et d'échapper aux prédateurs.

Les tissus mésodermiques ne sont pas en contact direct avec l'eau. Leurs cellules reçoivent suffisamment d'aliments tant que les animaux ne deviennent pas trop gros, mais l'accumulation de déchets toxiques devient un problème de plus en plus important.

Première apparition de cellules excrétrices spécialisées.

Intestin

La nourriture se déplace dans un seul sens, elle n'est donc pas mélangée avec les fientes. Il en résulte que différentes parties de l'intestin peuvent se spécialiser pour différents aspects de la digestion. Le processus devient alors plus efficace.

Les cellules des tissus mésodermique et ectodermique ne sont pas en contact avec les aliments, car l'intestin n'est pas ramifié.

Chez les Nématodes, la haute pression interne rend difficile l'ingestion — et la rétention — des aliments.

Le corps long et fin restreint la distance entre l'intestin et le tissu ectodermique. Chez les Némertes, on perçoit les débuts de l'appareil circulatoire, avec le sang qui transporte des aliments de l'intestin vers les tissus mésodermique et ectodermique. Les mouvements normaux du corps déplacent le sang à l'intérieur de l'appareil par compression des vaisseaux. Le pharynx musculaire pompe la nourriture vers l'intérieur, et le sphincter musculaire maintient l'anus fermé.

Cœlome

Intestin

Organes excréteurs

Mouvement plus rapide et digestion plus efficace. Ceux qui ont une coquille solide sont mieux protégés des prédateurs.

Avec l'augmentation de la taille, l'appareil circulatoire doit fournir plus de travail pour distribuer les éléments nutritifs dans toutes les parties du corps.

Avec leur enveloppe cuirassée, l'apport d'oxygène est limité.

Une section de l'appareil circulatoire devient musculaire et fonctionne comme une pompe : le cœur.

Apparition de surfaces spécialisées pour les échanges gazeux : les premières branchies et les poumons.

Les cavités corporelles

De nombreux animaux de plus de quelques millimètres ont des cavités corporelles remplies de fluide. Il en existe trois types : le pseudocœlome, l'hémocœle et le cœlome.

Le pseudocœlome dérive sans doute du blastocœle, cavité formée par la multiplication des cellules de l'œuf fécondé, qui s'organisent tout d'abord en boule creuse. Dans certains groupes, comme les Rotifères, le blastocœle persiste et est appelé pseudocœlome. On trouve l'hémocœle, le second type de cavité, chez tous les Arthropodes et la majorité des Mollusques, animaux dont l'appareil circulatoire est « ouvert ». Le nom « hémocœle » est donné à toutes les cavités du mésoderme dans lesquelles le sang circule. Le troisième type de cavité, le cœlome, se situe aussi dans le mésoderme. Il est formé (voir p. 87) lorsque le tissu mésodermique se divise pour délimiter des espaces internes, ou lorsqu'il renferme un espace en évoluant à partir de l'ectoderme.

La formation d'un espace cœlomique crée en général deux couches musculaires : l'une tapisse la paroi corporelle et l'autre recouvre l'intestin. Cela offre l'avantage à l'intestin de pouvoir bouger, indépendamment du reste du corps. (L'hémocœle offre des avantages semblables aux Arthropodes et aux Mollusques.) Le liquide cœlomique peut aussi compléter l'appareil circulatoire en transportant l'oxygène, et peut devenir le réservoir dans lequel œufs et spermatozoïdes sont accumulés avant d'être libérés par des canaux ouverts vers l'extérieur, et qui peuvent aussi transporter les déchets. La présence d'une cavité remplie de fluide sert aussi à la locomotion. La contraction des muscles qui entourent une partie du corps peut créer l'extension d'une autre partie : c'est le principe des mouvements d'animaux à corps mou.

> Deux espèces d'Annélides polychètes filtreurs. Celui du haut a été extrait de son tube protecteur.

Les animaux filtreurs

Plusieurs Invertébrés inférieurs sont spécialisés dans la collecte de minuscules particules marines (Algues unicellulaires, larves animales et débris organiques). Les Polychètes filtreurs ont un grand nombre d'appendices qui forment, sur la tête, une couronne de tentacules à travers lesquels les cils entraînent un courant d'eau. Les Mollusques bivalves attrapent autrement leurs aliments : ils utilisent leurs branchies déployées qui forment des filtres fins (voir p. 75). L'eau est entraînée dans un siphon inhalant, filtrée, puis rejetée par un siphon exhalant.

Il existe aussi de nombreux petits groupes de filtreurs, et plusieurs, dont les Vers Phoronidiens, les « animaux-mousses » (voir p. 69) et les Brachiopodes (voir p. 76), possèdent un organe spécialisé pour se nourrir : le lophophore, anneau de tentacules ciliés qui entourent la bouche. Puisque ces tentacules contiennent une extension du cœlome, ils peuvent être repoussés vers l'extérieur ou attirés vers l'intérieur par la pression du liquide corporel. Les ressemblances entre les appareils nutritifs suggèrent que, malgré les différences superficielles, ces groupes peuvent être apparentés.

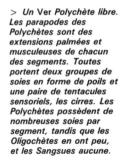

Plusieurs fois la même chose : la segmentation

Plathelminthes, Nématodes et autres Vers sont des créatures répandues et abondantes dans une variété d'habitats, mais ils sont toujours de petite taille. Un monde peuplé de telles créatures s'offrait à l'exploitation d'opportunistes capables d'avoir une plus grande taille.

Les Annélides sont les premiers à avoir accompli une telle percée, et ils l'ont fait de manière intéressante : ils reproduisent la même structure plusieurs fois, et créent ainsi un long animal, de manière économique au point de vue génétique. Ce phénomène s'appelle la segmentation métamérique. Vu segment par segment, l'Annélide est une créature très simple. Chacun de ses segments comprend un ganglion nerveux capable de produire les séquences élémentaires des mouvements grâce aux muscles. Il comprend aussi une partie de l'intestin, des vaisseaux sanguins, des appareils excréteur et reproductif : rien de remarquable ni de sophistiqué, car toutes ces structures existent déjà chez les Vers plats ou à trompe. Ce que les Annélides ont acquis, par contre, est l'avantage qu'offre la multiplication de ces unités, avec peu ou pas d'augmentation de la complexité du système nerveux. Le péristaltisme, avec chaque segment devenant à son tour long et fin, puis court et gros, introduit de nouvelles possibilités pour pénétrer le substrat. Les extensions latérales (parapodes) de chacun des segments permettent une sorte de marche, et l'accroissement de la taille des parapodes permet de nager avec efficacité. Une taille augmentée, un appareil sensoriel développé et le développement de mâchoires solidifiées ont fait des Annélides des prédateurs étonnants.

On connaît peu l'histoire des Annélides. Des fossiles en forme d'Annélide ont été trouvés dans des roches datant du Précambrien. Il est possible qu'ils aient évolué en formant toutes les créatures variées que l'on trouve aujourd'hui : prédateurs et détritivores, animaux fouisseurs, parasites et une série d'organismes filtreurs. Un trait commun dans l'évolution animale est la diversification rapide de chaque nouvelle « création », qui détermine ainsi une quantité de façons nouvelles d'accomplir de vieilles fonctions. En tant que premiers gros animaux, il n'est pas étonnant que les Annélides aient produit une grande variété d'individus spécialisés.

> *Un Ver* Polychète *libre. Les parapodes des Polychètes sont des extensions palmées et musculeuses de chacun des segments. Toutes portent deux groupes de soies en forme de poils et une paire de tentacules sensoriels, les cirres. Les Polychètes possèdent de nombreuses soies par segment, tandis que les Oligochètes en ont peu, et les Sangsues aucune.*

> > *La plupart des Sangsues sucent le sang, mais certaines se nourrissent de petits Invertébrés. On pense qu'elles ont évolué à partir des Annélides oligochètes (les Vers de terre), en se spécialisant en un mode de vie prédateur ou parasite. Contrairement aux autres Annélides, elles n'ont pas de soies, mais, à chaque extrémité du corps, des ventouses facilitant la locomotion.*

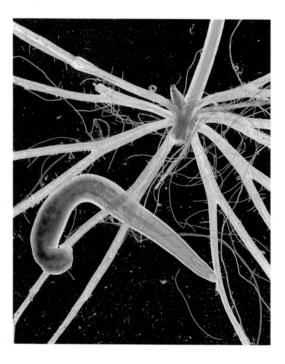

Certains Escargots du désert peuvent survivre des années entre des pluies rares

Les Mollusques : la solution non segmentée

La taille des animaux d'un autre groupe, qui suit de près celui des Annélides, s'est accrue de manière bien différente. Les Mollusques ne sont pas segmentés, et leur développement est assez éloigné de celui des créatures d'origine, à forme de Plathelminthes. Ils sont caractérisés par une coquille, qui s'est sans doute développée tôt, et qui offre une protection à leur dos exposé lorsqu'ils se déplacent sur le fond marin. Couvrir tout le corps limite les échanges gazeux. Un développement parallèle doit donc être la spécialisation d'une partie de la surface du corps pour l'absorption d'oxygène (branchies), de même que pour distribuer l'oxygène dans tout l'organisme (appareil circulatoire, transporteur d'oxygène, plus efficace que le précédent). Les branchies (cténidies) particulières des Mollusques laissent supposer que, malgré leur diversité, ceux-ci ont tous un même ancêtre. Elles sont fragiles et contenues dans une cavité à l'intérieur de la coquille, la cavité palléale, caractéristique des Mollusques. La « radula » caractérise aussi les Mollusques, bien qu'elle soit surtout développée chez les Gastéropodes (Limaces et Escargots) : c'est une langue rugueuse qui leur permet de se nourrir de plantes, au grand dam des jardiniers.

On distingue cinq classes de Mollusques dont deux, les Chitons et les Aplacophores, sont peu représentés. La troisième classe, celle des Céphalopodes (Calmars, Pieuvres et Seiches), est aussi peu représentée, mais elle se distingue par l'intelligence développée de ses membres et par leur rapidité (voir p. 76). Les deux autres classes sont très

> *Des Moules, qui sont des Mollusques lamellibranches typiques, en train de filtrer l'eau pour se nourrir. On peut voir les deux siphons : le siphon inhalant est bordé de tentacules sensoriels qui contrôlent l'eau à son arrivée, et le siphon exhalant a un bord lisse.*

∨ *Les Chitons ont une coquille articulée. On a cru à une époque que cette coquille était une structure primitive, reste de leur passé segmenté, mais l'évolution des Mollusques à partir d'ancêtres segmentés est aujourd'hui controversée.*

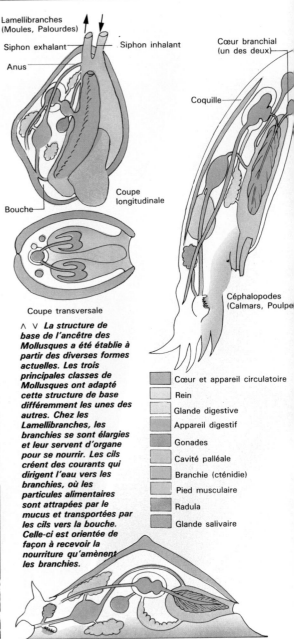

Lamellibranches (Moules, Palourdes)
Siphon exhalant — *Siphon inhalant*
Anus
Bouche
Coupe longitudinale
Coupe transversale
Cœur branchial (un des deux)
Coquille
Céphalopodes (Calmars, Poulpe

∧ ∨ *La structure de base de l'ancêtre des Mollusques a été établie à partir des diverses formes actuelles. Les trois principales classes de Mollusques ont adapté cette structure de base différemment les unes des autres. Chez les Lamellibranches, les branchies se sont élargies et leur servent d'organe pour se nourrir. Les cils créent des courants qui dirigent l'eau vers les branchies, où les particules alimentaires sont attrapées par le mucus et transportées par les cils vers la bouche. Celle-ci est orientée de façon à recevoir la nourriture qu'amènent les branchies.*

Cœur et appareil circulatoire
Rein
Glande digestive
Appareil digestif
Gonades
Cavité palléale
Branchie (cténidie)
Pied musculaire
Radula
Glande salivaire

Ancêtre hypothétique des Mollusques

L'énigme des Mollusques

Les Chitons sont, pour la plupart, des organismes très discrets qui vivent dans la zone découverte par les marées en se nourrissant d'Algues incrustées sur les rochers. Ils sont caractérisés par huit rangées de plaques calcaires se chevauchant et permettant à l'animal de s'enrouler comme un Cloporte. L'intérêt que leur portent les zoologues provient de leur relative simplicité : ils ont un petit cerveau, des organes sensoriels peu développés et un système nerveux en forme d'échelle, un peu analogue à celui d'un Ver plat. Les Chitons sont des Mollusques primitifs, et l'on a longtemps considéré leurs huit rangées de plaques comme les vestiges d'un ancêtre segmenté. Leur place dans l'évolution est encore indéfinie, vu le débat actuel sur le passé segmenté ou non des Mollusques, car leurs coquilles articulées peuvent aussi être des structures secondaires, acquises pour la défense.

< *Chez les Céphalopodes actuels, la coquille est, soit très réduite, soit interne, soit perdue. Le corps a une forme aérodynamique, et la cavité palléale est devenue un organe musculaire, utilisé pour la propulsion à réaction. Pour maintenir un mode de vie actif, les appareils sensoriel, nerveux et circulatoire se sont modifiés. Le cœur principal est plus grand, et une paire de cœurs supplémentaires envoie l'irrigation sanguine vers les branchies.*

Gastéropodes (Escargots, Limaces)

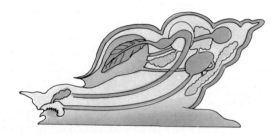

∧ ∨ *Le corps des Gastéropodes s'est retourné à 180° (torsion) ; la cavité palléale est maintenant en avant. Cela permet à l'animal de ramener sa tête dans la cavité palléale lorsqu'un danger menace. Les branchies de nombreux Gastéropodes terrestres ont disparu ; la cavité palléale sert alors de poumon. De nombreux Gastéropodes, tels que cette Limace de mer (voir ci-dessous), ont perdu leur coquille, mais la plupart gardent toujours une torsion comme un vestige de leur passé.*

abondantes et répandues. Elles se sont adaptées à une grande diversité d'habitats. Les Gastéropodes (Limaces et Escargots) se sont adaptés au milieu terrestre et sont protégés des sécheresses par leur coquille enroulée, qui permet, entre autres, aux Escargots du désert, de survivre plusieurs années lors de sécheresses. Les Limaces n'ont pas de coquille et sont protégées par une couche de mucus. La taille des Gastéropodes varie, des minuscules Limaces de mer, longues de 1 mm, aux plus grands Invertébrés. Ils comprennent des herbivores, des brouteurs (qui utilisent leur radula pour retirer les fines couches d'Algues), des charognards et même des prédateurs. Les victimes les plus communes des Gastéropodes prédateurs sont les Mollusques bivalves (voir ci-dessous), qui ne peuvent pas facilement s'échapper. La radula sert à percer la coque du Bivalve. Les Poissons sont pourtant la proie de certains Conidés qui poignardent leurs victimes avec un harpon empoisonné : une radula très modifiée.

L'autre classe de Mollusques « à succès », celle des Bivalves ou Lamellibranches (Huîtres, Coques et Moules), a converti ses branchies en appareil alimentaire (voir p. 72). La plupart des Lamellibranches se déplacent peu, restent cachés dans la vase ou le sable et laissent seulement poindre leurs siphons. Malgré leur mode de vie discret, ils sont importants pour nous : on les déguste en quantité en tant que « coquillages » ; ils bouchent nos installations sous-marines, et quelques-uns, dont le Taret, consacrent leur vie à détruire jetées et bateaux, pénétrant le bois à l'aide des bords tranchants de leur coquille.

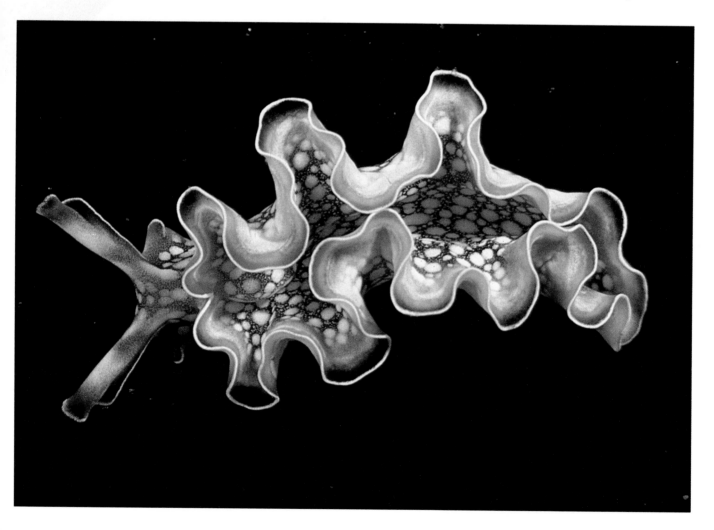

Voir aussi
La classification pp. 29-32

> *Ammonites fossiles, dont l'une est sectionnée pour obser-*
ver les alvéoles internes. Les premiers Céphalopodes les uti-
lisaient comme flotteurs, et ont ainsi acquis un grand essor. Les
Ammonites ont subi beaucoup de radiations et d'extinctions au
Mésozoïque. Elles sont très appréciées des géologues, car cha-
que strate contient des espèces distinctes. Elles ont toutes dis-
paru en même temps que les Dinosaures.

Des Invertébrés pensants

L'aristocratie de l'embranchement des Mollusques est le groupe des Céphalopodes : Calmars,
Seiches et Poulpes. Les premiers Céphalopodes
ressemblaient beaucoup aux Gastéropodes et
avaient des petites coquilles en spirale. Il existait pourtant une différence essentielle : ces
coquilles étaient alvéolées, avec des sections
qui se cloisonnaient quand l'animal croissait
dans la coquille. Vidées de leur eau, puis remplies de gaz, elles ont ainsi permis à l'animal de
flotter dans les eaux moyennes, loin des prédateurs rampants du fond, et de s'abattre sur
sa proie. Le succès de cette tactique a été
immédiat. Dès la moitié du Paléozoïque, les
Céphalopodes (Nautiloïdes et Ammonites) dominaient les mers. Certains faisaient 4 m de long
et étaient les premiers grands animaux du globe.

Une catastrophe se produisit. Les ancêtres
des Poissons à nageoires rayonnées, qui avaient
évolué en eau douce, sont retournés dans la
mer. Plus rapides et plus agiles que les premiers
Poissons, ils ont pratiquement détruit les
Céphalopodes. Par la suite, presque toutes les
formes à coquille ont disparu, et, aujourd'hui,
seul subsiste le Nautile (voir p. 9).

Pour survivre, les Céphalopodes se sont rap-
prochés de la forme des Poissons. La coquille
blindée a progressivement été réduite, allégeant
ainsi ces animaux, et permettant à la paroi de
la cavité palléale, qui entourait les branchies,
d'adopter un nouveau rôle actif en tant qu'appareil de ventilation musculaire. En effet, une
circulation ciliaire de l'eau à travers les branchies ne convient pas à des animaux aussi
grands et actifs que les Céphalopodes. Les
parois du manteau ont donc évolué en un moyen
efficace de mouvement. La propulsion à réaction a donné aux Céphalopodes autant de
mobilité que les Poissons. Ils pouvaient s'échapper rapidement, vers l'avant ou l'arrière, et
s'abattre sur leurs proies. Parallèlement à cette
augmentation de la vitesse, les Céphalopodes
ont développé des cerveaux plus gros que ceux
des autres Invertébrés, et des yeux et des organes d'équilibre qui présentent des parallèles
étonnants avec ceux des Vertébrés.

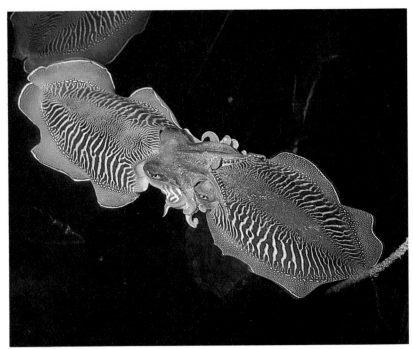

Brachiopode

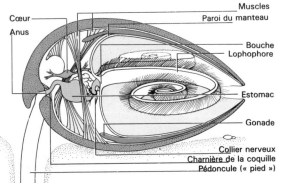

Cœur
Anus
Muscles
Paroi du manteau
Bouche
Lophophore
Estomac
Gonade
Collier nerveux
Charnière de la coquille
Pédoncule (« pied »)

∧ *L'accouplement chez*
les Seiches, comme chez
d'autres Céphalopodes,
comprend le transfert de
spermatozoïdes, à l'aide
d'un tentacule spécial,
l'hectocotyle. Ici, deux
mâles essaient, sans
succès, de s'accoupler.

< *Chez les Mollusques*
lamellibranches, les deux
valves sont identiques.
Par contre, chez les
Brachiopodes, les valves
ont des structures
distinctes. Les organes
internes sont aussi
disposés différemment.

Les Brachiopodes, une apparence trompeuse

Les Brachiopodes offrent un bon exemple
d'évolution convergente des Invertébrés. Ils ressemblent aux Mollusques lamellibranches par
leur coquille à deux valves, mais l'animal qui se
trouve à l'intérieur est très différent. Comme les
Bivalves, les Brachiopodes sont des filtreurs,
mais ils filtrent les particules nutritives de l'eau
à l'aide d'un lophophore (voir p. 72) que la
coquille protège. La petite place occupée par les
Brachiopodes dans le monde des Invertébrés
actuels représente un important déclin depuis
leur apogée. On connaît 30 000 espèces de
Brachiopodes fossiles, dont la plupart sont
aujourd'hui disparues.

Les Arthropodes

9

Une armure qui recouvre tout le corps ; la clé de la
réussite ; les inconvénients de la croissance ;
évolution historique ; les Insectes : 90 % de tous les
Arthropodes ; la conquête de la terre et de l'air.
PERSPECTIVE : les premiers Arthropodes ;
Tardigrades et Pantopodes ; la fabrication de la
soie ; des Insectes cachés

∧ Un Homard du Pacifique et l'exuvie qu'il a abandonnée.

Quatre sur cinq des espèces animales appartiennent au groupe des
Arthropodes. C'est un groupe prolifique et varié qui comprend Insectes, Crabes, Crevettes, Araignées, Scorpions, Mille-pattes, Diplopodes et autres animaux moins connus. L'étonnant succès de ces Invertébrés provient, entre autres, de leur squelette externe, véritable cuirasse qui couvre tout le corps, et varie entre le revêtement lisse et brillant des Scarabées, l'enveloppe souple et flexible des Chenilles et la carapace calcifiée des Crabes. L'exosquelette est constitué d'un polysaccharide spécialisé, la chitine, qui, chez les Crustacés, est solidifiée par des sels calcaires.

Le principal avantage qu'offre le squelette externe est le rapport résistance/poids. Pour la même quantité de matière squelettique, une structure fine et tubulaire est plus résistante qu'un squelette en tube plein comme le nôtre. Le squelette externe fournit un support à l'activité musculaire, soutient et protège les organes internes. Mais, paradoxalement, c'est le corps des Vertébrés qui illustre le mieux le rôle important du squelette dans la protection des organes. En effet, bien que leur squelette soit interne, leurs organes les plus essentiels sont tous entourés d'os (le crâne protège le cerveau et la cage thoracique enferme le cœur et les poumons). En plus de ces rôles structurels, l'exosquelette sert aux Arthropodes de défense contre les prédateurs, les parasites ou les agents pathogènes. Il borde les régions antérieures et postérieures de l'intestin, et certaines parties de l'appareil reproducteur. Chez les Arthropodes terrestres, il borde aussi l'appareil respiratoire : la trachée des Insectes et des Mille-pattes ainsi que les poumons des Araignées et des Scorpions.

Les origines des Arthropodes

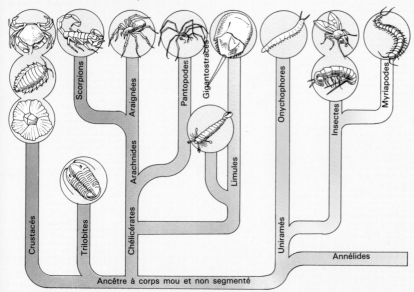

Une croissance douloureuse
Malgré sa faculté d'adaptation, l'exosquelette présente un grand inconvénient : il restreint la taille des Arthropodes. Pour grandir, l'animal doit se débarrasser de son vieil exosquelette et en développer un nouveau qui soit plus grand que le précédent. Pendant cette période de mue, l'animal est très vulnérable à tout prédateur. Dans l'eau, le problème de support ne se pose pas trop, car la densité de l'eau maintient l'animal. Sur terre, les Arthropodes doivent se gonfler d'air pour maintenir la forme de leur corps pendant que l'exosquelette se durcit. Plus l'animal est grand, et plus difficile est la mue, ce qui explique peut-être pourquoi les Arthropodes terrestres sont si petits. L'Arthropode terrestre le plus grand, un Capricorne, le Titanus giganteus du bassin de l'Amazone, ne mesure que 20 cm de long tandis que l'Arthropode marin le plus grand, l'Araignée de mer japonaise Macrocheira kæmpferi, a des pattes de 3,5 m d'envergure.

Les Trilobites
Les Trilobites, aujourd'hui éteints, étaient un groupe d'Arthropodes primitifs qui abondaient alors dans les mers chaudes du Cambrien et de l'Ordovicien (il y a entre 400 et 600 millions d'années). La plupart vivaient sur le fond des mers, se déplaçaient sur le sable ou fouillaient la vase pour se nourrir. Leur corps ovoïde était aplati et segmenté, et mesurait entre 0,5 mm et 70 cm. Chaque segment du corps possédait une paire d'appendices articulés se séparant en deux parties (biramés) : la rame externe portait une branchie ; la rame interne des quatre appendices qui se trouvaient juste derrière la tête était développée pour la marche. Ces membres biramés se retrouvant chez les Crustacés, il est possible qu'ils aient un ancêtre commun.

< On ne pense plus que les Arthropodes forment un seul phylum avec un ancêtre segmenté commun. Ils se répartiraient en au moins trois grandes lignées, qui auraient évolué indépendamment à partir d'animaux vermiformes non segmentés. Les Trilobites éteints pourraient former une quatrième lignée, ou être apparentés aux Crustacés.

Les Insectes sont les créatures vivantes les plus répandues aujourd'hui

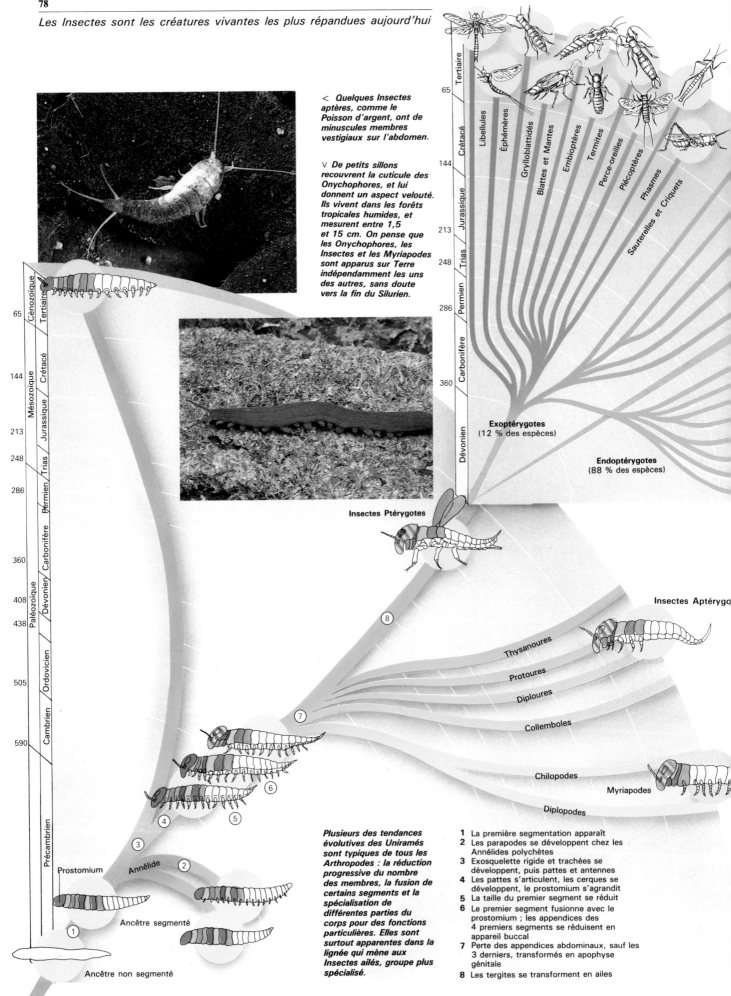

< *Quelques Insectes aptères, comme le Poisson d'argent, ont de minuscules membres vestigiaux sur l'abdomen.*

∨ *De petits sillons recouvrent la cuticule des Onychophores, et lui donnent un aspect velouté. Ils vivent dans les forêts tropicales humides, et mesurent entre 1,5 et 15 cm. On pense que les Onychophores, les Insectes et les Myriapodes sont apparus sur Terre indépendamment les uns des autres, sans doute vers la fin du Silurien.*

Tertiaire 65
Crétacé 144
Jurassique 213
Trias 248
Permien 286
Carbonifère 360
Dévonien

Libellules
Éphémères
Grylloblattidés
Blattes et Mantes
Embioptères
Termites
Perce-oreilles
Plécoptères
Phasmes
Sauterelles et Criquets

Exoptérygotes
(12 % des espèces)

Endoptérygotes
(88 % des espèces)

Insectes Ptérygotes

Insectes Aptérygo[tes]

Thysanoures
Protoures
Diploures
Collemboles
Chilopodes
Diplopodes

Myriapodes

Cénozoïque
Tertiaire 65
Crétacé 144
Mésozoïque
Jurassique 213
Trias 248
Permien 286
Carbonifère 360
Dévonien 408
Paléozoïque 438
Ordovicien 505
Cambrien 590
Précambrien

Prostomium
Annélide
8
7
6
5
4
3
2
1

Ancêtre segmenté

Ancêtre non segmenté

Plusieurs des tendances évolutives des Uniramés sont typiques de tous les Arthropodes : la réduction progressive du nombre des membres, la fusion de certains segments et la spécialisation de différentes parties du corps pour des fonctions particulières. Elles sont surtout apparentes dans la lignée qui mène aux Insectes ailés, groupe plus spécialisé.

1 La première segmentation apparaît
2 Les parapodes se développent chez les Annélides polychètes
3 Exosquelette rigide et trachées se développent, puis pattes et antennes
4 Les pattes s'articulent, les cerques se développent, le prostomium s'agrandit
5 La taille du premier segment se réduit
6 Le premier segment fusionne avec le prostomium ; les appendices des 4 premiers segments se réduisent en appareil buccal
7 Perte des appendices abdominaux, sauf les 3 derniers, transformés en apophyse génitale
8 Les tergites se transforment en ailes

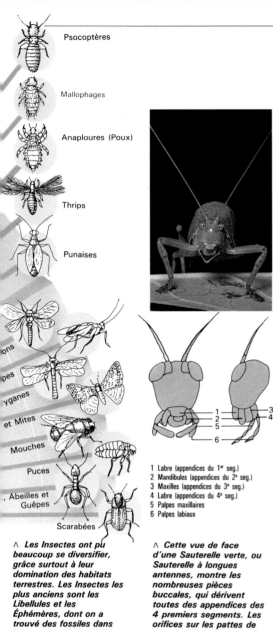

Psocoptères

Mallophages

Anaploures (Poux)

Thrips

Punaises

...ons

...pes

...yganes

...et Mites

Mouches

Puces

..., Abeilles et
Guêpes

Scarabées

1 Labre (appendices du 1ᵉʳ seg.)
2 Mandibules (appendices du 2ᵉ seg.)
3 Maxilles (appendices du 3ᵉ seg.)
4 Labre (appendices du 4ᵉ seg.)
5 Palpes maxillaires
6 Palpes labiaux

∧ *Les Insectes ont pu
beaucoup se diversifier,
grâce surtout à leur
domination des habitats
terrestres. Les Insectes les
plus anciens sont les
Libellules et les
Éphémères, dont on a
trouvé des fossiles dans
les couches de houille du
Carbonifère.*

∧ *Cette vue de face
d'une Sauterelle verte, ou
Sauterelle à longues
antennes, montre les
nombreuses pièces
buccales, qui dérivent
toutes des appendices des
4 premiers segments. Les
orifices sur les pattes de
l'Insecte sont les organes
auditifs.*

Une armure sucrée
*L'exosquelette des Arthropodes se fortifie grâce
au mélange de protéines et d'un polysaccharide
appelé chitine, composé de N-acétyl-glucosamine (glucose lié à un groupement amino-acé-
tyl). Les molécules de chitine forment des liens
entre les groupes aminés, et les protéines for-
tifient l'exosquelette. (Certaines cuticules molles et souples, comme celles des Chenilles, ont
subi moins de croisements que le revêtement
dur d'une Blatte ou d'un Scorpion.)*

*Le fait que l'exosquelette de tous les Arthro-
podes contienne de la chitine peut paraître une
coïncidence étrange, puisque les Arthropodes
ne sont pas issus d'un ancêtre commun. Mais
la N-acétyl-glucosamine est un des composants
de la paroi cellulaire bactérienne, des composants proches de la chitine sont présents chez
les Annélides, et la chitine elle-même constitue
la paroi cellulaire de plusieurs Champignons. Il
n'est donc pas étonnant que divers groupes
d'Arthropodes aient développé indépendamment de la chitine. C'est un exemple d'évolution
parallèle ou convergente (voir p. 11), qui signifie que la chitine offre des avantages pour ce
type d'exosquelette.*

L'évolution des Arthropodes
L'histoire des Arthropodes remonte à plus de 600 millions d'années,
mais il n'existe aucun fossile de leurs premiers ancêtres. A cause de
leur exosquelette et des membres articulés, on pensait que tous les
Arthropodes avaient évolué à partir d'un tronc commun. Mais des
études récentes sur les Arthropodes vivants suggèrent qu'il existe trois
lignées indépendantes : Crustacés, Uniramés et Chélicérates. La
structure des membres de ces trois groupes les différencie : ceux des
Crustacés sont ramifiés (biramés), tandis que ceux des Insectes et des
Myriapodes ne le sont jamais, d'où leur nouveau nom d'« Uniramés ». Les Chélicérates n'ont ni membres ramifiés ni antennes, et
leur appareil buccal présente une paire de structures en forme de pinces, les chélicères. Enfin, ces trois groupes se distinguent par la
manière dont leurs pattes et mâchoires remuent. Cela suggère que
chacun de ces groupes a évolué indépendamment.

Les ancêtres eux-mêmes sont très peu connus, et seuls les Onychophores vermifores peuvent fournir quelques informations. La structure de leur paroi corporelle et de leur appareil excréteur est identique
à celle des Annélides, mais ils ont aussi des appendices qui ont pu être
les précurseurs des membres segmentés des Insectes, des antennes
d'Insectes et des trachées. Les Uniramés ont donc probablement évolué à partir d'un tronc annélide, mais on ne connaît pas les ancêtres
des autres groupes, les Crustacés et les Chélicérates.

Bien que distinctes, ces trois lignées d'Arthropodes montrent des
signes d'évolution parallèle, c'est-à-dire qu'elles se sont transformées
de manière semblable au cours de leur développement évolutif. Les
ancêtres des Arthropodes avaient une paire d'appendices par segment. La plupart des espèces actuelles ont réduit le nombre d'appendices, surtout dans la région abdominale, et des segments corporels
ont fusionné pour former des structures élargies avec des fonctions
spécialisées, telles que la tête et son appareil buccal complexe.

Les Insectes
A peu près 90 % des Arthropodes sont des Insectes, dont on connaît
plus d'un million d'espèces. Leur caractère le plus remarquable est,
sans nul doute, leur faculté de voler qu'aucun autre groupe
d'Invertébrés n'a acquise. Alors que les ailes des Oiseaux et des
Chauves-souris sont des pattes modifiées, celles des Insectes se sont
développées à partir de plaques qui, à une époque, recouvraient la
partie supérieure des membres. Ces plaques, que l'on retrouve chez
les Insectes fossiles, se sont sans doute développées pour protéger
les articulations fragiles des pattes, puis sont devenues utiles pour
planer, et, par la suite, sont devenues de puissants organes du vol.

Les Insectes ailés se répartissent en deux groupes, en fonction de
leur développement. La majorité des espèces (88 %) passe par un
stade larvaire (chenille, asticot ou larve) qui se distingue du stade
adulte. Ces « Endoptérygotes » subissent une transformation complète, la métamorphose, pour devenir adultes. Au cours d'une phase
nymphale, les structures larvaires se transforment en caractères adultes. Scarabées (Coléoptères), Abeilles, Guêpes et Fourmis (Hyménoptères), Mouches (Diptères) et Papillons (Lépidoptères) sont des
Endoptérygotes. Les « Exoptérygotes », eux, sortent de l'œuf à l'état
d'adultes miniatures, mais sans ailes ni organes reproducteurs. Ces
12 % des Insectes comprennent Sauterelles, Grillons et Criquets
(Orthoptères), Termites (Isoptères), Punaises (Hémiptères), Libellules (Odonates), Éphémères (Éphéméroptères) ainsi que Blattes et
Mantes (Dictyoptères).

Les Tardigrades

Les zoologistes restent perplexes devant des animaux minuscules, les Tardigrades, dont la parenté à tout autre groupe est obscure, bien que l'on pense qu'ils sont reliés aux Uniramés. Le plus grand ne dépasse pas 1 mm de long ; pourtant, ils possèdent un système nerveux, un appareil buccal spécialisé pour aspirer les sucs végétaux, un appareil digestif, des pattes terminées par des griffes en crochet, un exosquelette chitineux et des traces de segmentation.

Les Tardigrades sont très abondants dans les gouttières d'eau de pluie. Quelques espèces habitent dans des milieux marins ou d'eau douce, mais la plupart vivent dans les fines pellicules d'eau qui recouvrent les feuilles des mousses. Bien adaptés à cet habitat instable, ils possèdent une capacité extraordinaire de tolérer la dessiccation. Lorsque l'eau est de nouveau disponible, les Tardigrades gonflent et recommencent à vivre normalement. Ainsi des Mousses séchées, conservées dans un musée, ont « produit » des Tardigrades vivants.

∧ *Les ailes des Libellules sont entraînées directement par les muscles du vol, tandis que celles d'Insectes plus évolués utilisent un autre mécanisme.*

∨ *La toute petite taille des Tardigrades les rend difficiles à classer. Mais leur structure complexe fait penser qu'ils sont issus d'animaux beaucoup plus grands qu'eux.*

> *Une Coccinelle sort de sa chrysalide. L'insertion d'une phase nymphale dans le cycle vital permet à la larve et à l'adulte de se spécialiser dans des voies différentes.*

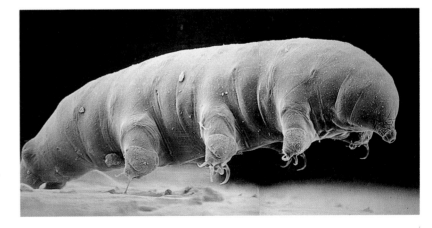

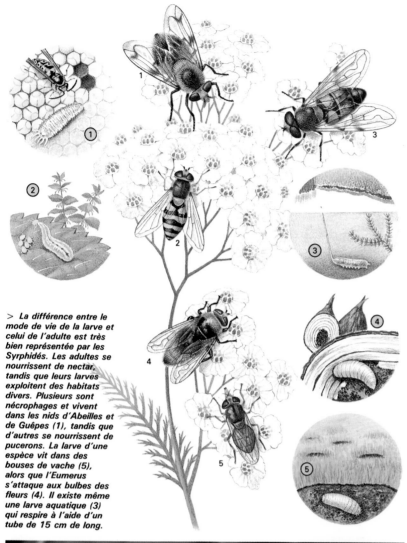

> La différence entre le mode de vie de la larve et celui de l'adulte est très bien représentée par les Syrphidés. Les adultes se nourrissent de nectar, tandis que leurs larves exploitent des habitats divers. Plusieurs sont nécrophages et vivent dans les nids d'Abeilles et de Guêpes (1), tandis que d'autres se nourrissent de pucerons. La larve d'une espèce vit dans des bouses de vache (5), alors que l'Eumerus s'attaque aux bulbes des fleurs (4). Il existe même une larve aquatique (3) qui respire à l'aide d'un tube de 15 cm de long.

Un mode de vie différent

Les premiers Insectes ailés étaient sans doute des Exoptérygotes, dont les ailes se forment à l'extérieur de la chrysalide, tandis que les ailes des Endoptérygotes (Papillons, Scarabées et Mouches) se forment à l'intérieur.

Les Endoptérygotes ont évolué à partir des Exoptérygotes, une fois ces derniers bien répandus, au Carbonifère supérieur, mais ils sont rapidement devenus très prolifiques. Aujourd'hui, il existe sept fois plus d'espèces d'Endoptérygotes que d'Exoptérygotes, et, à eux seuls, les Scarabées sont répartis dans au moins 350 000 espèces, un tiers des espèces animales du globe. Cet épanouissement prodigieux provient entre autres de la souplesse que procure un cycle vital à trois étapes. La présence d'un stade nymphal, pendant lequel les tissus corporels se réorganisent, permet à la larve et à l'adulte d'avoir des modes de vie différents. L'adulte peut, par exemple, se nourrir de nectar et de pollen, substances inaccessibles aux larves. La larve peut, elle aussi, développer un mode de vie particulier, comme le parasitisme, et dépend alors de la phase adulte pour se disperser. Les larves ont un autre avantage : certaines deviennent fouisseuses, hivernant dans le sol ou le bois, et survivent ainsi aux périodes de froid fatales aux adultes.

A l'intérieur de la chrysalide

La larve d'un Endoptérygote ne ressemble pas du tout à l'adulte, mais leurs organes internes sont souvent semblables. Les caractères typiques de l'adulte, comme les ailes, l'appareil buccal, les pattes segmentées et les organes reproducteurs, ont tous une origine ectodermique, car ils dérivent tous de la couche supérieure des cellules somatiques. En fait, toutes ces structures sont déjà présentes dans la larve sous forme de bourgeons imaginaux qui attendent des conditions favorables pour déclencher leur action. C'est à l'intérieur de la chrysalide que les réserves de matières grasses sont utilisées pour la croissance des caractères adultes.

Des hormones contrôlent cette transformation. La larve contient une hormone juvénile qui réprime le développement des bourgeons imaginaux. Par la suite, le taux de cette hormone décroît, en réaction à la croissance de la larve, ou à un signal externe tel que la température ou la longueur du jour. Lorsque ce taux atteint un certain niveau, la métamorphose commence.

L'histoire renouvelée

On ne sait pas exactement comment les Endoptérygotes ont pu se développer à partir des Exoptérygotes. Néanmoins, le processus semble s'être en partie reproduit, assez récemment, chez une famille d'Exoptérygotes. Il s'agit de la famille des Aleurodidés, de petites Mouches blanches qui infestent souvent les Choux. Elles appartiennent à l'ordre des Hémiptères (Punaises), mais, contrairement aux Hémiptères qui sont des Exoptérygotes typiques, elles ont une larve sédentaire qui passe par un stade de pseudochrysalide avant d'atteindre sa maturité. La larve arrête de se nourrir, s'épaissit, et développe une protection en forme de petite boîte à l'intérieur de laquelle elle devient adulte.

Les Pantopodes

Les Pantopodes ou Pycnogonidés (ci-dessus) forment un groupe étrange de Chélicérates marins. Malgré leur aspect, ils ne sont que des parents éloignés des vraies Araignées. Ils se nourrissent d'Anémones de mer, de Coraux et de Bryozoaires, qu'ils arrachent à l'aide de leurs chélicères. Ils n'ont pas de corps véritable : des extensions latérales de l'intestin arrivent presque jusqu'aux extrémités des pattes. Les organes reproducteurs se prolongent aussi dans les membres, et l'on peut reconnaître les femelles aux renflements de leurs pattes à l'intérieur desquels se développent les œufs.

Les pionniers de la terre et de l'air

Les tout premiers animaux à se déplacer sur la terre étaient les ancêtres des Insectes, des Diplopodes et des Arachnides. Pour envahir la terre, les Arthropodes ont dû surmonter certains problèmes, dont celui de la dessiccation. Tous les animaux terrestres doivent réduire leur perte d'eau, et, plus ils sont petits, plus ce problème est critique, car la surface de leur corps est alors très importante par rapport à leur masse. Les Insectes et les Arachnides (les Chélicérates terrestres : Araignées, Scorpions, Tiques) ont un revêtement imperméable en cire qui empêche la dessiccation ; mais les Myriapodes n'en ont pas et doivent rester sur des sols humides ou sous des lits de feuilles. Pour les Insectes, la colonisation de la terre s'est transformée en conquête de l'air : le vol a évolué très tôt et est présent dans presque tous les groupes d'Insectes. Il leur permet de se propager rapidement dans de nouveaux habitats et d'exploiter des ressources temporaires et dispersées.

Grâce à cette facilité de répartition et à leur faculté d'adaptation, les Insectes (et un peu les Arachnides) ont acquis tous les habitats terrestres disponibles. Ils n'ont pourtant pas envahi la mer. Cela pourrait signifier que les Insectes ne peuvent pas s'adapter aux conditions marines, mais, si la Mouche *Psilopa petrolei* peut vivre et se reproduire dans des milieux aussi inhospitaliers que des flaques de pétrole brut autour des puits pétrolifères de la Californie du Sud, alors l'eau

< *Les Pseudoscorpions constituent un des six ordres principaux d'Arachnides, ou Chélicérates terrestres. Ils sont généralement assez petits et ont des pinces massives, mais ils n'ont pas de queue. Ici, ils se servent de leurs pinces pour s'agripper à un Scarabée qui les transportera contre son gré vers un nouvel habitat, peut-être plus favorable.*

∧ *Une large carapace recouvre le corps de la Limule, ou Limulus. Sous cette carapace se trouvent quatre paires de pattes locomotrices et des appendices abdominaux aplatis qui forment des branchies. Ce sont les seuls survivants d'un groupe marin presque éteint de Chélicérates, qui remonte à 400 millions d'années et comprenait les Gigantostracés ou Euryptéridés.*

de mer ne pose probablement pas de problèmes insurmontables. Les Insectes marins, par contre, auraient à rivaliser avec les Crustacés, déjà bien installés en milieu marin. Il existe un seul Insecte vraiment marin : l'*Halobates*, ou Patineur des océans, cousin marin du Patineur des étangs et qui vit, comme lui, entre l'eau et l'air.

Par contre, les Crustacés n'ont pas du tout réussi à conquérir la terre. Certains sortent parfois brièvement de l'eau : le Crabe des cocotiers grimpe même aux arbres pour se nourrir de noix de coco. Le seul Crustacé terrestre est le Cloporte, qui pourtant n'est pas non plus bien adapté à un mode de vie sur terre puisque, comme les Myriapodes, il doit vivre dans des fissures humides et sombres.

Bien que leurs habitats terrestres et marins soient séparés, les Insectes et les Crustacés se disputent les ressources des habitats d'eau douce. Mais, puisque les Insectes aquatiques ont regagné ces habitats après avoir eu un mode de vie terrestre, la plupart respirent encore l'air, au lieu d'extraire l'oxygène de l'eau à l'aide de branchies, comme le font les Crustacés. Pourtant, certains ont secondairement développé des organes semblables aux branchies. Quelques Araignées se sont installées dans l'eau douce et, comme la plupart des Insectes, doivent retourner à l'air pour respirer. Les Argyronètes fabriquent même un petit habitat aérien sous l'eau, en capturant une bulle d'air dans une poche de soie.

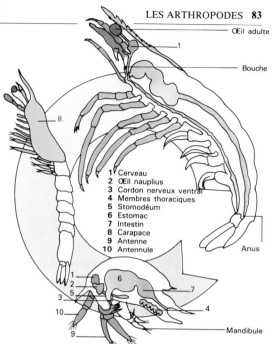

1 Cerveau
2 Œil nauplius
3 Cordon nerveux ventral
4 Membres thoraciques
5 Stomodéum
6 Estomac
7 Intestin
8 Carapace
9 Antenne
10 Antennule

Œil adulte
Bouche
Anus
Mandibule

Développement de la Crevette

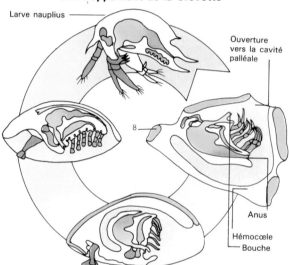

Larve nauplius

Ouverture vers la cavité palléale

Anus

Hémocœle
Bouche

Développement de l'Anatife

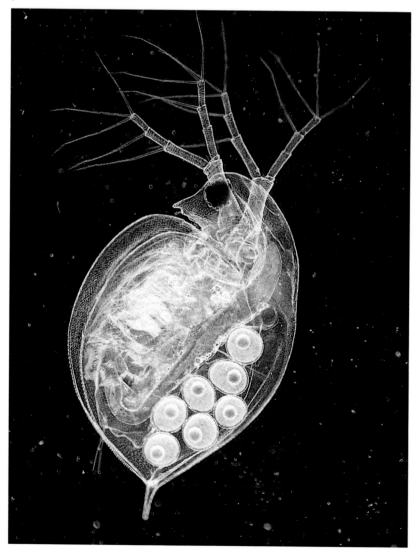

< ∨ *Les Daphnies (à gauche) et les Copépodes (ci-dessous) sont des Crustacés d'eau douce, visibles à l'œil nu. Comme la larve nauplius, ils ont, et l'adulte aussi, des antennes qui leur servent à se déplacer. Leur corps est enfermé dans une coquille transparente. Ici, on les voit portant leurs œufs, la Daphnie intérieurement, et le Copépode dans deux sacs externes.*

∧ *La structure de base du corps du Crustacé s'est transformée chez les Cirripèdes pour former un animal filtreur sessile avec une forte carapace. Les plaques supérieures de la carapace peuvent s'ouvrir, et permettent ainsi aux appendices de sortir et de rentrer : l'Anatife se tient sur la tête et envoie des aliments dans sa bouche. Le cycle de développement illustre cette progression.*

Voir aussi
Les Plantes à fleurs pp. 57-64
Les Invertébrés inférieurs pp. 65-76

Les secrets de leur succès

Pourquoi les Arthropodes, en général, et les Insectes, en particulier, sont-ils si prolifiques ? Plusieurs facteurs entrent en jeu, mais l'absence d'autres Invertébrés entièrement terrestres est sans doute très importante. Seuls les Insectes et les Arachnides ont réussi à surmonter la nécessité de milieux aqueux ou humides. Sur terre, l'avantage des Invertébrés sur les Vertébrés est leur petite taille et une très grande mobilité. Ils mesurent en moyenne 3 ou 4 mm, et vivent donc dans de tout petits habitats. Pour les gros Ruminants comme les Vaches, l'herbe n'est qu'un tapis plus ou moins uniforme de nourriture, tandis que, pour les petits Insectes, elle offre une multitude d'habitats variés. Les Graminées ont des racines, des tiges, des feuilles, des fleurs, du pollen et des graines. Vu la variété des habitats sur une seule plante, il est évident que le monde terrestre offre une grande diversité de niches écologiques aux petites créatures. La mer aussi offre de nombreux microhabitats, moins variés. Les plantes ne peuvent vivre que dans les eaux côtières ou dans les couches supérieures des océans, où la lumière du soleil peut pénétrer ; le « cœur » de l'océan forme donc un seul habitat uniforme et sans plantes. Tout cela explique sans doute pourquoi il existe moins de Crustacés que d'Insectes ou d'Arachnides.

La faculté d'adaptation des organes et des structures du corps des Arthropodes est étonnante. La sélection naturelle peut modifier la fonction de certains organes. L'appareil respiratoire des Insectes, par exemple, est fait de trachées, tubes qui se ramifient dans tout le corps et apportent de l'oxygène aux cellules. Mais il a aussi d'autres fonctions non respiratoires. Les trachées sont devenues des sacs aériens pour amortir les coups d'ailes, isoler les muscles du vol du froid, ou même servir de résonateur et amplifier le chant des Cigales. Celles des yeux des Papillons de nuit reflètent la lumière, pour améliorer leur vision à la tombée de la nuit. Cette souplesse offre aux Arthropodes un potentiel d'adaptation à toutes conditions nouvelles.

Soie : la fibre synthétique des Arthropodes

Trois groupes d'Arthropodes ont parallèlement développé la production d'une protéine liquide qui se durcit au contact de l'air pour former un long fil élastique : la soie. Les producteurs de soie les plus connus sont les Araignées et les Vers à soie, mais d'autres Insectes en sécrètent aussi, ainsi qu'un groupe de petits Myriapodes que l'on appelle les Symphiles. La plupart des Araignées sécrètent différents types de soie pour diverses fonctions : comme fil de sécurité pour construire toiles, tunnels, entonnoirs et autres pièges, comme couche protectrice pour les œufs ou pour se disperser vers de nouveaux habitats : le fil de soie se fait prendre dans des courants d'air et entraîne ainsi l'Araignée. Les Insectes, eux, l'utilisent pour se protéger. De nombreux Papillons en sécrètent pour enfermer la chrysalide. Les Vers à soie, chenilles du Bombyx mori, sont élevés pour le cocon qu'ils filent.

∧ *Des Arachnides parasitent une autre Arachnide : des Acariens rouges attachés au corps d'un Faucheux.*

∨ *Des fibres, filées à partir de la protéine liquide, forment cette superbe toile en soie d'une Épeire diadème.*

< *L'ordre des Solifuges porte une variété de noms communs, tels que « Araignée solaire », « Galéode » ou encore « Gylippus ». Ils vivent dans les régions chaudes du globe, et ont d'énormes chélicères qui peuvent mesurer jusqu'à un tiers de la longueur du corps. Leur violente morsure n'est pas venimeuse, mais provient de la seule puissance du muscle. Ici, une Araignée solaire dévore un Criquet.*

Des insectes inconnus

Un nouvel ordre d'Insectes, les Grylloblattidés, a été découvert il y a moins de quatre-vingts ans sur les champs de neige des Rocheuses canadiennes ; ils s'alimentent d'Insectes terrestres, transportés par les courants d'air et déposés sur la neige. Ils ressemblent aux Blattes et Grillons, et sont peut-être des vestiges d'un groupe ancestral. En 1982, un biologiste qui étudiait les Scarabées des forêts pluviales tropicales a découvert 600 nouvelles espèces d'Insectes vivant sur une seule espèce d'arbre. Si d'autres arbres de ces forêts abritaient de telles quantités, il y aurait au moins 30 millions d'espèces d'Insectes sur Terre, au lieu des 2 à 3 millions estimés.

Les Échinodermes

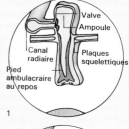

10

L'efficacité de la symétrie pentaradiaire ; un mode unique de déplacement et de nutrition ; variations sur une même structure de base ; l'origine évolutive. PERSPECTIVE : pourquoi cinq ? ; un ancêtre commun avec les Cordés ? ; l'appareil masticateur des Oursins

Le pied ambulacraire

1 Le pied ambulacraire au repos.
2 Les muscles de l'ampoule se contractent, le liquide est propulsé dans le pied qui s'allonge. Une gaine de collagène rigide empêche le pied de ballotter.
3 Le pied ambulacraire s'étend jusqu'à ce qu'il atteigne un rocher. Les muscles annulaires de l'extrémité se contractent, créant un phénomène de ventouse, renforcé par le mucus.
4 Les muscles de l'ampoule se relâchent. Le liquide pénètre de nouveau. Les muscles longitudinaux se contractent, rétrécissent le pied et attirent l'Étoile de mer vers le rocher.

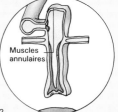

Valve
Ampoule
Canal radiaire
Plaques squelettiques
Pied ambulacraire au repos
1

Muscles annulaires
2

Muscles rétracteurs longitudinaux
Glandes à mucus
Muscles suceurs
3

Le siège du ministère de la Défense américain et un groupe d'animaux dont la surface est épineuse ont un point commun : ils sont tous les deux construits selon une symétrie pentaradiaire. Tout comme le Pentagone, l'Étoile de mer présente cinq bras à symétrie radiaire. Ces animaux marins sans tête ni cerveau et non segmentés portent le nom d'Échinodermes. Ils sont actuellement représentés par plus de 6 000 espèces, dont les Étoiles de mer, les Oursins, les Ophiures et les Crinoïdes. Leur symétrie pentaradiée est unique dans le monde animal.

Situé juste sous la surface, le squelette rigide d'un Échinoderme typique est composé de plaques fixes ou mobiles. Chacune de ces plaques est constituée de calcite (carbonate de calcium). Elles portent souvent des piquants, bien désagréables aux êtres humains !

Les modes de déplacement et de nutrition des Échinodermes sont particuliers. Les plaques squelettiques sont perforées et laissent passer des centaines de tentacules à « moteur hydraulique » : les pieds ambulacraires. Ceux-ci s'allongent par la pression d'un liquide organique circulant dans un réseau de canaux, appelé appareil aquifère. Les pieds ambulacraires de nombreux Échinodermes ont une ventouse à leur extrémité, qui leur permet de s'agripper aux surfaces.

Les Étoiles de mer utilisent leurs pieds ambulacraires pour se déplacer sur les objets qui les entourent. La plupart sont carnivores et se nourrissent de Mollusques, tels que les Peignes. Les pieds ambulacraires de l'Étoile de mer adhèrent à leur coquille et la forcent à s'ouvrir. Ils ont en effet un avantage sur les muscles puissants du Peigne qui maintiennent la coquille fermée : celui de pouvoir remplacer les pieds qui fatiguent. Ils permettent aussi à l'animal d'absorber l'oxygène qui se diffuse à travers la fine membrane externe. Les pieds ambulacraires qui se trouvent au bout des bras servent d'yeux.

Canal radiaire
Canal latéral
Anneau aquifère

4

Ampoule
Ventouse

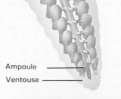

> ∧ < Les pieds ambulacraires des Étoiles de mer ont des ventouses qui leur permettent d'adhérer à des surfaces dures, telles que la coquille d'un Peigne (à gauche). Chaque pied et son ampoule a une partie centrale qui fait partie du cœlome (voir p. 72), relié à l'anneau aquifère central par l'intermédiaire de canaux latéraux, puis d'un canal radiaire qui traverse le bras. Une valve à l'intérieur du canal latéral empêche toute sortie de liquide du pied. Le liquide ne se déplace qu'à l'intérieur du pied qui se maintient en place si la pression chute. Les canaux n'ont qu'un rôle modulateur en cas de fuite et pour que les pieds restent remplis.

Tous les Échinodermes ont une structure de base commune. Les Ophiures se servent de leurs longs bras fins comme de rames ; leurs pieds ambulacraires sont peu développés et ne présentent pas de ventouses. Elles sont très répandues au fond des mers, et forment de longues nappes très denses de 1 000 à 2 000 animaux au mètre carré. Elles se développent en attrapant de petites créatures et en ramassant les débris organiques du fond de l'océan. Lorsqu'elles se sentent menacées par un prédateur, elles contractent simultanément les muscles qui séparent deux « vertèbres » (des plaques modifiées) et rompent ainsi un de leurs bras. Le prédateur se contente du bras et laisse fuir l'Ophiure. Plus tard, un nouveau membre pourra se développer.

Les Oursins n'ont pas de bras. Leurs plaques ont fusionné et forment la paroi externe de leur corps, le test, composé de plaques étroitement assemblées qui recouvrent un corps plat ou sphérique. Ils se déplacent et manipulent leur nourriture grâce à des rangées de pieds ambulacraires et à des piquants mobiles reliés à des muscles. Les Oursins se nourrissent d'Algues et d'autres plantes marines ou de Balanes et d'Éponges. Certains Oursins, comme les Spatangues et les Oursins en forme de cœur, présentent une symétrie bilatérale en plus de leur symétrie pentaradiaire. Ils ont donc une tête et une queue qui leur permettent de creuser dans le sable.

Les Concombres de mer, ou Holothuries, rampent sur les fonds marins, souvent à grande profondeur. Leurs corps vermiformes et musculaires n'ont ni bras ni piquants. Leurs squelettes se composent pourtant de spicules minuscules insérés dans la couche externe flexible de leurs corps. Certains se nourrissent de plancton qu'ils attrapent grâce à leurs tentacules revêtus de mucus, pieds ambulacraires modifiés. D'autres mangent la vase et assimilent les matières organiques qu'elle contient.

Les Crinoïdes (Comatules et Lis de mer) diffèrent des autres Échinodermes. Au Carbonifère, il existait plus de 5 000 espèces de Crinoïdes. Aujourd'hui, il n'en reste plus que 600. Les Crinoïdes adhèrent au fond de la mer par un pédoncule. Leurs dix bras portent des pieds ambulacraires transformés en tentacules qui collectent les détritus, le plancton et d'autres micro-organismes marins.

Une question de force

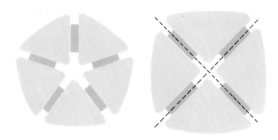

∧ *Les cinq plaques squelettiques présentent un contour circulaire sans aucune zone de faiblesse, puisque les sutures ne sont pas alignées. Quatre plaques squelettiques créeraient deux zones de faiblesse et six plaques en créeraient trois.*

Pourquoi cinq ?

Cinq est un chiffre rare dans le monde animal. Pourtant, les Échinodermes présentent une symétrie pentaradiaire : cinq parties disposées autour d'un axe central. D'après le professeur David Nicols, c'est une telle symétrie qui donne le plus de solidité à l'animal.

Les plaques squelettiques de l'Échinoderme adulte sont étroitement assemblées par un tissu conjonctif. Ces plans de jonction représentent les zones de faiblesse du squelette, surtout lorsqu'il se développe. Pour compenser cette faiblesse, il faut un nombre impair de plans de jonction afin qu'ils ne soient pas alignés. Pour cela, il faut un nombre impair de plaques, et cinq est le plus petit nombre impair qui présente tout de même une coupe transversale circulaire.

> *Les pieds ambulacraires des Crinoïdes n'ont pas de ventouses. Ils sont recouverts de mucus auquel adhèrent des particules alimentaires minuscules qu'ils conduisent vers un sillon qui traverse le bras et mène à la bouche.*

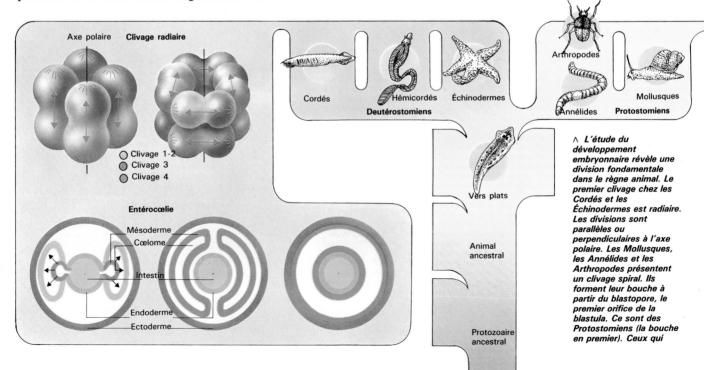

∧ *L'étude du développement embryonnaire révèle une division fondamentale dans le règne animal. Le premier clivage chez les Cordés et les Échinodermes est radiaire. Les divisions sont parallèles ou perpendiculaires à l'axe polaire. Les Mollusques, les Annélides et les Arthropodes présentent un clivage spiral. Ils forment leur bouche à partir du blastopore, le premier orifice de la blastula. Ce sont des Protostomiens (la bouche en premier). Ceux qui*

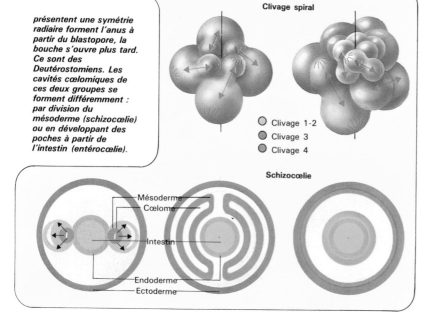

présentent une symétrie radiaire forment l'anus à partir du blastopore, la bouche s'ouvre plus tard. Ce sont des Deutérostomiens. Les cavités cœlomiques de ces deux groupes se forment différemment : par division du mésoderme (schizocœlie) ou en développant des poches à partir de l'intestin (entérocœlie).

Clivage spiral

○ Clivage 1-2
● Clivage 3
● Clivage 4

Schizocœlie

Mésoderme
Cœlome
Intestin
Endoderme
Ectoderme

Sur la voie des Vertébrés

Les stades embryonnaires des Échinodermes les différencient des autres Invertébrés. Au début de son développement, l'Échinoderme n'est qu'une petite boule cellulaire creuse que l'on appelle la blastula. Le premier orifice de cette blastula devient l'anus chez les Échinodermes (tandis qu'il devient la bouche chez les autres Invertébrés). On dit que de tels embryons sont deutérostomiens. Seuls les Échinodermes et les Cordés, dont font partie les Vertébrés, présentent cette caractéristique. Le clivage de ces deux groupes est radiaire, et ils forment le cœlome, ou cavité, de la même manière. Les Échinodermes et les Cordés ont probablement un ancêtre commun (voir p. 91).

D'autant plus que les larves des Hémicordés, un petit groupe d'animaux proches des Cordés, ressemblent beaucoup à celles des Étoiles de mer. En effet, les chercheurs confondirent longtemps leurs larves avec celles d'un Échinoderme.

Malgré ces similitudes, c'est probablement au Précambrien (au-delà de 590 millions d'années) que les Échinodermes s'écartèrent de la voie des Cordés.

Voir aussi
Les Invertébrés inférieurs pp. 65-76
Les Cordés inférieurs pp. 89-92

L'origine évolutive des Échinodermes est encore obscure et controversée. Ils sont apparus au Cambrien, ou peut-être même plus tôt, mais ils ne se sont véritablement répandus qu'à la fin du Paléozoïque. La symétrie radiaire s'est probablement développée chez des ancêtres fixés, semblables aux Crinoïdes actuels. La plupart des Échinodermes fossiles étaient des animaux filtreurs attachés au sol des océans. La symétrie radiaire est utile pour l'alimentation de ces animaux fixés entourés d'eaux peu profondes, riches en plancton. Mais les fossiles ne fournissent pas de preuve absolue sur leur origine, parce que les Échinodermes du Cambrien inférieur étaient très variés : les Éocrinoïdes et les Édrioastéroïdes étaient des êtres sessiles à symétrie radiaire, tandis que les Carpoïdes présentaient une symétrie bilatérale.

< *Les Crinoïdes fossiles vivaient dans des mers peu profondes et bien éclairées. Plus tard, les Échinodermes libres ont remplacé ces êtres sessiles dans les eaux côtières, et les ont repoussés vers les eaux océaniques profondes.*

∧ *Un Fieraster quitte la sécurité du Concombre de mer. Il occupe l'intérieur de son hôte pendant la journée, mais, pour autant qu'on le sache, ne dépend pas de lui pour se nourrir. Voici un exemple de symbiose particulier : l'inquilisme.*

La cohabitation

Les Échinodermes sont des animaux indépendants. Aucun n'est parasite, ce qui est un fait rare chez les Invertébrés. Ils ne vivent pas non plus en commensalisme (association avec d'autres animaux). On trouve pourtant quelques exceptions. Dans l'océan Indien, des petites Ophiures vivent sur les Spatangues. Elles se pendent à leurs tentacules grâce à leurs longs bras. Un Échinoderme est même habité par un petit poisson, le Fieraster tropical, qui vit à l'intérieur des Concombres de mer. Il ne dépasse pas 12 cm de long et vit dans le cloaque de l'Échinoderme, l'« orifice » commun des systèmes respiratoires, reproducteurs et excréteurs. Le Fieraster entre et sort par l'anus du Concombre de mer. Il reste à l'intérieur de son hôte pendant la journée et sort la nuit pour se nourrir.

La lanterne d'Aristote

Certains Échinodermes, dont les Oursins, n'ont pas de mâchoires. Ils ont un appareil masticateur unique et complexe, découvert par Aristote, que l'on appelle la « lanterne d'Aristote ». Elle est constituée de cinq plaques calcifiées, semblables à des pointes de flèches barbelées, qui sont liées par des muscles et possèdent des dents. L'Oursin peut projeter une partie de cette lanterne hors de sa bouche pour mastiquer les Algues et les animaux attachés aux rochers. La lanterne d'Aristote est un mécanisme lent, mais efficace, puisqu'il permet aux Oursins de se nourrir d'aliments solides, comme les coquilles ou la cellulose, sans avoir de véritables mâchoires.

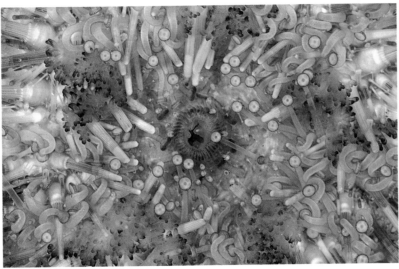

< *La bouche d'un Oursin est entourée de nombreux pieds ambulacraires et de piquants calcaires qui manipulent la nourriture. Les cinq plaques de l'appareil masticateur, ou les dents de la « lanterne d'Aristote », décomposent la nourriture en particules digestibles. Grâce à cet appareil, les Oursins peuvent se nourrir de plantes marines et d'aliments solides.*

Les Cordés inférieurs

11

Le phylum des Cordés ; les Tuniciers et l'Amphioxus ; les ancêtres des Vertébrés ? PERSPECTIVE : une innovation biochimique chez les premiers Cordés libres ; la découverte de Conodontes fossiles ; les Calcicordés fossiles ; évolution du squelette osseux ; néoténie, des larves qui n'évoluent pas

Les Cordés inférieurs, les Poissons, les Amphibiens, les Reptiles, les Oiseaux et les Mammifères font tous partie du phylum des Cordés. Ils présentent trois caractères essentiels : la notocorde ou corde dorsale, une baguette cartilagineuse qui s'étend le long du dos, un tube nerveux dorsal qui se situe au-dessus de la notocorde et, à certains stades de leur vie, des fentes branchiales qui se trouvent en arrière de la bouche. La plupart des Cordés appartiennent à l'embranchement des Vertébrés. Chez l'adulte, la notocorde se transforme en colonne vertébrale, constituée de vertèbres. Par contre, les Cordés inférieurs sont des Invertébrés. Ils sont moins répandus que les Vertébrés, mais fournissent des détails importants sur l'origine du groupe et celle de nos ancêtres éloignés.

Seuls deux groupes de Cordés, les Urocordés (Tuniciers) et les Céphalocordés (représentés par l'Amphioxus), n'ont pas de colonne vertébrale. L'Amphioxus ressemble au plan d'organisation des Vertébrés. Long d'environ 7 cm et plus ou moins vermiforme, l'Amphioxus possède une notocorde rigide, un cordon nerveux dorsal et des fentes branchiales à l'arrière de la bouche. Il nage par contractions latérales des muscles situés le long de son corps, comme le font les Poissons. Lorsque les muscles se contractent, ils tendent à ployer le corps de l'animal, mais la notocorde, élastique mais non comprimable, ne permet pas au corps de se rétracter. L'Amphioxus adulte a une vie sédentaire. Il s'enterre à moitié dans le sable ou la vase du sol marin et se nourrit de particules organiques qu'il filtre. L'eau entre par sa bouche et ressort par ses fentes branchiales.

Un nouveau mode de vie

Les premiers Cordés libres sont probablement apparus il y a quelque 500 millions d'années, à l'Ordovicien. Ces animaux, dont l'Amphioxus est un prototype vivant, représentent une évolution importante dans le phylum des Cordés, car, contrairement aux Tuniciers fixés, ils ont pu profiter de nombreux habitats variés.

Une évolution biochimique a probablement été une des clés de leur succès. Au début de leur vie active, les premiers Cordés libres ont développé un nouveau système pour régénérer l'adénosine triphosphate (ATP) et alimenter leurs muscles. L'ATP est une molécule qui sert de réserve d'énergie à court terme dans la cellule. Lorsqu'elles en ont besoin, les cellules libèrent l'énergie en relâchant un des phosphates de l'ATP, et produisent une nouvelle molécule avec moins d'énergie, l'adénosine diphosphate (ADP). La régénération de l'ATP nécessite une source de phosphate, que les Invertébrés trouvent dans la phosphoarginine. Ce processus est assez primitif, mais les Arthropodes, les Mollusques, de nombreuses Bactéries, Protozoaires, Cnidaires et Vers plats régénèrent ainsi l'ATP. Amphioxus et Vertébrés puisent leur phosphate dans une autre molécule, la phosphocréatine, pour former l'ATP à partir d'ADP. Annélides, Échinodermes et Tuniciers utilisent les deux systèmes. Les Cordés libres auraient donc opté pour la phosphocréatine au début de leur évolution.

La phosphocréatine présente un avantage pour les animaux dont l'activité réclame une source d'énergie constamment disponible. Il provient de la glycine, l'acide aminé le plus simple et le plus abondant. Le système qui utilise la phosphocréatine est donc très efficace, car la glycine est rapidement disponible. Cela permet de laisser l'arginine, acide aminé plus rare, pour la synthèse des protéines. Les premiers animaux ressemblant aux Poissons s'assuraient ainsi une source riche en énergie pour nager activement dans la mer, et assez de protéines pour développer leurs muscles.

Anatomie de l'Amphioxus

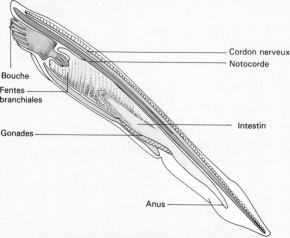

Cordon nerveux
Notocorde
Bouche
Fentes branchiales
Gonades
Intestin
Anus

< ∧ *L'Amphioxus a une « tête » bien définie, mais il n'a pas de cerveau et il lui manque des organes sensoriels développés. De plus, la notocorde va jusqu'à la tête de l'animal, tandis qu'elle ne soutient que la queue des larves des Tuniciers, les ancêtres les plus probables des Poissons.*

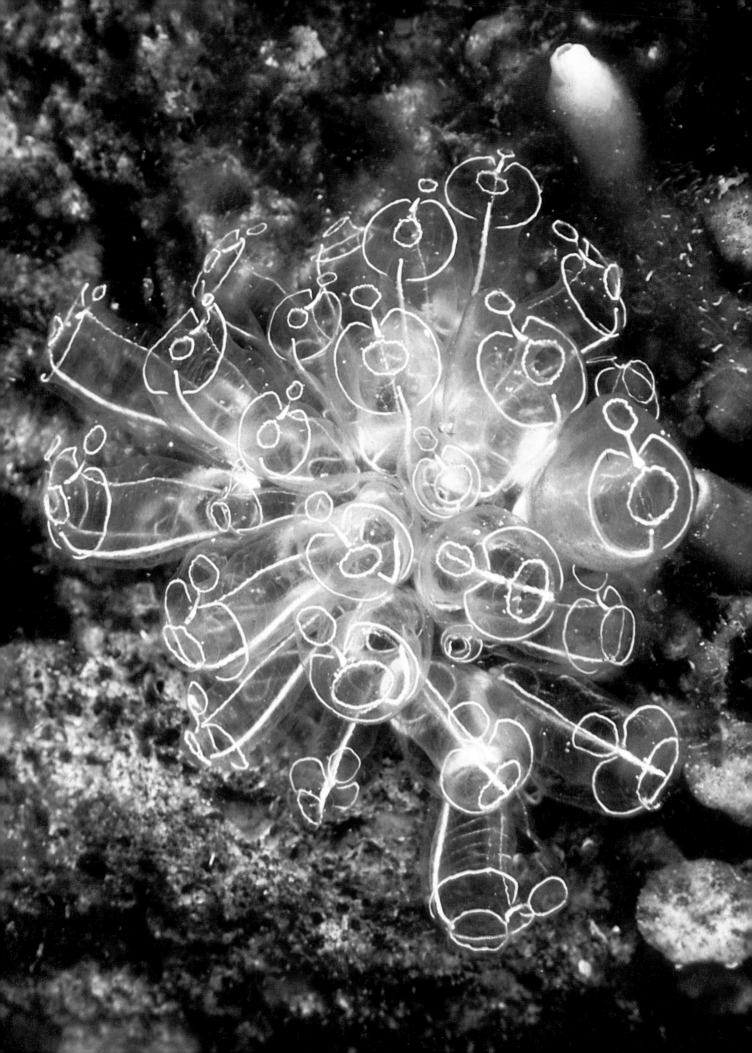

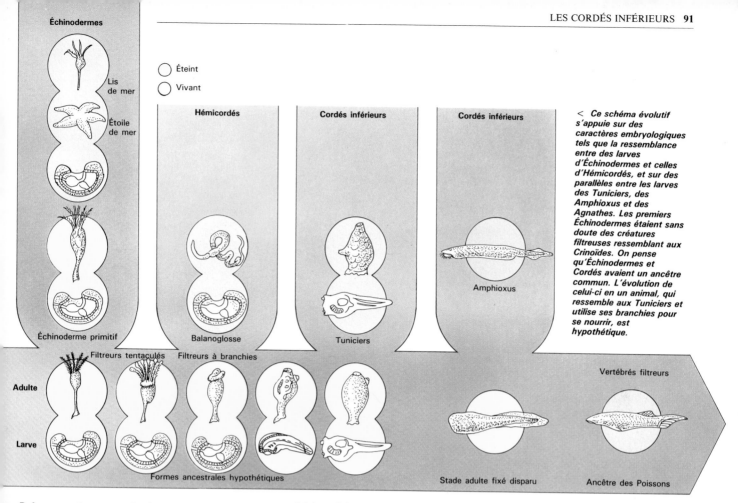

Échinodermes

Lis de mer

Étoile de mer

○ Éteint
○ Vivant

Hémicordés

Cordés inférieurs

Cordés inférieurs

Échinoderme primitif

Balanoglosse

Tuniciers

Amphioxus

< Ce schéma évolutif s'appuie sur des caractères embryologiques tels que la ressemblance entre des larves d'Échinodermes et celles d'Hémicordés, et sur des parallèles entre les larves des Tuniciers, des Amphioxus et des Agnathes. Les premiers Échinodermes étaient sans doute des créatures filtreuses ressemblant aux Crinoïdes. On pense qu'Échinodermes et Cordés avaient un ancêtre commun. L'évolution de celui-ci en un animal, qui ressemble aux Tuniciers et utilise ses branchies pour se nourrir, est hypothétique.

Filtreurs tentaculés   Filtreurs à branchies

Adulte

Larve

Formes ancestrales hypothétiques

Vertébrés filtreurs

Stade adulte fixé disparu

Ancêtre des Poissons

Précoces et couronnés de succès

De petites variations des vitesses relatives de développement du corps et de l'appareil reproducteur d'un animal peuvent avoir des effets importants sur le processus évolutif. On observe le phénomène de néoténie, un développement plus rapide des organes sexuels que du reste du corps, chez certains Amphibiens actuels (voir p. 99). Cela peut avoir provoqué le développement de certaines espèces et de certains groupes. On pense même que ce processus a joué un rôle dans l'évolution humaine.

Ce changement, qui s'est produit chez les ancêtres des Poissons et des Amphibiens, se retrouve dans un groupe d'Urocordés vivants, les Appendiculaires, dont l'ancêtre est sans doute un Tunicier. Ceux-ci ne passent pas par le stade d'adulte sessile ballonné. En effet, leur larve libre développe des organes sexuels sans prendre la forme de l'adulte typique.

< > Un groupe de Tuniciers, ou Urocordés. Ces animaux ballonnés absorbent l'eau par un siphon inhalant, à l'extrémité supérieure de leur corps, la filtrent à travers leurs fentes branchiales et la rejettent par un siphon exhalant latéral. Le système nerveux du Tunicier adulte, comme de tout animal sessile, est rudimentaire. Ils n'ont pas de notocorde, caractère commun à tous les Céphalocordés. Elle est pourtant bien développée chez la larve, une sorte de têtard qui la perd pendant sa métamorphose.

L'Amphioxus offre un certain nombre de caractères présents chez les premiers Agnathes, mais certaines différences fondamentales font qu'il ne peut pas être l'ancêtre direct des Vertébrés. En effet, la formation et la fonction de son appareil excréteur diffèrent de celles du rein des Vertébrés. Sa notocorde (ou corde dorsale) s'étend de la tête à la queue, ce qui n'existe pas chez d'autres Cordés, et il n'a pas de cerveau. On considère ainsi que l'Amphioxus et les autres Céphalocordés se sont écartés tôt de la voie qui a mené aux Vertébrés.

Les Urocordés, ou Tuniciers, constituent le second groupe de Cordés inférieurs. Ils ne ressemblent pas du tout aux Vertébrés et l'on n'a pas envie de se vanter de les avoir pour ancêtres ! Pourtant, ils présentent des caractères qui correspondent mieux à l'ancêtre des Vertébrés. Ce sont des organismes sessiles, ballonnés, entourés d'un revêtement de sucres et de protéines, qui vivent attachés au sol marin. Les Tuniciers adultes ne rappellent pas du tout les Poissons. Par contre, leur larve libre, une sorte de têtard long de 1 mm, justifie leur titre d'ancêtre des Poissons. Elles ont une « tête », une corde dorsale solide et flexible qui soutient seulement la queue, et un cordon nerveux creux au-dessus de cette corde. Elles se déplacent par des mouvements rapides de la queue musculeuse, qui rappellent ceux des Poissons. Le Tunicier serait donc assez proche de l'ancêtre des Cordés, origine des premiers Vertébrés. Après une brève existence, la larve libre se fixe sur le sol marin et entreprend sa métamorphose en un adulte sessile. Comment les larves des Tuniciers ont-elles donc pu influencer les stades adultes des futures générations ?

De nombreux biologistes pensent que les Amphioxus et les ancêtres des Poissons dérivent d'une larve de Cordés qui n'a jamais évolué. Si cette larve a développé des organes sexuels fonctionnels qui permettaient à l'animal de se reproduire, ce dernier a pu se dispenser de son stade adulte fixé. Le développement d'organes sexuels adultes dans un corps jeune est un phénomène biologique appelé néoténie.

Voir aussi
L'évolution pp. 7-18
Les Échinodermes pp. 85-88
Les Poissons pp. 93-96

Du calcaire aux os

La paroi externe des Échinodermes est constituée de cristaux de calcite (ou carbonate de calcium) que l'on appelle communément calcaire. Par contre, les os des Animaux supérieurs sont consolidés par l'apatite (phosphate de calcium). La date de ce changement n'est pas connue. On a pourtant observé que les dents de Conodonte (ci-dessous) contiennent de l'apatite, ce qui le classe dans le phylum des Cordés. La raison du remplacement du carbonate par du phosphate est inconnue. Il peut provenir de la solubilité du carbonate de calcium dans les acides, car il est possible que l'acide des tissus corporels ait érodé les os faits de calcite.

Un fossile qui ne coopère pas

La proposition la mieux acceptée sur l'évolution des Cordés et des Échinodermes s'appuie sur l'embryologie des formes actuelles. Ils partagent plusieurs caractères communs dans leurs développements, qui les rapprochent des Balanoglosses. La néoténie peut être à l'origine de l'évolution d'êtres tels que l'Amphioxus et les Vertébrés ancestraux.

Il n'existe malheureusement pas de fossiles qui prouvent cette hypothèse. Les quelques fossiles qui existent, les Calcicordés du Cambrien et de l'Ordovicien, et qui pourraient être des ancêtres ne la prouvent pas non plus. Il est d'ailleurs impossible de déterminer leur mode de vie et de dire où se situe leur tête ou leur queue. Ils représentent peut-être un stade intermédiaire entre les Échinodermes et les Cordés. Leur corps est constitué de plaques de calcite (ou carbonate de calcium), comme celui des Échinodermes, et leur queue (ou pédoncule ?) est faite d'anneaux calcifiés qui ressemblent à ceux des Crinoïdes. Ces animaux fossilisés partagent pourtant deux caractères avec les Cordés : un développement selon une symétrie bilatérale et des fentes branchiales (les marques sur le côté de l'animal).

Quelques paléontologistes pensent que ces étranges créatures sont les descendants d'un chaînon manquant entre les Échinodermes et les Cordés, mais la plupart sont convaincus par l'embryologie. Ils classent les Calcicordés dans un groupe d'Échinodermes disparus, les Carpoïdes, qui présentaient une symétrie bilatérale.

Un fossile controversé

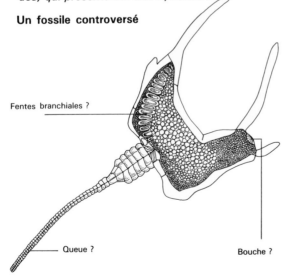

Fentes branchiales ?

Queue ?

Bouche ?

∧ *Ce n'est que récemment que l'on a résolu l'énigme des Conodontes par la découverte en 1983, près d'Édimbourg en Écosse, du fossile d'un animal à corps mou, long de moins de 4 cm. Les dents typiques du Conodonte se trouvent dans sa partie céphalique.*

< *Parmi les fossiles les plus énigmatiques et les plus controversés se trouvent les Calcicordés. Certains paléontologistes pensent que les marques parallèles sur les côtés du corps représentent des fentes branchiales. L'ouverture est considérée comme la bouche ou parfois comme l'anus.*

Pouvoir dater grâce aux dents

Les dents de Conodonte se retrouvent dans beaucoup de fossiles, du Cambrien inférieur au Trias (une période d'environ 400 millions d'années). Ces dents sont très nombreuses et répandues, et leur forme varie selon les différentes époques. On les utilise donc pour dater les roches. Ces dents appartiennent à un animal à corps mou, qui est resté mystérieux pendant très longtemps. C'est en 1983 qu'un fossile de Conodonte fut découvert. Il arrive en effet qu'un animal à corps mou se fossilise si le sédiment dans lequel il est enterré est suffisamment fin. Le Conodonte est un animal au corps long, avec des traces de muscles segmentés et, peut-être, une notocorde. Il ressemble à un Amphioxus très fin et très allongé, et il lui est sans doute apparenté. On ne sait toujours pas comment ces animaux vivaient, ni même comment ils ont disparu.

Les Poissons

12

La diversité des Poissons ; les Poissons sans mâchoires ; l'évolution des mâchoires ; Poissons sans os ; le succès des Poissons à nageoires rayonnées ; les Poissons à nageoires lobées, ancêtres des Amphibiens. PERSPECTIVE : réconcilier la Genèse et les fossiles ; le dernier des Dipneustes ; la découverte d'un Poisson disparu

La majorité des Vertébrés aquatiques sont des Poissons. Pourtant, il n'existe pas de groupe appelé « Poissons » dans la classification des Vertébrés. Le terme « Poissons » correspond à plusieurs classes taxonomiques (entre six et neuf), tandis que les termes « Oiseaux », « Reptiles » et « Amphibiens » correspondent tous à des classes bien définies. Au moins trois classes de « Poissons » sont encore représentées actuellement. Les deux plus importantes sont celles des Poissons cartilagineux (Requins et Raies) et des Poissons à nageoires rayonnées (Saumons, Harengs et tous les autres poissons courants). Les Poissons à nageoires lobées (Dipneustes et Cœlacanthes) et les premiers Agnathes sont aussi des « Poissons ». Ce terme englobe des organismes qui se ressemblent, même superficiellement, car ils partagent le même mode de vie. Nager nécessite des adaptations particulières. Les ressemblances entre Requins et Poissons épieux, entre Anguilles et Lamproies, ou entre Carrelets et Raies sont le résultat de l'évolution convergente (voir p. 11).

Les premiers Poissons

Les Myxines et les Lamproies sont les seuls survivants des premiers Vertébrés : les Agnathes, ou Poissons sans mâchoires ; mais ils leur ressemblent peu. Ces Poissons primitifs étaient très répandus dans les mers du Paléozoïque inférieur. Leur corps était recouvert d'épaisses plaques osseuses qui leur ont valu le nom d'Ostracodermes (« à carapace »). Ces épaisses armures les protégeaient sans doute des Scorpions de mer, ou Euryptéridés, qui atteignaient jusqu'à 2 m de longueur, et possédaient des pinces qui pouvaient briser tout animal mal protégé.

C'est au temps des Ostracodermes que les premiers Poissons ont développé des mâchoires. Celles-ci marquent un stade important de l'évolution : elles permettent de mieux agripper la nourriture, d'éloigner les prédateurs et de manipuler divers objets. De nouvelles sources nutritives devinrent alors disponibles pour ces nouveaux Poissons, les Acanthodiens et Placodermes, qui ont aussi développé de fortes nageoires mobiles pour pouvoir se diriger.

Les Poissons cartilagineux (Requins et Raies) sont apparus au Dévonien. Leur squelette est constitué de cartilages, un matériau solide mais flexible qui ressemble à l'os mais ne subit pas la même minéralisation. Le squelette des autres Vertébrés est tout d'abord cartilagineux. Il devient osseux pendant le développement de l'embryon, lorsque l'apatite (un fluophosphate de calcium) s'intègre à la matrice cartilagineuse. L'absence d'os chez les Poissons cartilagineux a longtemps trompé les biologistes, qui pensaient que c'étaient des Poissons primitifs. On sait maintenant que les premiers Vertébrés étaient osseux et que les Poissons cartilagineux ont dérivé de Poissons osseux, dont ils ont perdu ce caractère. Les seules structures minéralisées du Requin sont ses dents et ses écailles, qui sont souvent les seules parties fossilisées.

∧ *Hugh Miller, un maçon devenu paléontologiste.*

Les Poissons de Miller

On retrouve la trace de plusieurs groupes de Poissons (aussi bien les Ostracodermes, Placodermes et Acanthodiens disparus, que les premiers Poissons à nageoires rayonnées et les Poissons cartilagineux) dans les sédiments d'eau douce du Dévonien. Ils furent découverts dans les années 1820 par un maçon, Hugh Miller (1802-1856), en Écosse. C'est en se penchant sur ces fossiles qu'il étudia la paléontologie, mais, croyant fervent, il les considéra comme les vestiges d'une ancienne Création. Il pensait qu'Ostracodermes et Placodermes étaient plus évolués que les Poissons actuels, et résista à ceux qui, comme Lamarck, affirmaient que la vie évoluait des formes simples vers des formes complexes. Ses livres, dans lesquels il réconcilie la Genèse et la géologie, lui valurent beaucoup de succès ; son suicide, en 1856, choqua profondément la société victorienne.

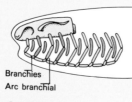

< *Les arcs branchiaux des Agnathes ont sans doute évolué en mâchoires. On pense, en effet, que le troisième arc branchial est devenu la mâchoire elle-même et que le deuxième a fusionné avec le crâne. Le premier arc aurait donc disparu. Le quatrième arc se serait rapproché de la mâchoire pour soutenir la charnière de celle-ci. La fente branchiale qui se trouvait entre le troisième et le quatrième arc se serait transformée en une petite ouverture ronde, le spiracle, que l'on retrouve encore chez certains Requins.*

Branchies
Arc branchial

Spiracle

Mâchoires

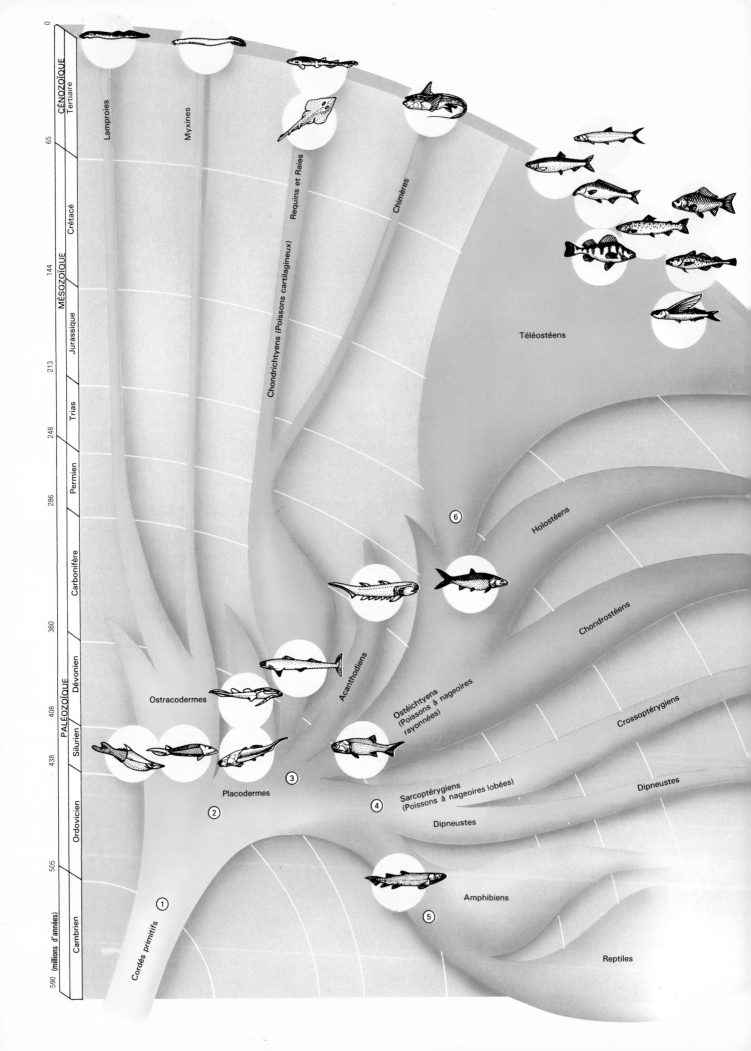

1 Apparition des premiers animaux avec une colonne vertébrale
2 Apparition des mâchoires articulées et développement des nageoires paires
3 Développement des poumons (sans doute chez des Poissons d'eau douce, lors de périodes de sécheresse)
4 Développement des nageoires lobées charnues, précurseurs des membres des Tétrapodes
5 Développement des membres tétrapodes avec l'adaptation des ancêtres amphibiens à la vie terrestre
6 Développement de la vessie natatoire, probablement à partir des poumons avec le retour à la mer des Téléostéens

Invertébrés
Agnathes (ou Poissons sans mâchoires)
« Poissons »
Gnathostomes (ou Poissons à mâchoires)
Tétrapodes (Amphibiens, Reptiles, Mammifères, Oiseaux)

< *La largeur des branches de cet arbre évolutif correspond à peu près à l'importance et à l'abondance relatives des groupes (en fonction du nombre d'espèces). Les nombres approximatifs des espèces disparues ne correspondent pas aux nombres d'espèces découvertes, les documents fossiles étant souvent inégaux et incomplets.*

> *Un banc de Téléostéens typiques.*

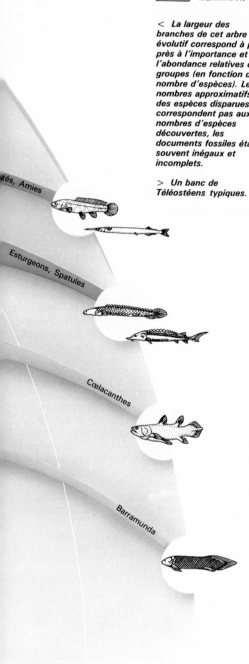

...és, Amies
Esturgeons, Spatules
Cœlacanthes
Barramunda

Les Poissons à nageoires rayonnées

Le groupe des Poissons à nageoires rayonnées contient plus de 20 000 espèces vivantes. Ces Poissons portent aussi le nom de Poissons osseux, terme prêtant à confusion, car les Agnathes et les Poissons à nageoires lobées ont aussi des os. Ils reçurent ce nom par opposition à l'autre grand groupe de Poissons, celui des Poissons cartilagineux, dont ils se distinguent par la présence d'os minéralisés.

Dès leur apparition, en même temps que celle des Poissons cartilagineux, les Poissons à nageoires rayonnées se distinguent en trois groupes principaux. Le premier est celui des Chondrostéens, apparu au Dévonien. Ces Poissons étaient probablement agiles et présentaient différents types d'adaptation : certains étaient effilés, certains allongés, et d'autres protégés par de longues épines. Actuellement, ils sont représentés par deux espèces, les Esturgeons et les Spatules. La peau des Esturgeons est incrustée de quelques plaques osseuses qui rappellent l'« armure » de leurs ancêtres.

Les Holostéens marquent un second stade évolutif des Poissons à nageoires rayonnées. Ils possèdent des mâchoires flexibles, une carapace réduite et des nageoires développées. Ils sont donc plus agiles et profitent d'une meilleure adaptabilité alimentaire que leurs prédécesseurs. Aujourd'hui, ils sont représentés par deux genres, les Lépidostés et les Amies.

Les plus évolués, les Téléostéens, dominent actuellement les océans et les rivières. Ils ont des mâchoires spécialisées entre lesquelles la bouche avance et leur donne une expression de « moue » bien connue chez le Poisson rouge. Cela leur permet d'aspirer avec précision de petites proies. Ils sont plus légers et plus agiles que les Holostéens, et leur nageoire caudale est symétrique. Certains Téléostéens ont des vessies natatoires pour contrôler leur flottabilité.

Voir aussi
L'évolution pp. 7-18
La classification pp. 29-32
Les Cordés inférieurs pp. 89-92
Les Amphibiens pp. 97-100

Nombreux et variés, les Poissons à nageoires lobées forment un autre groupe de Poissons, apparus au Dévonien. Ils se divisent en Dipneustes et Crossoptérygiens, dont les représentants actuels ne sont que des vestiges de leur importance passée. Ils sont caractérisés par des nageoires allongées et charnues, et par des poumons. Ces poumons sont toujours utilisés pour respirer par les Dipneustes actuels, mais ne le sont plus par le seul Crossoptérygien qui existe encore. De même que leurs ancêtres, les Dipneustes peuvent aussi bien extraire l'oxygène de l'eau à l'aide de leurs branchies que respirer l'air au moyen de leurs poumons. Les Poissons d'eau douce du Dévonien inférieur utilisaient cette souplesse pour s'adapter au climat chaud et sec qui provoquait l'évaporation des lacs et des rivières. Il leur était vital de pouvoir respirer l'air, à cause de la pauvreté de ces eaux en oxygène. C'est de ces eaux stagnantes et vaseuses que les tout premiers Vertébrés terriens, les Amphibiens, sont sortis, il y a 375 millions d'années (voir p. 97).

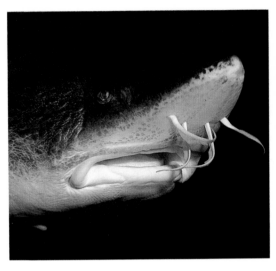

∧ *Un Esturgeon, vestige des Poissons à nageoires rayonnées.*

Flotter grâce à l'air

Comme les nageurs, les Requins et leurs parents doivent constamment se mouvoir pour se maintenir à la surface de l'eau. C'est pourquoi la vessie natatoire, sac argenté rempli d'un mélange gazeux qui se trouve juste au-dessus de l'intestin, représente un avantage des Poissons à nageoires rayonnées. Le sang irrigue la vessie, apporte ou retire du gaz, et modifie ainsi la densité du poisson lorsqu'il change de profondeur. Darwin suggère que les vessies natatoires des Poissons ont donné les poumons des animaux terrestres. Actuellement, on pense que c'est l'inverse qui s'est produit. Les Poissons d'eau douce du Dévonien respiraient à l'aide de poumons qui se sont transformés en vessies natatoires lorsque les Téléostéens sont retournés à la mer (mais ont conservé leur fonction première chez les Poissons à nageoires lobées). Certains Téléostéens actuels utilisent de nouveau leurs vessies natatoires comme poumons, car ils vivent dans des eaux mal oxygénées.

Un fossile vivant : le Cœlacanthe

On a longtemps cru que les Cœlacanthes, un groupe de Crossoptérygiens, avaient disparu au Jurassique, il y a 200 millions d'années. Mais, en 1938, des pêcheurs capturèrent dans l'océan Indien un poisson long de 2 m d'une espèce jusqu'alors inconnue. Le Dr J.L.B. Smith de l'université de Rhodes en Afrique du Sud, à qui le poisson fut présenté, y reconnut un Cœlacanthe vivant, le seul survivant des Crossoptérygiens. Ce n'est qu'en 1952 qu'un autre individu fut pêché et, depuis, plus de 80 Cœlacanthes ont été capturés. Ils habitent les profondeurs des océans et se nourrissent de Poissons et de Calmars. Ils incubent leurs œufs et donnent naissance à des jeunes déjà formés.

La survie du Cœlacanthe (porté disparu) jusqu'à nos jours est une découverte très importante, qui dévoile l'insuffisance des documents fossiles. En effet, on n'a retrouvé aucune trace fossile du Cœlacanthe pendant une période de 200 millions d'années. Et elle porte à espérer. Si le Cœlacanthe a pu survivre incognito, combien d'autres « fossiles vivants » cachent donc les fonds inexplorés des océans ?

∧ *En 1938, la découverte d'un Cœlacanthe, porté disparu il y a 200 millions d'années, fut aussi surprenante que si un Dinosaure vivant avait été trouvé.*

∨ *Ce Dipneuste africain a des nageoires lobées réduites à de longues structures filiformes. Il respire de l'air et se terre dans un trou pendant les saisons sèches.*

Des Poissons hors de l'eau

Les Dipneustes actuels vivent dans les régions chaudes d'Amérique du Sud, d'Afrique et d'Australie. Ceux qui habitent les eaux stagnantes et pauvres en oxygène des mares et des marécages doivent respirer l'air pour survivre. Certains vivent dans des marécages saisonniers et peuvent survivre quelque temps hors de l'eau. Au début de la saison sèche, ils creusent un trou avant que le marécage ne soit asséché, se recouvrent de boue et sécrètent du mucus pour retenir l'humidité. Ils entrent alors dans une phase de vie ralentie qui peut durer plus d'un an.

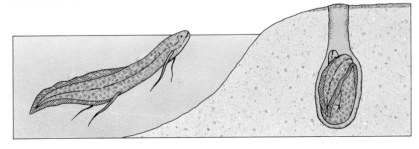

Les Amphibiens

13

Sortir de l'eau ; les premiers Vertébrés terrestres ; l'ère des Amphibiens ; les Amphibiens actuels sont-ils les derniers de leur lignée ? PERSPECTIVE : preuve au sujet des ancêtres des Amphibiens ; un fossile incompris ; des Salamandres qui ne se sont jamais développées ; des Gymnophiones étonnants ; se reproduire sans eau

La première étape de la vie de la plupart des Amphibiens se passe à l'état de têtard, larve aquatique se déplaçant par battements latéraux de la queue. Celle-ci rappelle celle des Poissons, car elle est aussi constituée de masses musculaires diagonales. Au début, les têtards respirent à l'aide de branchies qui sont ensuite remplacées par des poumons, pendant que les membres se développent. Comme les Poissons, les têtards possèdent une ligne latérale qui détecte les vibrations de l'eau mais qu'ils perdent en devenant adultes. Aujourd'hui, l'idée que l'« ontogenèse » récapitule la « phylogenèse », c'est-à-dire que l'embryologie retrace le processus évolutif, est périmée. Pourtant, le développement du têtard décrit vaguement le phénomène qui s'est produit il y a 375 millions d'années : la sortie de l'eau des Poissons pour conquérir la terre. Les premiers fossiles d'Amphibiens datent du Dévonien supérieur. Le plus caractéristique d'entre eux est un animal long de 1 m, l'*Ichtyostega* (voir p. 98). Visiblement terrestre, il possédait quatre pattes et pouvait sans doute se déplacer aisément. Les os de ses épaules n'étaient pas attachés au crâne ; il pouvait donc balancer sa tête de droite à gauche, ce que ses ancêtres aquatiques ne pouvaient faire. Cette mobilité de la tête est inutile dans l'eau où il est plus facile de bouger son corps.

L'ancêtre des Amphibiens

Il existe deux théories qui affirment, l'une, que c'est le groupe des Dipneustes, et l'autre, celui des Crossoptérygiens, qui est le plus proche de celui des Amphibiens. Les Poissons des deux groupes ont des poumons et des nageoires lobées, qui sont charnues et faites d'os et de muscles. Actuellement, c'est un groupe de Crossoptérygiens fossiles, les Rhipidistiens, qui semble être le plus proche. Le crâne de ces Poissons fossiles ressemble à celui des Amphibiens, et les os de leur nageoire pectorale charnue rappellent ceux de l'« avant-bras » d'un Triton ou d'une Grenouille. De plus, les dents des Rhipidistiens et celles des premiers Amphibiens présentent la même couche complexe d'émail.

Le changement d'habitat de ces Poissons, ancêtres des Amphibiens, est lui aussi controversé. L'eau des lagunes, dépourvue d'oxygène, a sans doute provoqué l'évolution de structures telles que les poumons (voir p. 96) pour respirer l'air, mais a-t-elle aussi repoussé ces Poissons hors de l'eau ? On a longtemps cru que l'évaporation des lacs et des rivières avait forcé ces ancêtres à s'adapter, et l'on conserve souvent l'image d'un Poisson se déplaçant lourdement sur le sol desséché du Dévonien à la recherche d'un coin d'eau. Actuellement, on pense que l'ancêtre amphibien est sorti de l'eau avec l'apparition de nouveaux habitats terrestres. La terre était couverte de plantes qui grouillaient d'Insectes, d'Araignées et de Mille-pattes. Aucun prédateur n'avait encore profité de cette abondance. Les jeunes Rhipidistiens allaient sans doute « à terre » saisir leurs proies. Ils pouvaient déjà respirer l'air et avaient des nageoires musclées (pour se déplacer sur la terre ?), comme les Poissons-chats actuels.

< *Certains Poissons-chats peuvent se déplacer sur terre en s'aidant de leurs nageoires et par des mouvements ondulatoires de leur corps. Les Rhipidistiens, ancêtres des Amphibiens, se mouvaient sans doute ainsi.*

> *On a donné le nom de Labyrinthodontes ou « dents en labyrinthe » aux premiers Amphibiens, en référence à l'émail plissé de leurs dents (voir coupe transversale). Les dents des Rhipidistiens sont très semblables.*

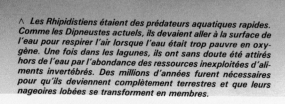

∧ *Les Rhipidistiens étaient des prédateurs aquatiques rapides. Comme les Dipneustes actuels, ils devaient aller à la surface de l'eau pour respirer l'air lorsque l'eau était trop pauvre en oxygène. Une fois dans les lagunes, ils ont sans doute été attirés hors de l'eau par l'abondance des ressources inexploitées d'aliments invertébrés. Des millions d'années furent nécessaires pour qu'ils deviennent complètement terrestres et que leurs nageoires lobées se transforment en membres.*

La gravité exerce sur les organes internes et les membres une plus grande pression sur la terre que dans l'eau, car elle n'est pas compensée par la densité de cette dernière. Pour y résister, l'*Ichtyostega* possédait une cage thoracique puissante, avec des bords se chevauchant pour protéger les organes internes. De plus, il possédait des pattes assez fortes pour soutenir son ventre au-dessus du sol.

L'ère des Amphibiens

Les Amphibiens se sont diversifiés et sont devenus des animaux terrestres dans les forêts marécageuses du Carbonifère, il y a entre 360 et 286 millions d'années. Les Labyrinthodontes constituaient le groupe le plus important. Beaucoup plus volumineux que les Amphibiens actuels, ils mesuraient entre 50 cm et 4 m de long. Ces Carnivores se nourrissaient d'Invertébrés, sans doute de Libellules géantes, de Blattes et de Poissons. La plupart avaient des crânes aplatis et possédaient des petites dents pointues. D'autres avaient des crânes identiques à ceux des Crocodiles et étaient certainement ichtyophages. Leur peau était sans doute revêtue d'une épaisse couche écailleuse de kératine qui les imperméabilisait mieux que celle des Amphibiens actuels auxquels ils ressemblaient peu. Un autre groupe, celui des Anthracosauriens, est progressivement devenu terrestre au Carbonifère et a sans doute donné les Reptiles.

Une organisation particulière des os

Rhipidistiens

Nageoire lobée

Ichtyostega

Radius

Cubitus

Humérus

Membre antérieur

> *Les os des nageoires lobées des Rhipidistiens et ceux des membres des Amphibiens sont analogues. Tous les Vertébrés, y compris les Humains, possèdent la même structure osseuse. Seuls les petits os aux extrémités des nageoires se sont réduits pour donner juste cinq doigts.*

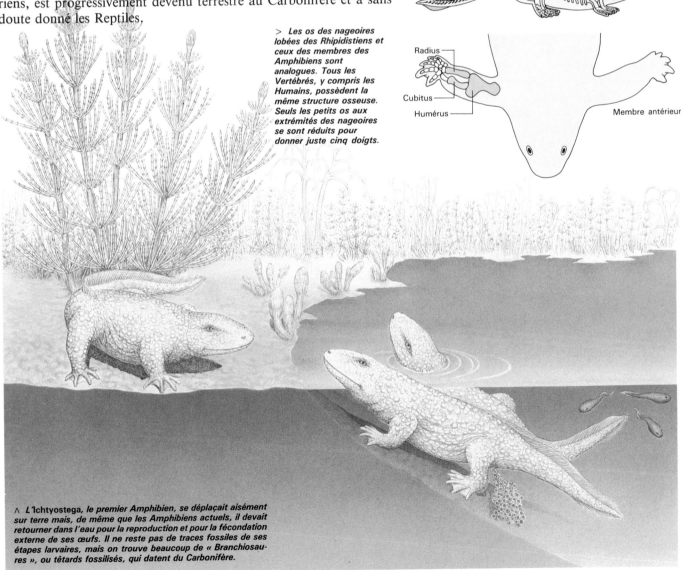

∧ *L'Ichtyostega, le premier Amphibien, se déplaçait aisément sur terre mais, de même que les Amphibiens actuels, il devait retourner dans l'eau pour la reproduction et pour la fécondation externe de ses œufs. Il ne reste pas de traces fossiles de ses étapes larvaires, mais on trouve beaucoup de « Branchiosaures », ou têtards fossilisés, qui datent du Carbonifère.*

Le témoin du Déluge

En 1731, le géologue suisse Johann Scheuchzer (1672-1733) crut avoir découvert le fossile du squelette d'un pêcheur noyé dans les eaux du Déluge biblique. Il appela son spécimen Homo diluvii testis, *ou « Homme, témoin du Déluge ». Les paléontologues reconnaissent maintenant en ce squelette celui d'un Urodèle géant, l'Andrias, qui date du Miocène, il y a 20 millions d'années. Cet animal, qui mesure environ 1 m de long, ressemble aux Urodèles géants actuels d'Asie, qui atteignent jusqu'à 1,50 m.*

Les géologues du XVIIIe siècle connaissaient mal les fossiles, et peu d'entre eux croyaient qu'une espèce pouvait s'éteindre. Cette idée correspondait à dire que Dieu avait commis des erreurs. C'est seulement au XIXe siècle que les géologues ont découvert qu'une multitude d'animaux avaient disparu.

∨ Les couleurs vives de la Salamandre commune mettent en garde les prédateurs contre les sécrétions nocives de sa peau, qui les éloignent en enflammant leurs yeux et leur bouche. Les Salamandres communes s'accouplent à terre. Le mâle porte la femelle sur son dos, puis la dépose sur un spermatophore qu'il a déposé sur le sol. La femelle donne ensuite naissance à des petites Salamandres déjà formées.

Les Amphibiens actuels

Les Amphibiens actuels constituent une énigme. Ils sont très différents des Labyrinthodontes et autres espèces disparues. On ne sait toujours pas quelle est leur filiation, car les premiers fossiles d'Amphibiens sont déjà caractéristiques de leur groupe : le premier fossile d'une Grenouille date de plus de 240 millions d'années. Il est possible que les deux groupes, celui des Urodèles (Tritons et Salamandres) et celui des Anoures (Grenouilles et Crapauds), aient évolué séparément à partir des Amphibiens primitifs. Leur lien avec un troisième groupe (Gymnophiones sans pattes) est également obscur.

Tous les Amphibiens actuels ont au moins un caractère commun : ils dépendent de l'eau pour vivre. La plupart des Amphibiens adultes doivent vivre dans des milieux humides, à part quelques Grenouilles et Crapauds qui peuvent survivre à des conditions arides en s'enfermant dans un terrier. Leur peau fine doit toujours conserver son humidité, pour pouvoir jouer son rôle de « troisième poumon » et apporter un surplus d'oxygène à l'animal. Les Amphibiens doivent aussi pondre leurs œufs dans l'eau, à l'exception des Gymnophiones sans pattes, des Urodèles terrestres et de quelques Grenouilles et Crapauds qui portent leurs œufs, les incubent dans des cavités corporelles ou leur créent un environnement humide (voir p. 100).

Le syndrome de Peter Pan

Beaucoup d'Urodèles passent par un état larvaire aquatique. Certaines espèces maintiennent cet état et ne deviennent jamais adultes. Ces individus développent pourtant des organes sexuels et se reproduisent. Ce phénomène, appelé « néoténie », se retrouve chez un animal domestique, l'Axolotl mexicain. Il mesure jusqu'à 30 cm de long, possède des membres faibles, mais il conserve la nageoire caudale et les branchies externes de son état larvaire.

D'autres maintiennent aussi cet état, mais à différents stades. En fonction du milieu extérieur, ils conservent leur état larvaire ou deviennent adultes. On peut forcer certains Urodèles, qui ne deviennent a priori pas adultes, à se développer en les nourrissant de thyroïde de Veau, qui contient de la thyroxine. L'action aussi spécifique d'une hormone de Mammifère sur des Amphibiens suggère l'origine évolutive commune de tous les Vertébrés terrestres.

Énigmes souterraines

Les Gymnophiones sont un groupe d'Amphibiens qui ont perdu leurs membres. La plupart des 150 espèces sont des animaux fouisseurs, à part quelques-unes qui vivent dans l'eau douce. Seuls, parmi les Amphibiens, quelques Gymnophiones mâles possèdent un pénis pour la fécondation interne. Les femelles donnent naissance à des jeunes déjà formés, qui, dans une espèce, se nourrissent du revêtement interne de l'oviducte de leur mère. Par opposition à ces structures reproductives évoluées, la peau des Gymnophiones est incrustée d'écailles minuscules, caractère primitif pour un Amphibien.

< Les Gymnophiones fouisseurs habitent les sols mous et humides des forêts tropicales ou tempérées chaudes. Beaucoup se nourrissent d'Insectes ou de Vers de terre et sont à leur tour la proie des Serpents. Ils sont aveugles, mais possèdent une paire de petits tentacules sensoriels sous leurs yeux vestigiaux. Certains donnent naissance à des jeunes déjà formés, d'autres protègent leurs œufs jusqu'à l'éclosion.

Voir aussi
L'évolution pp. 7-18
La classification pp. 29-32
Les Cordés inférieurs pp. 89-92
Les Poissons pp. 93-96
Les Reptiles pp. 101-108

Se passer d'eau

L'eau est indispensable à la ponte des œufs de la plupart des Amphibiens. Pourtant, quelques Grenouilles et Crapauds s'en passent. Ils ont ainsi évolué, plus pour éviter les prédateurs que par manque d'eau. Quelques Grenouilles arboricoles sécrètent une substance visqueuse, la font écumer à l'aide de leurs membres postérieurs et construisent, ainsi, un nid aqueux. Lorsque ce nid, qui surplombe l'eau, se désintègre, les têtards tombent dans l'eau, mais ils sont assez agiles pour éviter les prédateurs. D'autres Grenouilles pondent leurs œufs sur des feuilles couvertes de mucus : le têtard se développe à l'intérieur de l'œuf. Le meilleur procédé reste la protection parentale, illustrée par les Rainettes. La femelle pond avec la croupe en l'air pour permettre aux œufs de rouler sur son dos et d'aller se loger dans une poche spéciale. Le mâle s'assied ensuite sur son dos, féconde les œufs et l'aide à sceller la poche. Celle-ci reste fermée pendant plusieurs semaines, jusqu'à ce que les jeunes soient prêts à sortir.

On retrouve cette protection parentale chez certaines espèces qui se reproduisent dans l'eau. Les œufs du Pipa américain se développent enfouis dans le dos de la femelle.

Dans le cas de la Grenouille de Darwin, un groupe de mâles défend les œufs jusqu'à ce que les têtards commencent à bouger ; chaque mâle avale ensuite entre 10 et 15 œufs qui se développent à l'intérieur du sac vocal. La femelle d'une Grenouille australienne incube ses œufs dans son estomac.

∧ *Jeune Grenouille quittant la poche marsupiale.*

< *Œufs d'une Grenouille arboricole, avec jeunes.*

∨ *Pendant la parade nuptiale, le Pipa américain mâle se saisit de la femelle et lui fait gonfler la peau du dos. Il pousse ensuite la centaine d'œufs pondus dans cette poche de peau. Les jeunes naissent 3 mois après, déjà formés.*

L'ère des Reptiles ; des mâchoires mieux adaptées et un œuf qui retient l'eau ; entre les Reptiles et les Mammifères ; les Crocodiles et les Alligators ; le règne des Dinosaures. PERSPECTIVE : le fonctionnement de l'œuf amniotique ; le plus ancien des Reptiles ; étudier les Dinosaures et croire en la Création ; l'extinction des géants ; des Reptiles sans pattes ; les Reptiles actuels

L'ère des Reptiles s'intercale entre celle des Amphibiens, qui a duré environ 80 millions d'années, et celle des Mammifères, qui a commencé il y a seulement 65 millions d'années. D'une durée de plus de 225 millions d'années, elle les éclipse toutes les deux par l'épanouissement de surprenantes créatures telles que les Dinosaures (qui étaient à l'apogée de l'évolution reptilienne) et de nombreuses autres espèces. A côté des Dinosaures, certains Reptiles comme les Thérapsidés, Rhynchocéphales, Plésiosauriens, Ichtyosauriens, Ptérosauriens et d'autres encore ont aussi connu un développement très prolifique.

L'évolution des Reptiles à partir des Amphibiens a été provoquée par l'apparition de nouveaux habitats terrestres au Carbonifère. L'apparition des premières forêts d'arbres élevés a déclenché le développement d'une multitude d'Insectes et d'autres groupes dans ces nouveaux habitats. Ces plantes et insectes ont fourni une nouvelle source alimentaire et une variété d'habitats prêts à accueillir des prédateurs et des herbivores terrestres.

Au Carbonifère supérieur, plusieurs groupes d'Amphibiens ont divergé de leurs semblables et se sont adaptés à un mode de vie terrestre. Ces animaux, longs de 10 à 20 cm, avaient des mâchoires puissantes, adaptées à un régime insectivore. Chez les premiers Reptiles, le crâne bas des Amphibiens a été remplacé par une haute voûte crânienne. Les muscles maxillaires avaient donc plus d'espace pour se développer, du haut du crâne à la mâchoire inférieure, et étaient assez puissants pour broyer des proies. Par contre, ceux des premiers Amphibiens étaient déployés à l'intérieur du crâne et ne permettaient qu'un claquement rapide des mâchoires.

Mais, pour exploiter le milieu terrestre, les Reptiles avaient besoin d'autres structures que les mâchoires. En effet, il leur fallait aussi éviter la ponte des œufs dans l'eau. La clé du succès fut un œuf rempli d'eau qui distingue les Reptiles de leurs ancêtres les Amphibiens. Les Reptiles ont commencé à se diversifier dès qu'ils eurent conquis la terre ferme. Au Carbonifère et au Permien, ils se sont développés selon cinq ou six voies différentes, distinguées par l'organisation d'ouvertures de chaque côté de leur crâne. Le crâne des premiers Reptiles avait une ouverture pour chacun des yeux et une pour chacune des narines. Chez les Reptiles vivants, seules les Tortues terrestres et les Tortues de mer possèdent un tel crâne. Ce sont des Anapsidés (sans ouverture). Solide et dur, ce crâne est également lourd et n'offre aucun espace au développement des muscles maxillaires. Les trois ou quatre autres lignées ont développé d'autres orifices qui réduisent le poids du crâne, offrent des sites d'attache aux muscles maxillaires et leur permettent de se développer à l'arrière du crâne. La lignée qui a donné Dinosaures, Oiseaux, Crocodiles et Lézards possédait deux orifices de chaque côté du crâne. Ce sont les Diapsidés. Les deux autres lignées présentent un orifice de chaque côté (voir p. 103), mais ils sont disposés de manières différentes.

Un œuf novateur

C'est l'apparition de l'œuf amniotique chez les Reptiles qui a permis aux Vertébrés de mener une vie terrestre. Deux caractères fondamentaux le distinguent des œufs de Poissons et d'Amphibiens. Il possède une coquille souple (dure chez les Oiseaux) qui protège l'embryon, mais laisse passer l'oxygène, le dioxyde de carbone et la vapeur d'eau. L'embryon est enfermé dans sa propre réserve d'eau et de substances nutritives. De plus, l'œuf possède trois membranes supplémentaires. L'amnios recouvre et protège l'embryon, tandis que l'allantoïde recueille tous les déchets et sert d'organe respiratoire. La troisième membrane, le chorion, renferme l'embryon, la poche vitelline et l'allantoïde. L'albumen, ou « blanc d'œuf », se trouve entre le chorion et la coquille de l'œuf et sert de réservoir d'eau et de protéines.

Les Reptiles, les Oiseaux et les Mammifères sont tous des « amniotes », car ils possèdent tous un amnios, même si la plupart des Mammifères ne pondent plus d'œufs. Chez ces derniers, l'allantoïde fait partie du placenta.

Le premier fossile d'un œuf amniotique que l'on connaisse a 260 millions d'années. On ne peut que deviner l'origine d'un tel fossile, mais il est fort probable qu'il représente l'œuf d'un Reptile, et plus précisément d'un des premiers Thérapsidés. Dans les couches géologiques supérieures, on trouve beaucoup d'œufs de Dinosaures.

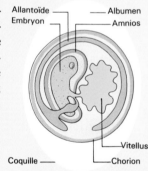

Allantoïde — — Albumen
Embryon — — Amnios
— Vitellus
Coquille — — Chorion

< ∨ *Les membranes des œufs amniotiques se forment à partir de l'embryon. L'allantoïde effectue les échanges gazeux. Chez les œufs de Poissons et d'Amphibiens, ceux-ci passent par les branchies externes ou la queue membraneuse de l'embryon. L'allantoïde, plus efficace, permet aux œufs amniotiques d'être plus gros. Il sert aussi de réservoir de déchets. Le jeune se débarrassera donc des déchets toxiques lors de l'éclosion.*

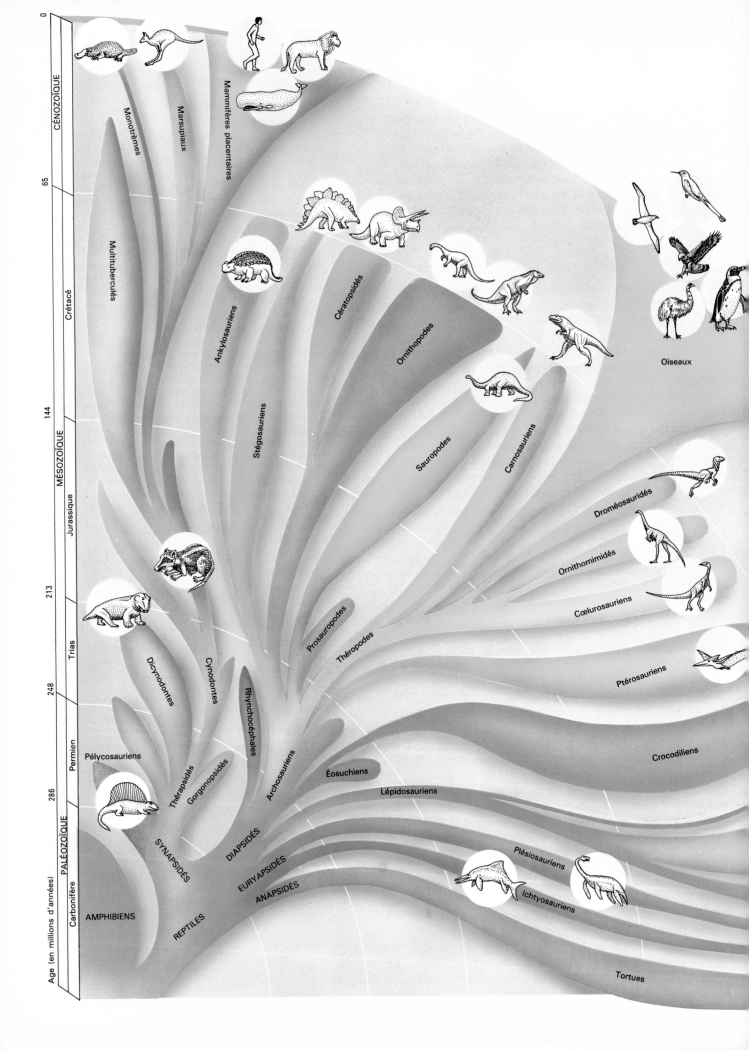

0		
65		
144		
213		
248		
286		

CÉNOZOÏQUE

MÉSOZOÏQUE

PALÉOZOÏQUE

Crétacé

Jurassique

Trias

Permien

Carbonifère

Monotrèmes

Marsupiaux

Mammifères placentaires

Multituberculés

Ankylosauriens

Cératopsidés

Ornithopodes

Stégosauriens

Sauropodes

Carnosauriens

Oiseaux

Droméosauridés

Ornithomimidés

Cœlurosauriens

Prosauropodes

Théropodes

Ptérosauriens

Dicynodontes

Cynodontes

Rhynchocéphales

Archosauriens

Crocodiliens

Pélycosauriens

Thérapsidés

Gorgonopsidés

Éosuchiens

Lépidosauriens

SYNAPSIDÉS

DIAPSIDÉS

EURYAPSIDÉS

ANAPSIDÉS

Plésiosauriens

Ichtyosauriens

AMPHIBIENS

REPTILES

Tortues

La largeur des branches de cet arbre évolutif correspond à peu près à l'importance et à l'abondance des groupes, en fonction du nombre d'espèces. Excepté pour les espèces vivantes, ces nombres d'espèces sont approximatifs, car les documents fossiles sont incomplets. On ne reconnaît en tout, dans les fossiles, que 300 espèces de Dinosaures, alors que ces derniers ont régné sur la Terre pendant 200 millions d'années. Par contre, il existe aujourd'hui 2 800 espèces de Lézards.

Les Prosauropodes étaient des animaux bipèdes et quadrupèdes de 2 à 5 m de long.

Les Sauropodes étaient des quadrupèdes de 5 à 30 m de long. Ils comprenaient les imposants *Brontosaurus* et *Diplodocus*.

Les Sauropodomorphes étaient tous herbivores.

Les Théropodes étaient tous carnivores et bipèdes. Ils comprenaient des créatures allant de la taille d'un poulet aux énormes *Tyrannosaurus*.

La plupart des Ornithopodes, tels que l'*Iguanodon*, étaient des bipèdes qui ne possédaient pas les armures osseuses des autres Ornithischiens.

Les Cératopsidés, Stégosauriens et Ankylosauriens avaient tous des armures osseuses. Leur poids les obligeait à être quadrupèdes.

C'est la structure du bassin qui distingue les Sauripelviens (« bassin de Lézard ») des Avipelviens (« bassin d'Oiseau »). Pourtant, les Oiseaux ne seraient pas issus des Avipelviens mais des Sauripelviens. L'os du bassin des Oiseaux et celui des Dinosaures avipelviens ne présentent que des ressemblances superficielles.

Les Avipelviens étaient tous herbivores. Ils présentaient une nouvelle structure osseuse comparable à celle des Sauripelviens. En plus du bassin différent, ils avaient aussi un os supplémentaire à la mâchoire inférieure. Des Dinosaures à bec-de-canard, un groupe d'Ornithopodes, utilisaient ce menton allongé pour se nourrir.

Les Dinosaures se distinguent des autres Reptiles diapsidés par leurs membres complètement redressés. Les Ptérosauriens et les Éosuchiens tardifs ont une démarche similaire, mais ce sont les Dinosaures qui ont exploité ce potentiel en devenant bipèdes. Quelques-uns sont redevenus quadrupèdes, mais ont conservé certains caractères propres aux Dinosaures bipèdes : leurs membres postérieurs étaient deux fois plus longs que leurs membres antérieurs. De plus, leur cinquième orteil était très réduit, sans doute une adaptation à la course. Les Dinosaures carnivores-bipèdes étaient des prédateurs redoutables, car ils pouvaient attraper leurs proies en courant.

Les Ptérosauriens étaient des Reptiles volants ou planants. Certains fossiles trouvés dans un fin sédiment lacustre montrent qu'ils étaient couverts de poils. C'étaient sans doute des animaux à sang chaud.

Les Pseudosuchiens mesuraient de 50 cm à 5 m. Parmi les plus petits, plusieurs étaient bipèdes. Leur cheville présentait des améliorations, mais pas aussi importantes que chez les Dinosaures.

Les Tortues sont carnivores, herbivores ou omnivores. Leurs dents sont remplacées par un bec corné. Elles ont la démarche rampante des premiers Reptiles ; les membres des Tortues de mer se sont transformés en nageoires.

Les Plésiosauriens et les Ichtyosauriens étaient les seuls Reptiles marins à se nourrir de Poissons et de Calmars. Les Plésiosauriens allaient sans doute « à terre » ; les Ichtyosauriens ne quittaient jamais l'eau et donnaient naissance à des jeunes déjà formés.

Tous les Crocodiliens sont carnivores et ont développé un second palais, semblable à celui des Mammifères, pour se nourrir dans l'eau. Ils présentent plusieurs structures anatomiques qui leur sont propres.

Les Reptiles mammaliens se distinguent des autres Reptiles par leur crâne synapsidé et leurs dents différenciées. Plus tard, les Thérapsidés ont développé plusieurs caractères mammaliens.

Les Rhynchocéphales étaient des quadrupèdes herbivores très lourds, qui ont évolué avant l'ère des Dinosaures. L'extinction de leur nourriture végétale (une Fougère séminifère) a sans doute provoqué leur disparition.

Les Lépidosauriens, Lézards et Serpents se distinguent des Crocodiliens et des Dinosaures par leur crâne (ci-dessous). La plupart sont carnivores. La démarche des Lézards est rampante, bien que quelques-uns puissent se tenir momentanément sur deux pattes.

Il est difficile de définir les Mammifères, car les documents fossiles présentent toute une variété de Reptiles mammaliens intermédiaires. Le caractère choisi pour définir un Mammifère est la mâchoire inférieure qui ne contient qu'un os (voir p. 105).

Les Synapsidés comprennent les Reptiles mammaliens (Pélycosauriens et Thérapsidés) et les Mammifères. L'ouverture supplémentaire (fosse temporale) de chaque côté du crâne synapsidé allège ce dernier et offre un lieu d'attache aux muscles maxillaires.

Les Diapsidés forment un groupe important qui renferme les Lézards, les Serpents, les Crocodiles, les Rhynchocéphales, les Ptérosauriens, les Dinosaures et les Oiseaux. Le crâne de ces animaux possède deux ouvertures de chaque côté qui ont la même fonction que l'unique ouverture du crâne des Synapsidés et des Euryapsidés.

Les Archosauriens et leurs descendants (Dinosaures, Oiseaux, Ptérosauriens et Crocodiles) sont des Diapsidés, mais ils possèdent deux autres ouvertures, dans la mâchoire inférieure et à l'arrière des narines. Ces ouvertures permettent d'alléger le crâne.

Les Euryapsidés (Plésiosauriens et Ichtyosauriens) ont tous disparu. Leur crâne présente une seule ouverture de chaque côté, comme le crâne des Synapsidés, mais elle s'est développée plus haut que celle du crâne des Synapsidés.

Les Anapsidés incluent les premiers Reptiles. Leur crâne n'avait pas d'autre ouverture que celles des yeux et des narines. Il était fort et solide, mais aussi très lourd. Il n'existe actuellement que chez les Tortues terrestres et les Tortues de mer, qui ont mis à profit poids et force.

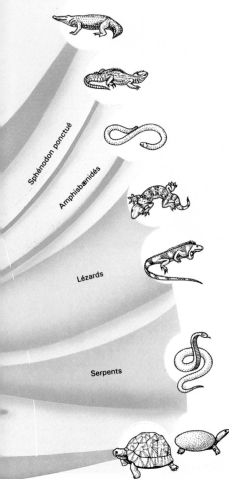

Une multitude de Reptiles différents, dont les Reptiles mammaliens et les Crocodiliens, sont apparus et se sont développés avant l'apparition des Dinosaures

Des Reptiles mammaliens

Les Pélycosauriens forment le premier groupe de Reptiles mammaliens qui aient eu de l'importance tant par le nombre de leurs espèces que par la variété de leurs adaptations. Ce groupe comprenait des animaux carnivores et des animaux herbivores (lesquels étaient probablement les premiers gros animaux mangeurs de plantes sur Terre).

C'est au cours du Permien, il y a 260 millions d'années, que les Pélycosauriens ont été remplacés par des Reptiles mammaliens plus évolués qu'eux, les Thérapsidés. Chez certaines espèces, les Dicynodontes, leurs dents ont été remplacées par un bec. C'étaient les plus importants herbivores sur terre. Certains mesuraient jusqu'à 5 m de long, et pesaient sans doute autant que les Hippopotames. Les Gorgonopsidés étaient les premiers Thérapsidés carnivores. Certains ressemblaient à des Tigres à dents de sabre et possédaient de longues canines, d'autres ressemblaient plutôt à des Chiens, d'autres encore à de petites Musaraignes. Les Thérapsidés, très diversifiés, ont dominé la Terre au Permien supérieur et au Trias. On pense que les Cynodontes, les Carnivores les plus évolués, étaient couverts de poils, car leur crâne présente des petits trous sur le museau qui correspondent à l'emplacement des nerfs et des vaisseaux sanguins des moustaches tactiles des Mammifères. Les moustaches vont souvent de pair avec les poils. Les Thérapsidés auraient donc été endothermiques ou « à sang chaud » et ressemblaient à des Mammifères, même si quelques-uns pondaient encore des œufs comme les Ornithorynques.

Les précurseurs des Mammifères

On peut observer une évolution des Reptiles mammaliens à travers l'acquisition, dans le temps, de caractères de Mammifères. Les premiers Pélycosauriens n'étaient pas vraiment mammaliens, mais ils possédaient tout de même des dents différenciées au lieu des rangées de dents identiques des Reptiles typiques. Les principaux Thérapsidés carnivores (les Cynodontes) étaient à la pointe de cette évolution. Leurs membres étaient allongés et se sont, par la suite, situés sous le corps. Les Lézards actuels sont des animaux rampants : leurs pattes sont déjetées sur les côtés du corps, et leurs genoux et coudes sont toujours pliés. Les premiers Pélycosauriens avaient la même stature ; mais les pattes des Cynodontes avaient, elles, déjà commencé à se situer sous le corps. On retrouve cette démarche semi-érigée chez les Crocodiles, quand ils courent. Finalement, les pattes se sont redressées à la verticale du corps, créant l'allure érigée des derniers Cynodontes et de leurs descendants, les Mammifères. Cette posture s'est aussi développée, indépendamment des Mammifères, chez les Oiseaux et les Dinosaures, leur permettant ainsi de devenir bipèdes. Cette disposition des membres supprime la démarche dandinante des premiers Reptiles et permet à un animal de faire de longs pas et de courir vite. Enfin, seul un animal érigé peut supporter un corps lourd. C'est pourquoi Éléphants et Dinosaures ont pu devenir plus gros que les premiers animaux terrestres.

Le crâne des Cynodontes présente aussi des structures mammaliennes. Les dents sont différenciées et un second palais dur s'est formé, qui sépare la colonne d'air (du nez), de la nourriture (de la bouche). La plupart des Reptiles n'ont pas ce palais secondaire ; ils doivent se nourrir ou respirer, mais ils ne peuvent pas faire les deux simultanément. Le nombre des os de la mâchoire et l'articulation de celle-ci sur le crâne ont aussi changé. La mâchoire inférieure des Reptiles typiques s'articule à l'arrière du crâne : elle forme une plaque qui bouge seulement de haut en bas. Par contre, chez les Mammifères, l'articu-

∧ *La Tortue verte est une espèce marine.*

Emballée pour survivre

Les Tortues n'ont pas changé depuis leur apparition, il y a 215 millions d'années. Elles possèdent toutes un bec corné au lieu de dents, et sont couvertes d'une carapace protectrice faite de plaques de kératine et d'os, soudées au squelette en divers endroits. La plupart peuvent rentrer leur tête et leurs pattes à l'intérieur de la carapace, pour se protéger des prédateurs. Cette carapace encombrante limite leur diversité, mais elles ont tout de même adopté divers modes de vie : terrestre, aquatique, souterrain et même arboricole.

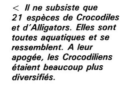

< Il ne subsiste que 21 espèces de Crocodiles et d'Alligators. Elles sont toutes aquatiques et se ressemblent. A leur apogée, les Crocodiliens étaient beaucoup plus diversifiés.

> Le changement dans la démarche des Dinosaures est lié au déplacement des membres sous le corps. Leurs ancêtres avaient sans doute la démarche semi-érigée des Crocodiles actuels.

La démarche érigée des Dinosaures

Ichtyostega

Crocodile

Dinosaure

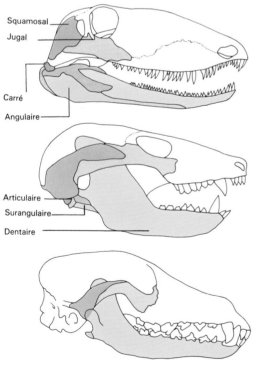

∧ Les Crocodiles rentrent parfois leurs pattes sous leur corps pour courir sur de petites distances. Les Dinosaures ont développé une démarche tout à fait érigée et sont, par la suite, devenus bipèdes.

La transition des Reptiles mammaliens

Squamosal

Jugal

Carré

Angulaire

Articulaire

Surangulaire

Dentaire

∧ Les premiers Reptiles mammaliens possédaient cinq os dans chaque moitié de la mâchoire inférieure, tandis que les Mammifères n'en ont qu'un, le dentaire. Les trois os disparus de la mâchoire reptilienne sont devenus l'étrier, l'enclume et le marteau de notre oreille moyenne, et nous permettent de mieux entendre. Les Thérapsidés fossiles du Trias illustrent les différentes étapes de cette transition.

lation est avancée et permet des mouvements complexes de la mâchoire. Nous pouvons mâcher notre nourriture, tandis que les Reptiles ne peuvent que mordre et avaler.

C'est au Trias, il y a plus de 210 millions d'années, que les premiers Mammifères sont apparus. A cette époque, la plupart des Reptiles mammaliens étaient éteints. Quelques-uns ont vécu jusqu'à la mi-Jurassique, mais les derniers Thérapsidés ont disparu il y a plus de 160 millions d'années.

Les Diapsidés

Les Diapsidés sont apparus au Carbonifère supérieur. Le premier sous-groupe important, celui des Archosauriens, est apparu au Permien supérieur. Ces animaux, de taille moyenne, se nourrissaient de Poissons, d'Amphibiens labyrinthodontes et de petits Reptiles mammaliens. Ils se sont diversifiés au Trias, et se sont séparés en deux branches qui ont, par la suite, donné les Crocodiles et les Dinosaures. Vers la fin du Trias, la plupart des Reptiles mammaliens et des Amphibiens labyrinthodontes ainsi que plusieurs groupes de Reptiles disparurent massivement. Les deux lignées d'Archosauriens ont alors profité de tous ces habitats libres pour se diversifier.

Au Jurassique et au Crétacé, les Crocodiles étaient des prédateurs aquatiques importants. Ils s'alimentaient de Poissons et de Vertébrés qui s'aventuraient près de l'eau. Certains avaient un mode de vie terrestre, sans doute assez proche de celui des Félins sauvages et des Chiens actuels. Au Crétacé supérieur, existait un Crocodile géant, de 16 m de long, qui se nourrissait de Dinosaures.

Les Dinosaures forment la seconde lignée d'Archosauriens qui s'est développée au Trias. Les premiers Dinosaures, les Théropodes, étaient de petits (et moyens) carnivores bipèdes dont sont probablement issus les Oiseaux. Quelques millions d'années plus tard, les premiers grands Dinosaures sont apparus et se sont séparés en cinq ou six grandes lignées qui ont dominé la faune terrestre pendant presque 150 millions d'années (voir p. 102). Ils ont pu se développer ainsi parce qu'une extinction massive avait eu lieu, leur laissant le champ libre. La taille des Dinosaures variait de celle d'un poulet à celle de géants de 30 m de long, les plus grands animaux terrestres de tous les temps.

Les nombreux fossiles trouvés dans les falaises calcaires illustrent comment différents groupes de Reptiles éteints habitaient les eaux côtières et le littoral

Les Dinosaures et les Victoriens

De nombreux fossiles ont été découverts au XIXᵉ siècle. Parmi eux, les Dinosaures ont particulièrement attiré l'attention du public qui se précipita pour aller voir les copies grandeur nature de plusieurs espèces, exposées dans les jardins du Crystal Palace à Londres. Ces modèles avaient été réalisés sous la surveillance du paléontologiste Richard Owen qui avait allié son intérêt pour les fossiles à sa croyance en l'histoire de la Création. Néanmoins, les autorités new-yorkaises furent accusées d'être « antireligieuses » lorsqu'elles commandèrent une copie de ces modèles pour Central Park. Owen réussit à ne jamais exposer ses théories en public. La majorité des personnes réconciliait les fossiles et la Création en considérant que la Genèse était la dernière étape d'une série de créations. Cette théorie fut ébranlée lorsque l'on découvrit des restes humains avec des animaux disparus tels que les Mammouths et les Rhinocéros laineux.

La grande extinction

Les Dinosaures, il y a 65 millions d'années, laissèrent la place aux Mammifères (voir p. 115). De nombreux autres animaux, Ptérosauriens, Ichtyosauriens et Plésiosauriens, organismes planctoniques et Invertébrés (tels que les Ammonites) ont aussi disparu (voir p. 76). Mais les Crocodiles, les Mammifères, les Lézards, les Oiseaux, les Poissons et la plupart des Plantes ont survécu. Il existe des centaines de théories sur l'extinction des Dinosaures, elles se divisent en deux grandes catégories : celles qui proposent un changement climatique et celles qui suggèrent une catastrophe extraterrestre. Selon la théorie du changement climatique, les habitats chauds des Dinosaures ont disparu au Crétacé supérieur lorsque la température chuta. Ils ont été remplacé par des forêts conifères plus fraîches auxquelles les Dinosaures n'étaient pas adaptés. Ceux-ci disparurent progressivement.

Les théories « extraterrestres » suggèrent qu'un énorme astéroïde heurta la Terre, créant un grand nuage de poussière qui masqua le Soleil, ou propageant de l'anhydride arsénieux ou de l'osmium. Cette théorie s'appuie sur la présence de fortes concentrations d'iridium dans les roches de la fin du Crétacé supérieur, un élément que l'on trouve surtout dans les météorites. Le point faible de cette théorie est que la plupart des autres êtres vivants, en particulier les Plantes, auraient dû aussi disparaître.

Les théories « extraterrestres » proposent une extinction beaucoup plus rapide que les théories climatiques. Mais nos méthodes de datation des roches, trop imprécises pour trancher, nous empêchent de dire si les Dinosaures ont disparu en une semaine ou en 10 000 ans.

> ▷ **Les Reptiles ont atteint leur apogée au Mésozoïque. D'une part, ils dominaient la terre ; d'autre part, ils s'étaient diversifiés en espèces qui nageaient et d'autres qui planaient. La faune du sud de l'Angleterre du Jurassique inférieur montre bien cette diversité.**

Un paysage jurassique

1 *Megalosaurus* (Carnosaurien-Dinosaure carnivore)
2 *Scelidosaurus* (Stégosaurien-Dinosaure herbivore cuirassé)
3 *Dimorphodon* (Ptérosaurien-Reptile planant)
4 *Plesiosaurus* (Plésiosaurien-Reptile nageant à long cou)
5 *Ichtyosaurus* (Ichtyosaurien-Reptile nageant à forme de Poisson)

Voir aussi
L'évolution pp. 7-18
La classification pp. 29-32
Les Amphibiens pp. 97-100
Les Oiseaux pp. 109-114
Les Mammifères pp. 115-126

Perdre ses pattes

Un Poisson comme l'Anguille peut se déplacer aisément sur terre. Par contre, les premiers Vertébrés terrestres pisciformes, courts mais gros, ont dû développer des pattes pour se déplacer. Après s'être adaptés sur terre, de nombreux Reptiles ont de nouveau perdu leurs pattes.

Les Serpents forment le plus important groupe de Reptiles sans pattes. Les plus primitifs (tels que le Boa constricteur et le Python, qui étouffent leurs proies) ont de petites griffes, vestiges de membres postérieurs, que le mâle utilise pour caresser la femelle pendant la parade nuptiale. Boas et Pythons possèdent aussi deux poumons, tandis que les Serpents venimeux les plus évolués n'en ont qu'un. L'œil des Serpents n'est pas recouvert d'une paupière mais d'une membrane transparente, et leur oreille n'a pas d'orifice. Ces structures ressemblent à celles d'un animal fouisseur. Il est donc probable que les Serpents sont issus d'un Lézard fouisseur.

Les Lézards sans pattes, comme l'Orvet, ont suivi une évolution parallèle, mais s'en sont éloignés plus tard. Ils ne sont pas complètement adaptés au fouissage, car ils possèdent l'orifice auditif et la paupière des Reptiles. Plusieurs familles de Lézards ont développé des espèces sans pattes. La perte des membres aurait donc eu lieu indépendamment plusieurs fois.

Les Amphisbænidés sont des êtres étranges. La plupart n'ont pas de pattes, mais certains ont de minuscules pattes avant pour fouir le sol. D'autres creusent leur terrier à l'aide d'arêtes tranchantes qu'ils ont sur la tête.

∧ *En développant un corps allongé, les Reptiles venimeux, tels que cette Vipère verte arboricole, ont perdu un de leurs poumons. D'autres organes doubles, tels que les ovaires et les reins, s'organisent en tandem, plutôt que côte à côte.*

< *Les Scincus sont une famille de Lézards, dont beaucoup d'espèces sont sans pattes et d'autres ont des membres minuscules. Les membres postérieurs de certains peuvent se replier le long du corps lorsqu'ils ne servent pas.*

> *Le Sphénodon ponctué est un Reptile massif et lourd qui mesure jusqu'à 65 cm de long. C'est le seul survivant des anciens Lépidosauriens. Il est actif à de très basses températures, dès 12°C, contre 25°C pour la plupart des Reptiles. Le Sphénodon ponctué peut vivre jusqu'à cent ans.*

< *La crête osseuse des Lézards basilics verts est surtout développée chez le mâle. Ces Lézards ont la particularité de pouvoir courir sur leurs pattes de derrière jusqu'à une vitesse de 11 km/h.*

Le dernier des Reptiles

Les Reptiles actuels les plus répandus (Serpents et Lézards) sont apparus tardivement, de même que les Amphibiens actuels. Ils appartiennent au groupe des Lépidosauriens, qui s'est développé pendant l'ère des Dinosauriens. Le Sphénodon ponctué est le seul survivant des Sphénodontidés, Lépidosauriens primitifs ; il habite de petites îles et des îlots rocheux près des côtes de Nouvelle-Zélande. Il vit dans les bois et a des mœurs nocturnes.

Les Sphénodontidés ont donné les Lézards au Jurassique et les Serpents au cours du Crétacé. Bien que les Serpents soient issus d'un Lézard fouisseur, ils s'en sont éloignés et ont formé des espèces aquatiques, terrestres ou arboricoles.

Les Oiseaux

15

L'origine controversée des Oiseaux ; des Oiseaux fossiles et leurs nids ; adaptations au vol ; les plumes : structure, types et couleurs. PERSPECTIVE : la découverte du Reptile-Oiseau Archæopteryx ; l'influence de l'époque glacière sur l'évolution des Oiseaux ; les Rocs, Moas et autres géants disparus ; des constructeurs sans rivaux.

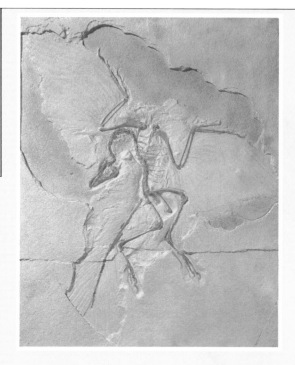

∧ ∨ *Fossile et reconstitution d'un* Archæopteryx.

Le fossile de l'*Archæopteryx,* découvert au milieu du XIX siècle, présentait un mélange complexe de caractères reptiliens et de caractères aviaires. De la taille d'une Corneille, il possédait une longue queue osseuse et une mâchoire reptilienne avec des dents pointues. Pourtant, la disposition et la structure de son plumage rappellent celles des Oiseaux actuels.

La découverte de cet animal, bien qu'il fût acclamé comme le « chaînon manquant » entre les Reptiles et les Oiseaux, souleva autant de questions qu'il apporta de réponses. Il ne possédait pas de sternum, ou bréchet, l'os auquel sont attachés les muscles du vol et que l'on retrouve chez tous les Oiseaux actuels. L'*Archæopteryx* ne pouvait donc pas être un véritable Oiseau volant. De plus, les doigts de ses ailes se terminaient par des griffes. Il menait probablement une vie semi-arboricole, s'aidant de ses ailes et de ses pattes pour grimper aux arbres, puis se laissant planer à la poursuite d'insectes. Pourtant, vers 1975, certains paléontologistes, dont John Ostrom, proposèrent un autre scénario. D'après eux, l'*Archæopteryx* était un animal terrestre qui se dressait sur ses membres postérieurs pour courir et se servait de ses membres antérieurs pour attraper ses proies ; son plumage n'aurait eu qu'un rôle isolant. Depuis, cette hypothèse a été rejetée, mais celle du plumage isolant reste importante pour l'origine des Oiseaux. On pense aujourd'hui que l'*Archæopteryx* était un Oiseau qui pouvait un peu voler, et dont les muscles du vol étaient fixés sur la clavicule (ou fourchette) au lieu du sternum. Il daterait du milieu du Jurassique, il y a environ 150 millions d'années.

Pendant longtemps, l'origine des plumes est restée controversée. S'étaient-elles développées pour le vol ou pour leur rôle isolant ? Cette question sur leur origine est liée à celle du lieu et de l'époque d'apparition des Oiseaux. Jusque dans les années 1975, on pensait qu'au Trias le groupe des Thécodontes s'était séparé en deux lignées d'animaux à sang froid : d'un côté, les Dinosaures, et, de l'autre, les Oiseaux. Les Oiseaux seraient devenus des animaux à sang chaud au cours de leur évolution, comme les Mammifères.

Après avoir de nouveau étudié la bioénergétique et l'anatomie, John Ostrom et ses collègues proposèrent une nouvelle phylogénie selon laquelle les Dinosaures seraient les ancêtres directs des Oiseaux (voir p. 110). D'après Ostrom, les Oiseaux avaient hérité des Dinosaures leur métabolisme élevé, l'endothermie et les plumes. Ces caractères ne seraient donc pas des structures propres aux Oiseaux. Cent ans plus tôt, Thomas Huxley avait déjà observé des analogies anatomiques entre les Oiseaux et de petits Dinosaures bipèdes, tels que le *Microvenator,* et avait suggéré que les Oiseaux étaient les descendants directs des Dinosaures. Mais cette hypothèse fut critiquée et tomba dans l'oubli. Elle a été ressuscitée grâce à Ostrom et à ses collègues, bien que rien ne prouve que les Dinosaures aient été des animaux à sang chaud.

La découverte de l'*Archæopteryx*
Au XIXᵉ siècle, on utilisait des pierres calcaires à grain très fin pour reproduire, sur du papier et d'après un procédé appelé « lithographie », des images tracées sur la pierre. Une des carrières de cette « pierre lithographique » se trouvait à Solenhofen en Bavière. La pierre était taillée comme de l'ardoise, et chaque surface était vérifiée pour s'assurer qu'elle ne contenait pas d'imperfections. C'est ainsi que de curieux fossiles ont été découverts. Les carriers les apportaient à Friederich Haberlein, un docteur local, en échange de soins médicaux. A travers la collection toujours croissante de fossiles de Plantes, d'Invertébrés, de Poissons et de Reptiles de Haberlein, on a découvert que cette carrière avait été formée par une grande mer intérieure dont les dépôts calcaires s'étaient déposés hors de l'eau.

C'est dans cette carrière, au début de l'année 1861, que les ouvriers ont découvert un fossile différent de tous les précédents : un squelette de Reptile, bien que des plumes, qui se déployaient à partir d'os fragiles, fussent restées imprimées grâce à la finesse de sédiment. C'est ainsi que fut découvert l'Archæopteryx.

Vol et plumes

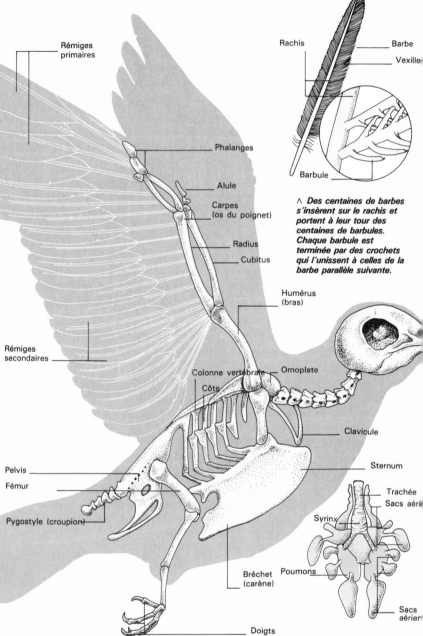

Des plumes souples

Les plumes sont formées à partir de la kératine, une protéine qui constitue aussi nos ongles et notre peau. En se développant vers l'extérieur, les cellules basales de la peau des Vertébrés, peu à peu privées d'oxygène et d'éléments nutritifs, se remplissent de kératine. Chez les Oiseaux, ce tissu mort forme les plumes. Celles-ci ont sans doute évolué à partir des écailles reptiliennes, mais on ignore comment.

Le plumage de la plupart des Oiseaux actuels est composé de divers types de plumes. Recouvrant les fines plumules du duvet, qui retiennent la chaleur, les plumes de contour délimitent le corps. Celles des ailes et de la queue, indispensables au vol, participent à l'envol et à la propulsion. Le troisième type, les filoplumes, sont fines et en forme de poils. Elles informent l'Oiseau du désordre de ses plumes, et sont sensibles aux courants d'air pendant le vol.

Ces filoplumes sont communes à tous les Oiseaux. Par contre, il existe des types de plumes qui sont propres à certaines espèces ou à certains groupes d'Oiseaux. Les plumes de la poitrine du Tétras du désert sont étroitement enroulées et très absorbantes. Elles peuvent servir à rapporter aux oisillons l'eau des « trous d'eau potable ». Les Hérons possèdent aussi des plumes spécialisées qui forment le duvet poudreux. Elles frémissent sans cesse et produisent une poudre dont l'Oiseau se sert pour nettoyer ses plumes de l'huile et des mucosités qu'il a ramassées en se nourrissant de poissons. Il dépose la poudre, la laisse s'engorger des impuretés, puis se lisse les plumes.

Enfin, les plumes donnent aux Oiseaux leur aspect particulier et signalent le sexe aux autres. Les couleurs variées des plumes sont obtenues différemment. Noir, gris, marron et beige clair sont des pigments très répandus dans le monde animal, tandis que jaune, orange et rouge proviennent des pigments caroténoïdes que l'Oiseau puise dans son alimentation. Vert, bleu et violet proviennent, comme les couleurs à la surface des bulles de savon, de la diffraction de la lumière sur la structure des plumes.

Rémiges primaires
Phalanges
Alule
Carpes (os du poignet)
Radius
Cubitus
Rémiges secondaires
Humérus (bras)
Colonne vertébrale
Côte
Omoplate
Clavicule
Sternum
Pelvis
Fémur
Pygostyle (croupion)
Trachée
Sacs aérien
Syrinx
Poumons
Bréchet (carène)
Sacs aérien
Doigts

Rachis
Barbe
Vexille
Barbule

∧ *Des centaines de barbes s'insèrent sur le rachis et portent à leur tour des centaines de barbules. Chaque barbule est terminée par des crochets qui l'unissent à celles de la barbe parallèle suivante.*

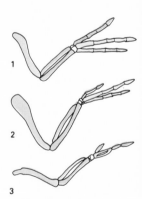

∧ *Un poids léger et un métabolisme efficace pour maintenir une température corporelle (entre 41 et 43,5°C selon les espèces) sont les raisons du succès des Oiseaux. Les principaux os des membres, certains os crâniens et le pelvis sont creux. Un système de sacs aériens crée un courant d'air à travers les poumons, et participe à l'apport d'oxygène et au rejet de dioxyde de carbone.*

< *Volant sous l'eau, ces Manchots de Magellan se propulsent à l'aide de leurs ailes qui ont perdu tout pouvoir de voler (comme le faisaient les grands Pingouins, aujourd'hui éteints). Mais la plupart des Oiseaux plongeurs nagent à l'aide de pattes palmées.*

∧ *Membres antérieurs du Microvenator (1), un ancêtre éventuel de l'Archæopteryx (2) et des Oiseaux actuels (3). Les cinq doigts sont déjà réduits à trois chez le Microvenator. L'Archæopteryx se servait sans doute de ses griffes pour attraper ses proies.*

∧ *Image triple de la Mésange bleue en vol. Le coup d'aile vers le bas, plumes étroitement rapprochées, permet l'essor. Les rémiges primaires s'étendent pour le battement de « stabilité ».*

1

∨ *Les ailes des Oiseaux sont adaptées à leurs différents modes de vie. Celles de l'Albatros (1) sont longues, droites et pointues pour maintenir un vol plané dans les courants aériens au-dessus·de la mer. Celles du Martinet noir (2) sont longues, étroites, pointues et dirigées vers l'arrière pour assurer un vol ramé rapide ; celles du Colibri (3) sont courtes, pointues, et peuvent s'inverser complètement, permettant des coups d'aile vers le haut et vers le bas pour assurer le vol sur place.*

2

3

Adaptations au vol

La coupe transversale de toutes les ailes d'Oiseaux a la forme d'une goutte, mais le plan et les battements diffèrent. Les plus grands Oiseaux (tels les Aigles, Vautours et Cigognes) sont bien adaptés à un vol plané qui leur permet de gagner de la hauteur grâce à la grande surface de leurs ailes. Ils profitent des courants d'air ascendants au-dessus des falaises, ou des colonnes d'air chaud, d'origine thermique.

Les Albatros adoptent une variante du vol plané. Pour s'élever dans les turbulents vents marins des hautes latitudes, ils ont de longues ailes robustes et pointues qui peuvent fendre l'air à grande vitesse tout en maintenant un excellent contrôle. Les Albatros royaux présentent la plus grande envergure des Oiseaux actuels, qui va jusqu'à 3-4 m.

La plupart des petits Oiseaux ne sont pas assez puissants pour utiliser les vents. Ils doivent donc produire leur force motrice, et adoptent alors le vol ramé. Le coup d'aile vers le bas donne l'essor, et le retournement de l'aile (surtout du bout) propulse le corps vers l'avant. Le vol ramé est le vol le plus rapide. La vitesse maximale des Faucons et des Martinets avoisine sans doute 160 km/h sur de petites distances. Même

de petits Oiseaux, comme les Moineaux, peuvent atteindre 50 ou 60 km/h.

De tels exploits ne peuvent être réalisés que grâce à des adaptations physiologiques. Les Oiseaux ont la température corporelle la plus élevée des animaux à sang chaud. Elle varie de 41 à 43,5 °C, et est maintenue par un régime alimentaire riche en énergie et une digestion très rapide. Le gros cœur pompe rapidement le sang vers les muscles du vol : 300 bat./min chez le Vautour à tête rouge (à vol modéré) et 615 bat./min chez le Colibri à gorge rubis. La fréquence de notre pouls, de 80 à 120 bat./min, est bien lente en comparaison.

Enfin, seuls les Oiseaux possèdent plusieurs (cinq en général) paires de sacs aériens qui distribuent l'air des poumons vers toutes les parties du corps et même le creux des os. Ces sacs aériens créent un système à sens unique, qui est plus efficace que le système à double sens des Mammifères pour envoyer l'air à travers les poumons. Ce sens unique diminue la quantité d'air vicié dans les poumons et maintient un apport riche en oxygène dans le sang. Les sacs aériens fonctionnent à la manière de refroidisseurs pour dissiper la chaleur produite par le vol, car les Oiseaux n'ont pas de glandes sudoripares.

Après l'*Archæopteryx*, peu d'Oiseaux fossiles furent découverts jusqu'à l'Éocène, à part quelques-uns qui datent du Crétacé. Parmi ces derniers, la plupart proviennent d'Amérique, et les plus connus sont sans doute l'*Ichtyornis* et l'*Hesperornis*. Ceux-ci ressemblent à des Mouettes et sont souvent représentés avec des becs aux petites dents pointues. Aujourd'hui, le bec denté de l'*Ichtyornis* est contesté. En effet, les fossiles de cet Oiseau proviennent de roches dans lesquelles on a aussi trouvé beaucoup de petits Dinosaures. Il est possible que les dents de ces derniers aient été prises pour celles de l'*Ichtyornis*. Par contre, la présence de dents dans le bec de l'*Hesperornis* est indiscutable. Il ne pouvait pas voler. Ses ailes ne contenaient qu'un petit os fragile, et étaient donc absentes ou très réduites. Ses pattes, placées sous l'arrière de son corps, étaient développées pour nager. Elles rendaient la marche très difficile. On ne sait ni où ni comment cet Oiseau pondait ses œufs, car une adaptation aussi stricte à la vie aquatique ne se retrouve chez aucun Oiseau actuel.

L'*Hesperornis* ressemblait un peu aux Plongeons ou aux Grèbes actuels, tandis que d'autres Oiseaux du Crétacé étaient peut-être les ancêtres des Pétrels et des Cormorans. Ce n'est pas un hasard si tous ces Oiseaux fossiles étaient aquatiques, car eux seuls avaient une chance d'être conservés. En effet, la fossilisation est plus rapide dans l'eau, où ils sont vite recouverts de boue et de vase, que sur la terre. De plus, les os creux et fragiles des Oiseaux se dispersent et se brisent trop facilement pour avoir le temps de se fossiliser sur terre.

Pourtant, on a découvert de nombreux Oiseaux depuis l'Éocène. On connaît ainsi aujourd'hui des représentants de plus de la moitié des ordres vivants. La diversification des formes des Oiseaux fut brusque, sans doute accélérée par la disparition des Ptérosauriens (Reptiles volants). Certains Oiseaux ont « occupé » l'espace laissé par les Dinosaures, et ont développé des formes massives et inaptes au vol. C'est ainsi que le *Diatryma*, qui mesurait 2,10 m, est devenu le principal carnivore terrestre jusqu'à l'apparition des Mammifères. D'autres Oiseaux gigantesques et herbivores, tels que les Moas, leur ont survécu jusqu'à il y a quelques centaines d'années en Nouvelle-Zélande, où il n'y avait pas de compétition avec les Mammifères.

Des géants éteints

On connaît 47 espèces éteintes de Ratites, des Oiseaux qui ne volent pas. Quelques-uns étaient les Oiseaux les plus grands que l'on connaisse. Parmi eux se trouvent les Oiseaux-éléphants des plaines d'Afrique et d'Europe, dont l'Æpyornis titan de Madagascar. Haut de 3 m, il pesait près de 450 kg, et était sans doute l'Oiseau fabuleux, le Roc de Sindbad dans les Mille et Une Nuits, qui emportait des Éléphants dans ses serres.

Les fossiles révèlent que son extinction a été causée par l'Homme qui le chassait. On retrouve encore parfois ses œufs enfouis dans le sable des côtes ou près des lacs. Mesurant jusqu'à 33 cm et contenant environ 9 l de réserves nutritives et de couches protectrices, ce sont les plus grandes cellules du règne animal.

L'extinction des 13 espèces de Moas de Nouvelle-Zélande fut identique, mais plus récente. Les plus grands individus de cette espèce pouvaient se comparer aux Oiseaux-éléphants. Les Moas n'ont eu aucun ennemi jusqu'à l'arrivée d'immigrants polynésiens, les Maoris. La datation au carbone radioactif révèle que l'extinction définitive du groupe s'est produite au XVIIe siècle.

∧ > *Après l'Archæopteryx, on ne connaît aucun Oiseau fossile pendant plus de 30 millions d'années. L'Ichtyornis (en haut) était un oiseau des océans qui couvraient ce qui est actuellement les Grandes Plaines de l'Amérique du Nord. Haut de seulement 20 cm, il avait une forte carène sternale, donc sans doute des muscles du vol développés et un vol puissant. Dans la même région et à la même époque, l'Hesperornis (à droite) était beaucoup plus grand et ne pouvait pas voler, bien qu'ayant eu un ancêtre volant.*

∨ *Le nombre d'Oiseaux s'est rapidement accru après l'extinction des Dinosaures. C'étaient de petites espèces volantes, semblables aux Oiseaux actuels, ou des Oiseaux géants qui ne volaient pas, comme le Diatryma (ci-dessous) qui se nourrissait de Mammifères d'Europe et d'Amérique du Nord.*

> *Les Kiwis bruns de Nouvelle-Zélande ne peuvent pas du tout voler. Leurs minuscules ailes sont enfouies dans leurs plumes, et leurs plumes caudales ont disparu. Le poids de l'œuf représente un quart de celui du Kiwi femelle. Celui-ci incube l'embryon pendant 65 à 85 jours et, même après l'éclosion, le poussin continue de se nourrir du sac vitellin. Les Kiwis sont relativement petits et n'auraient sans doute pas pu se développer en présence de gros Mammifères.*

> *Ces derniers des géants, les Moas herbivores, ont été exterminés au XVIIe siècle. On en connaît actuellement 13 espèces, dont certaines mesurent plus de 2,5 m de haut. Ils faisaient partie de la grande expansion des Ratites, en Nouvelle-Zélande, qui remonte seulement à 1,5 million d'années.*

Un groupe qui ne vole pas

Les Autruches, les Nandous, les Émeus, les Casoars et les Kiwis sont tous des Oiseaux volumineux à longues pattes, qui ne volent pas : ce sont des Ratites. Ce nom vient du latin rata, qui signifie radeau et fait allusion à leur sternum plat ou en forme de radeau. Les Oiseaux qui volent et dont les muscles du vol sont insérés sur un profond sternum caréné s'appellent les Carinates, du latin carina, carène. Bien qu'ils se ressemblent, les Ratites ne sont pas tous apparentés, mais ils ont un ancêtre commun qui habitait le Gondwana, partie sud de la Pangée (voir p. 122). Avec la division du Gondwana, il y a 100 millions d'années, le Ratite ancestral s'est séparé en populations d'Amérique du Sud, d'Afrique et d'Australie, d'où sont issues les espèces actuelles. La diversification la plus étendue s'est produite en Nouvelle-Zélande, où il n'existait pas de gros Mammifères rivaux.

Au XIXe siècle s'est développé un débat sur le statut des Ratites. L'absence de carène sternale laissait à penser qu'ils auraient évolué à partir d'Oiseaux primitifs qui n'auraient jamais développé la faculté de voler. De nos jours, on pense que leurs ancêtres pouvaient voler et qu'ils ont ensuite perdu ce pouvoir.

> *L'Autruche mâle surveille les œufs et les petits de plusieurs femelles, tâche qu'il partage avec une femelle. Ce comportement inhabituel provient sans doute de la vulnérabilité des nids d'autruche face aux prédateurs.*

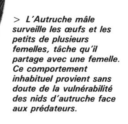

L'influence des époques glaciaires

L'arrivée des époques glaciaires du Pléistocène, qui correspond aux derniers 200 millions d'années de l'histoire des fossiles, a permis l'apparition de beaucoup d'espèces d'Oiseaux. Les glaciations ont provoqué des extinctions massives, mais aussi une redistribution géographique des Oiseaux. Dans les deux hémisphères, des îlots de terre se trouvaient isolés dans une mosaïque glaciaire, conditions idéales pour l'évolution de nouvelles espèces et de nouvelles races.

La diversification du Grimpereau, *Certhia,* illustre ce processus souvent répété. Pendant l'une des périodes glaciaires, une famille de Grimpereaux des bois d'Europe, les *Certhia familiaris,* s'est trouvée isolée sur la péninsule Ibérique et s'est développée en Grimpereau à doigts courts, *Certhia brachydactyla.* Quand le climat s'est adouci, les deux populations se sont retrouvées. Leur aspect physique et leur écologie s'étaient tellement différenciés qu'elles coexistent actuellement comme deux espèces différentes.

Voir aussi
L'évolution pp. 7-18
Les Reptiles pp. 101-108

Se débrouiller sans dents

Les dents sont utiles pour broyer les aliments, mais elles sont très lourdes. Certains Oiseaux du Crétacé (comme l'Hesperornis, p. 112) avaient encore des dents, mais, déjà à l'Éocène, elles avaient disparu, sacrifiées pour un vol plus efficace. A cette époque, les Oiseaux se nourrissaient sans doute d'aliments qu'il n'était pas nécessaire de mâcher. Aujourd'hui, beaucoup d'Oiseaux se nourrissent de graines. Afin de pallier leur manque de dents, ils avalent des pierres qui s'amassent dans le gésier dont l'action musculaire broie les aliments entre ces pierres.

La plupart des autres Oiseaux ont des becs suffisamment pointus pour déchirer les aliments, mais on connaît certains substituts des dents. L'Osteodontornis et l'Odontopteryx, de l'Éocène et du Miocène, avaient des saillies osseuses de la mâchoire. Chez les Oiseaux actuels, le bec des Harles est garni de dentelures qui permettent d'agripper les Poissons.

Les becs des Oiseaux sont très variés. Certains ont un rôle important pendant la parade, comme le bec coloré des Macareux moines mâles. La forme de la plupart des becs est adaptée au régime alimentaire. Le long bec fin du Colibri lui permet d'atteindre les nectaires des fleurs, tandis que la poche de la mandibule inférieure du Pélican sert de réserve de poissons. Les Pinsons ont un solide bec conique pour briser les graines. Les Oiseaux prédateurs ont un bec crochu pour déchirer la chair. Le bec des Colverts est frangé pour pouvoir filtrer l'eau, tandis que le Martin-pêcheur a un bec en harpon pour attraper les poissons. Les longs becs fins de la plupart des Échassiers servent à sonder la vase ou le sable. Les mandibules croisées des Becs-croisés facilitent l'extraction des graines de pommes de pin.

Faire son nid

Beaucoup d'animaux construisent des nids, mais aucun ne peut se comparer à l'habileté et à l'efficacité des Oiseaux. Les nids d'Oiseaux les plus complexes offrent un aspect macramé fait d'herbe (comme chez les Tisserins) ou sont composés de feuilles cousues avec de l'herbe par les Fauvettes couturières. Les nids de boue des Hirondelles sont en forme de dôme ou de tasse, tandis que les Martinets attrapent des plumes flottantes et d'autres brins au vol et les assemblent avec leur salive gluante. Le nid est indispensable aux Oiseaux et résulte de leur biologie, qu'ils ne partagent qu'avec les Mammifères qui pondent des œufs. En combinant ponte et endothermie, les Oiseaux doivent conserver leurs œufs dans un endroit à température modérée et stable. Le nid est donc une structure vitale, qui isole l'œuf du chaud et du froid et lui offre un sol solide jusqu'à l'éclosion.

∧ *Nids composés du Tisserin social dans un Acacia, en Afrique du Sud-Ouest. Ces structures prodigieuses comportent de 50 à 100 nids séparés. De nombreux couples construisent leur nid à côté les uns des autres, et s'unissent pour entretenir un même toit sur l'ensemble. Chaque entrée est obstruée par des brins d'herbe pour empêcher l'infiltration des prédateurs.*

> *N'ayant pas de dents, une grande Pie-grièche utilise l'extrémité crochue de son bec et l'épine de Prunelier qui lui sert de « garde-manger » pour déchirer sa proie : une souris.*

Les Mammifères

16

Les premiers Mammifères et leurs origines ; la reproduction et les trois groupes de Mammifères actuels ; géants, prédateurs et omnivores ; comment se défendent les herbivores. PERSPECTIVE : glandes cutanées ; la supercherie de l'Ornithorynque ; les Opossums opportunistes ; les disparitions au Pléistocène ; les Mammifères volants ; l'évolution et la dérive des continents

Les Mammifères dominent la Terre depuis 65 millions d'années, mais ils existent néanmoins depuis longtemps. En effet, leur histoire a commencé plus de 150 millions d'années avant que leur suprématie ne s'établisse. Pendant toute cette période, ils étaient représentés par de petits animaux discrets, au comportement nocturne, et masqués par le succès des Dinosaures. Avant la fin de l'ère des Reptiles, ils étaient déjà bien diversifiés, mais ce n'est qu'après l'extinction des Dinosaures qu'ils ont connu leur gloire.

Les premiers vrais Mammifères étaient des bêtes qui ressemblaient aux Musaraignes, comme le *Megazostrodon*, et probablement beaucoup aux Reptiles mammaliens évolués qui existaient aussi à cette époque et avec lesquels ils cohabitaient. Les Reptiles mammaliens du Permien et du Trias illustrent très clairement différentes étapes de l'acquisition des caractères mammaliens (voir p. 104). Les paléontologistes ont donné le nom de *Megazostrodon* à un Mammifère qui avait franchi plusieurs stades évolutifs. Sa mâchoire inférieure était constituée d'un seul os, le dentaire, au lieu des os séparés des Reptiles, et l'articulation entre la mâchoire et le crâne présentait un caractère tout à fait mammalien (voir p. 105). Le corps du *Megazostrodon* était certainement couvert de poils et donc endothermique ou « à sang chaud ». Les Dinosaures, qui régnaient sur la terre, chassaient le jour, forçant les premiers Mammifères à chasser la nuit. La capacité de contrôler la température de leur corps et de produire physiologiquement de la chaleur présentait donc un avantage certain pour les Mammifères.

∧ *Un Fennec du Cap allaite ses petits. Les glandes mammaires des Mammifères actuels permettent aux jeunes de bien se lancer dans la vie, grâce à cet apport nutritif. On pense qu'elles ont évolué à partir de glandes sudoripares.*

Lait, transpiration et odeurs

Deux caractères propres aux Mammifères sont l'homéothermie et l'allaitement des jeunes. Tous deux utilisent des glandes spéciales situées dans la peau des Mammifères, et qui se sont, au cours de l'évolution, adaptées pour différents rôles. Les plus simples sécrètent une substance aqueuse, la sueur. Chez nombre de Mammifères, elle sert de refroidisseur corporel par évaporation, maintenant ainsi une température constante, malgré les variations extérieures. Certaines de ces glandes se sont développées et spécialisées en produisant une sécrétion épaisse, riche en matières grasses, protéines et sucres : le lait. Ce développement a pu se produire chez des ancêtres mammaliens vivant dans un milieu aride, qui auraient concentré de grandes quantités de sueur dans certaines parties de leur corps, pour fournir à leurs petits de l'eau potable. Il est possible qu'ensuite la sécrétion ait contenu de plus en plus de nutriments.

Une troisième caractéristique des Mammifères est leur odeur intrinsèque. Les premiers Mammifères avaient des mœurs nocturnes et discrètes ; ils ont probablement adopté le système pratique des odeurs pour pouvoir communiquer entre eux, et, pour la plupart, l'odeur est restée le signal social le plus important. (Les Humains sont une exception, car leur sens de l'odorat est très pauvre, et nous ignorons tous ces messages.) Les glandes odorantes qui créent les odeurs sont, de même que les glandes mammaires, dérivées des glandes sudoripares.

< *Un Guépard marque son territoire en vaporisant une odeur par sa glande anale. La plupart des Mammifères délimitent ainsi leur territoire, et les animaux sociaux transmettent l'odeur aux autres membres du groupe pour faciliter la reconnaissance. Un Chat qui se frotte contre les jambes de son maître y dépose l'odeur d'une glande située sur le côté de sa tête.*

On considère généralement que les Placentaires sont les animaux les plus évolués

Les Monotrèmes

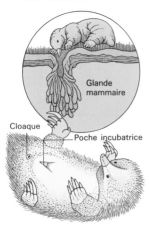

∧ *L'œuf de l'Échidné est recouvert de mucus qui le protège dans une poche rudimentaire. Le petit naît après une semaine, long de 1,25 cm.*

Les Monotrèmes

Les Monotrèmes actuels forment un tout petit ordre, qui comprend seulement les Ornithoryn-ques d'Australie et deux espèces d'Échidnés d'Australie et de Nouvelle-Guinée. Lorsqu'un spécimen d'Ornithorynque fut envoyé en Angle-terre, au début du XIXe siècle, on crut à une supercherie. Quelqu'un avait apparemment cousu le bec d'un Canard sur le corps d'une Lou-tre. Pourtant, l'Ornithorynque possède réelle-ment un grand bec et aucune dent : il filtre la vase des étangs en quête de petits animaux aquatiques. Il utilise ses larges pattes pour nager (d'où son apparence de Loutre) et creuser. Les Échidnés diffèrent un peu des Ornithorynques. Ils ressemblent à de grands Hérissons avec un étrange museau tubulaire, et se nourrissent de Fourmis et de Termites.

Les différences superficielles entre ces ani-maux viennent de leur spécialisation à des habi-tats écologiques particuliers, et ont tendance à masquer l'étrange caractéristique commune : ils pondent des œufs. L'Ornithorynque femelle incube ses œufs au fond d'un terrier, tandis que les Échidnés ont une poche rudimentaire sur leur ventre, dans laquelle l'unique œuf est gardé. Au moment de l'éclosion, les jeunes sont tout petits et sous-développés ; ceux des Échidnés restent assez longtemps dans la poche. Ils se nour-rissent du lait coulant du ventre, sans mamelon, de leur mère, bien que leurs léchages continus sur sa peau créent des « pseudomamelons ».

Les Monotrèmes restent une énigme pour les paléontologistes. Certaines caractéristiques de leur crâne (dont l'oreille interne, avec ses trois os issus de la mâchoire reptilienne) sont étonnam-ment modernes et les rapprochent des autres Mammifères actuels, ce qui impliquerait que la ponte des œufs se soit maintenue très long-temps dans l'évolution mammalienne. A l'inverse, si les Monotrèmes sont des dérivés d'un tronc mammalien primitif, l'organisation complexe de l'oreille s'est alors développée indé-pendamment, mais exactement de la même manière que chez les autres Mammifères vivants, ce qui est très peu probable. Voilà une énigme qui ne sera résolue qu'avec la décou-verte d'autres fossiles mammaliens.

Au Jurassique et au Crétacé, les premiers Mammifères se sont séparés en plusieurs lignées. Tandis que la majorité étaient de petits animaux, certains devinrent aussi gros que des Chats. Ils ne pouvaient pourtant pas rivaliser avec les Dinosaures et n'ont jamais été très répandus. Les fossiles de Mammifères du Mésozoïque sont si rares que plusieurs espèces ne sont connues que par quelques dents.

C'est au Crétacé inférieur, à l'apogée des Dinosaures, que de nouveaux Mammifères sont apparus : c'étaient les ancêtres des Mammifères actuels. Tous les autres Mammifères primitifs du Mésozoïque ont disparu en même temps que les Dinosaures, ou peu après.

Après l'œuf

Les Mammifères actuels sont divisés en trois groupes : Monotrèmes, Marsupiaux et Placentaires (ou Euthériens), d'après leur mode de reproduction. Les Monotrèmes pondent des œufs à coquille membraneuse comme ceux des Reptiles, mais ils allaitent leurs petits ; les jeunes éclosent au tout début de leur développement, et il en est de même des Marsupiaux comme les Kangourous et les Opossums. Les Marsupiaux donnent naissance à des embryons qui rampent sur la fourrure de leur mère jusqu'à une poche dans laquelle ils continuent de se développer et se nourrissent de lait. Chez les Placentaires, considérés comme des Mammifères très évolués, les jeunes ne naissent pas avant d'être déjà bien développés, et un organe nutritif, le placenta, les relie à l'utérus maternel. Le placenta est un dérivé de la membrane allantoïde que l'on trouve dans les œufs amniotiques (voir p. 101), et constitue une barrière sélective. Les sangs de la mère et de l'embryon se côtoient, mais ne se mélangent pas. Les éléments nutritifs et l'oxygène pénètrent dans l'embryon, les déchets et le dioxyde de carbone en sortent. Le placenta sert d'obstacle immunologique et empêche le système immunitaire de la mère de considérer l'embryon comme un corps étranger. Puisque l'embryon se nourrit par le placenta, sa naissance peut être repoussée jusqu'à ce qu'il soit déjà bien formé : certains jeunes peuvent se tenir sur leurs pattes et courir quelques heures après leur naissance. Mais, dès la naissance, tous se nourrissent de lait pendant une période qui varie de quelques jours à plus de un an. La production de lait est un caractère important, commun au mode de reproduction des trois groupes de Mammifères.

< *Ornithorynque femelle avec ses petits, dans son terrier. Ils se nourrissent de lait pendant cinq mois ; ils ne sucent pas de pseudomamelon, comme les Échidnés, mais lèchent la fourrure de la mère.*

∧ *Un jeune Kangourou peut continuer de téter, après avoir quitté la poche, jusqu'à l'âge de un an. La composition du lait tété par le jeune diffère de celle du lait qui nourrit les petits.*

Les Mammifères marsupiaux

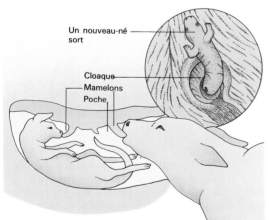

Un nouveau-né sort

Cloaque
Mamelons
Poche

∧ *Le Kangourou lèche son pelage pour l'humidifier, avant de mettre bas. Cela permet au petit de ramper jusqu'à la poche marsupiale, où il reste pendant six mois.*

> *Le développement à l'intérieur de l'utérus maternel contribue au succès des Placentaires, mais les avantages qu'il procure ne sont pas bien définis.*

Les Mammifères placentaires

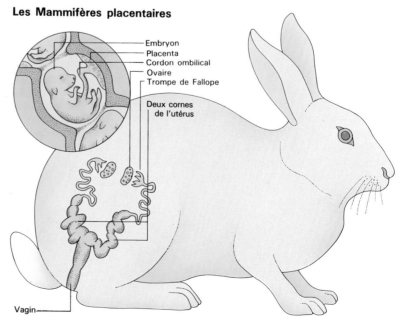

Embryon
Placenta
Cordon ombilical
Ovaire
Trompe de Fallope

Deux cornes de l'utérus

Vagin

Pendant plusieurs millions d'années, les Mammifères ont conservé une petite taille et se sont nourris de Plantes ou d'Invertébrés

Les Mammifères actuels

Ils sont apparus au Crétacé inférieur et, dès le Crétacé supérieur, on peut distinguer Marsupiaux et Placentaires. Ces deux groupes se sont séparés en plusieurs lignées au Crétacé supérieur, et surtout au Tertiaire inférieur après l'extinction des Dinosaures.

La plupart des premiers Marsupiaux étaient petits et ressemblaient aux Opossums. Ils sont apparus aux Amériques, puis se sont dispersés de l'Amérique du Nord en Europe, Afrique et Asie et de l'Amérique du Sud en Antarctique et Australie, qui formaient alors un seul continent. La majorité des Marsupiaux a ensuite disparu, mais a survécu et s'est diversifié en Australie et en Amérique du Sud, à la faveur de l'isolement de ces continents (voir pp. 122-123).

Les Primates furent un des premiers groupes de Mammifères placentaires à se répandre, bien qu'à cette époque ils ressemblassent à des Souris et fussent arboricoles.

Pendant plusieurs millions d'années, tous les Mammifères ont gardé une petite taille et se sont nourris de Plantes et d'Invertébrés. Les plus grands Carnivores étaient encore les Crocodiles et des Oiseaux géants qui ne volaient pas, comme le *Diatryma* au terrible bec crochu. Mais de plus grands Mammifères sont apparus et ont remplacé ces prédateurs archaïques. Parallèlement, des Rongeurs à forme d'Écureuil sont apparus et se sont répandus, remplaçant la plupart des Primates en tant qu'Herbivores arboricoles. Les Rongeurs ont l'avantage d'avoir des dents qui ne s'arrêtent pas de pousser, et sont donc bien équipés pour se nourrir de Plantes abrasives. Ce recul des Primates n'a été que temporaire, et ceux qui avaient survécu aux Rongeurs ont donné les Tarsiers, Loris, Lémurs, Singes et Pongidés.

Le monde à l'Éocène

Vers la fin de l'Éocène, il y a 40 millions d'années, beaucoup de Mammifères ressemblaient à ceux d'aujourd'hui. Musaraignes et Hérissons avaient survécu à l'ère des Dinosaures ; c'est l'époque de l'apparition des Lapins, des Chauves-souris et des Chevaux miniatures. Par contre, d'autres animaux ne ressemblaient en rien à ceux d'aujourd'hui, par exemple le *Uintatherium*, dont l'énorme tête présente une multitude d'os noueux. Les variations du climat et de la végétation ont fait disparaître ces animaux, ainsi que d'autres Herbivores tout aussi gigantesques.

La plupart des grands Carnivores ont aussi disparu. Ils comprenaient certaines monstruosités comme l'*Andrewsarchus*, imposant animal à l'allure de Chien, mesurant plus de 5 m. Mais dans les arbres se trouvaient les précurseurs des Carnivores actuels : de petits animaux longs, appelés Miacidés, qui ressemblaient aux Civettes et aux Belettes. Les Civettes actuelles sont proches des ancêtres des Chats et des Hyènes, alors que les Belettes sont proches de l'ancêtre des Chiens et espèces voisines (l'autre grand groupe de Carnivores) qui ont donné les Ours, Otaries, Ratons laveurs, Pandas, Blaireaux et Loups.

Les premiers animaux, dont les ongles sont en forme de sabot au lieu de griffe, sont apparus à l'Éocène, et, depuis, des Herbivores à sabots de plus en plus grands se sont développés. Le groupe des Mammifères à sabots, les Ongulés, s'est rapidement scindé en deux groupes : les Artiodactyles (Ongulés à nombre pair d'orteils) et les Périssodactyles (Ongulés à nombre impair d'orteils). Les Artiodactyles actuels incluent les Antilopes, les Cerfs, les Girafes, les Chèvres, les Cochons, les Hippopotames, les Chameaux et les Lamas, tandis que les Périssodactyles sont représentés par les Chevaux, les Zèbres, les Tapirs et les Rhinocéros.

∧ *Un Marsupial : l'Opossum d'Amérique du Sud.*

Les Opossums américains

Presque tous les Marsupiaux actuels vivent en Australie, mais quelques espèces de Rats-marsupiaux et d'Opossums ont survécu en Amérique du Sud. L'une d'elles, l'Opossum de Virginie, s'est ensuite répandue en Amérique du Nord et jusqu'au Canada. Les Opossums américains se sont bien développés, grâce à leur faculté de digérer toutes sortes d'aliments. Ce régime indifférencié leur a permis de survivre, il y a 65 millions d'années, lorsqu'ils ont prospéré après l'époque des Dinosaures. Aujourd'hui, ils s'attaquent aux poubelles et se nourrissent d'animaux tués sur les routes.

∧ *Une Civette africaine, parente des Chats et des Hyènes.*

∧ > *A l'origine, la plupart des Périssodactyles étaient des animaux forestiers, comme le Tapir actuel (ci-dessus), qui ont disparu avec les forêts. Les Girafes (à droite) sont des Artiodactyles spécialisés pour se nourrir dans les arbres.*

Lorsque les premiers Herbivores ont commencé à se nourrir surtout de Graminées,
ils ont sans doute entretenu, voire créé, certaines prairies ouvertes

∧ *Deux Zèbres accélèrent, alors qu'un Guépard se rapproche d'eux. La « course aux armements » entre les prédateurs et les proies a conduit à d'étonnants résultats chez les Mammifères. Les Guépards peuvent courir jusqu'à 110 km/h.*

< *Les Dik-dik sont des Antilopes aux mœurs cachées et nocturnes, et elles communiquent par des odeurs. Ici, un Dik-dik dépose l'odeur d'une glande qu'il a sous l'œil.*

Mœnitherium
38 millions d'années

Trilophodon
26 à 2 millions d'années

Platybelodon
12 à 7 millions d'années

Mammithera imperator
2 millions d'années

Les extinctions du Pléistocène

De nombreux Mammifères se sont éteints à la fin de l'époque glaciaire, il y a entre 10 000 et 15 000 ans. On estime que 200 genres ont disparu. Beaucoup constituaient la « mégafaune ». Il existe à présent une importante controverse sur l'origine de ces extinctions.

L'hypothèse de l'« extermination du Pléistocène » suggère que les extinctions ont été provoquées par les premières populations qui possédaient suffisamment de technique de chasse pour s'attaquer à de grands animaux. Pendant le recul des derniers glaciers en Amérique du Nord, le taux d'extinction a augmenté de manière dramatique. Les taux les plus élevés, qui remontent à 10 000 ans, correspondent à une expansion de l'espèce humaine. Mammouths et Rhinocéros laineux s'éteignaient, alors que Chameaux et Chevaux disparaissaient du Nouveau Monde. Les Mammouths impériaux et les Paresseux géants ont disparu d'Amérique du Sud à peu près à l'époque de l'arrivée des Humains.

Une autre théorie suggère que les extinctions ont été causées par les modifications de l'environnement associées au recul des glaciers.

< La tendance à l'augmentation de la taille, représentée ici chez les Éléphants, est fréquente chez les Mammifères. Elle était à son apogée avec la mégafaune de l'époque glaciaire et comprenait alors des espèces géantes de Rhinocéros, de Cerfs, de Castors, de Phacochères et de Pongidés, de même que le Mammouth impérial.

Loxodonta africana
Éléphant actuel d'Afrique

Transformer son propre habitat ?

Les deux groupes d'Ongulés, Artiodactyles et Périssodactyles, ont suivi une évolution parallèle. Ils ont développé des dents fortes qui s'usent peu pour mastiquer les plantes, et un appareil digestif qui se sert de Bactéries pour décomposer le plus indigeste des éléments nutritifs : la cellulose. La taille de certains s'est accrue, et leurs pattes se sont allongées, permettant une course rapide. Cette élongation s'est produite en même temps qu'une perte de « doigts », passés de cinq à un chez les Chevaux, et de cinq à deux chez les Antilopes. Mais tous ne sont pas devenus rapides et élancés, certains sont devenus forts et lourds comme les Rhinocéros et les Hippopotames.

Cette évolution des Herbivores a accompagné les changements climatiques du globe, qui s'est asséché et dont les forêts ont fait place aux prairies. De nombreux Herbivores, et en particulier les ancêtres des Antilopes et des Chevaux, se sont adaptés au nouvel environnement en se nourrissant d'herbes, au lieu de feuilles et de fruits mous, et en développant les dents et l'appareil digestif nécessaires pour s'adapter à ces nouveaux végétaux abrasifs. Certains biologistes pensent quen se nourrissant d'herbes les premiers Herbivores sont parallèlement devenus des promoteurs du changement, car le fait même de pâturer a agi sur l'environnement. Les Graminées diffèrent beaucoup des autres plantes, car elles poussent à partir de la base. Lorsqu'elles sont broutées, elles repoussent rapidement, alors que les arbres et les arbustes sont détruits ou très bougris. Par conséquent, les animaux brouteurs maintiennent et, peut-être même, créent les prairies en empêchant toutes les autres plantes de se développer.

Bien que l'on ne sache pas si elle provient du changement du climat ou de l'action des brouteurs, il est néanmoins certain qu'une transformation des forêts en prairies s'est produite au cours du Miocène. Les arbres étant détruits, la source alimentaire des brouteurs s'est accrue, mais, dans cet habitat ouvert, ces derniers sont devenus plus vulnérables aux prédateurs que précédemment. La dissimulation et l'existence solitaire des animaux forestiers n'étaient plus nécessaires, et les survivants étaient ceux qui pouvaient courir. Plus les Herbivores sont devenus rapides et élancés, plus les Carnivores le sont aussi devenus, et une « course aux armements » biologique s'est mise en route.

Plus grand... et plus brillant !

Tandis que Chevaux et Antilopes devenaient de plus en plus légers pour échapper aux prédateurs, d'autres Herbivores ont développé des peaux très épaisses et un physique robuste. Le Rhinocéros et le Buffle actuels sont des reliques de cette tendance, mais ce ne sont que des nains devant le *Baluchitherium* qui pesait plus de 16 tonnes. Alors que ces grands et lourds Herbivores évoluaient, quelques prédateurs en ont fait leurs proies, comme les Tigres à dents de sabre, dont les longues dents pointues pouvaient pénétrer la plus épaisse des cuirasses. Il se sont ensuite spécialisés dans la chasse au Mammouth et ont disparu à la fin de l'époque glaciaire avec leurs proies.

Le développement de l'intelligence de nombreux Mammifères leur a permis une grande réussite. Ils pouvaient apprendre plus rapidement que d'autres, et savaient mieux s'adapter qu'eux pour survivre. Certaines espèces de Mammifères, les prédateurs qui traquent leurs proies ou les Omnivores opportunistes comme les Rats et les Ours, ont pu, grâce à la ruse et à leur faculté d'adaptation, se développer avec succès. Chez d'autres Mammifères, une intelligence plus grande correspond à un groupe social très uni où la survie est un problème de coopération, comme chez les Cétacés et les Primates.

L'évolution et la dérive des continents

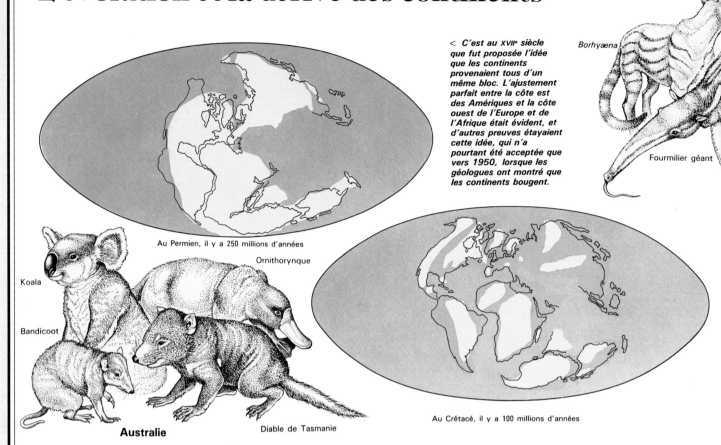

Au Permien, il y a 250 millions d'années

Au Crétacé, il y a 100 millions d'années

Borhyaena

Fourmilier géant

Ornithorynque

Koala

Bandicoot

Australie

Diable de Tasmanie

< *C'est au XVIIᵉ siècle que fut proposée l'idée que les continents provenaient tous d'un même bloc. L'ajustement parfait entre la côte est des Amériques et la côte ouest de l'Europe et de l'Afrique était évident, et d'autres preuves étayaient cette idée, qui n'a pourtant été acceptée que vers 1950, lorsque les géologues ont montré que les continents bougent.*

L'évolution et la dérive des continents

L'évolution des Mammifères, plus que celle de tout autre groupe animal, a été influencée par la dérive des continents et les changements du niveau marin. La séparation du supercontinent de Pangée, qui existait au Permien et au Trias, a débuté au Jurassique. Au Paléocène, lorsque les Mammifères ont commencé leur diversification, les continents dérivaient déjà vers leur position actuelle. Les populations mammifères ont été isolées les unes des autres, et la diversité que l'on trouve chez les Mammifères actuels provient en grande partie de ces événements.

Australie

Les Marsupiaux sont arrivés en Australie avant sa séparation de l'Antarctique. Loin de la compétition qui les supplantait en d'autres endroits, ils ont profité d'une période de 50 millions d'années pour se développer (voir p. 124). Par la suite, sa dérive vers le nord a rapproché l'Australie de l'Asie du Sud-Est. Les bas niveaux marins, surtout pendant l'époque glaciaire, ont permis des échanges entre leur petite faune : quelques Souris et Rats ont envahi l'Australie, alors que des Monotrèmes et des Marsupiaux montèrent en Nouvelle-Guinée. Les Chauves-souris vinrent aussi du sud, et les premiers immigrants humains ont apporté des Chiens, appelés maintenant Dingos. Lapins et autres animaux sont arrivés avec la colonisation européenne. Les Marsupiaux ont résisté à ces invasions, prouvant qu'ils pouvaient faire concurrence aux Placentaires. Les Monotrèmes pondeurs, qui ont survécu seulement en Australie, présentent aussi une souplesse étonnante. Une longue période à l'écart du reste du monde a permis à un groupe prolifique de sortir de ce tronc primitif.

Afrique

Un ensemble de facteurs a maintenu l'Afrique éloignée de l'Europe et de l'Asie, de la fin du Crétacé au Miocène. Les premiers Mammifères y étaient pourtant déjà installés, et ils ont évolué selon plusieurs lignées distinctes. Parmi les premiers d'entre eux, on trouve les Damans, dont un géant de la taille d'un Rhinocéros. Seuls subsistent les petits Damans des arbres et des rochers. Lointains parents des Damans, les Éléphants sont apparus durant la période d'isolement de l'Afrique ; de même un brouteur, aujourd'hui disparu, l'Arsinotherium, encombrante créature à deux cornes. Les Insectivores ont aussi donné une famille unique, les Musaraignes à trompe. Si les Primates proviennent d'Europe et d'Amérique du Nord, ils n'y ont pas survécu, sans doute à cause de l'expansion des Rongeurs, mais ils se sont développés en Afrique et en Amérique du Sud. Ceux d'Afrique diffèrent de leurs cousins d'Amérique, produisant, par exemple, des Babouins, puis des Pongidés, et finalement l'espèce humaine.

Madagascar

Proche du continent africain au Crétacé, Madagascar s'en est éloigné au Paléocène pour une existence insulaire. La future île emporta avec elle les premiers Primates d'où sont issus les Lémures, les Microcèbes, les Indris et les Ayes-ayes. Dans tous les autres endroits du globe, la plupart de ces Primates se sont éteints en raison de la compétition avec des Singes plus intelligents et à meilleure faculté d'adaptation. Les seuls Primates primitifs qui aient survécu en dehors de Madagascar sont les Loris et les Tarsiers, de petits animaux nocturnes qui habitent les forêts d'Afrique et d'Asie.

< *Les faunes d'Australie et d'Asie du Sud-Est se sont un peu mélangées, mais une barrière les sépare toujours : le canal d'eau profonde près des Célèbes. Découvert par Wallace, le codécouvreur de la sélection naturelle, on l'appelle encore « ligne de Wallace ».*

∧ *Un ensemble étonnant d'animaux a évolué en Amérique du Sud durant sa phase d'isolement. Darwin découvrit des fossiles d'espèces disparues, lors de son expédition sur le Beagle. Une comparaison avec deux espèces actuelles, Paresseux et Fourmiliers, le convainquit qu'une évolution avait eu lieu.*

> ∨ *L'Afrique n'a pas été isolée pendant aussi longtemps que l'Amérique du Sud, et ne présente donc pas autant d'animaux étrangers. Mais les Lémurs de Madagascar sont le seul vestige des premiers Primates. La destruction des forêts menace maintenant beaucoup d'espèces.*

Madagascar

Lémur

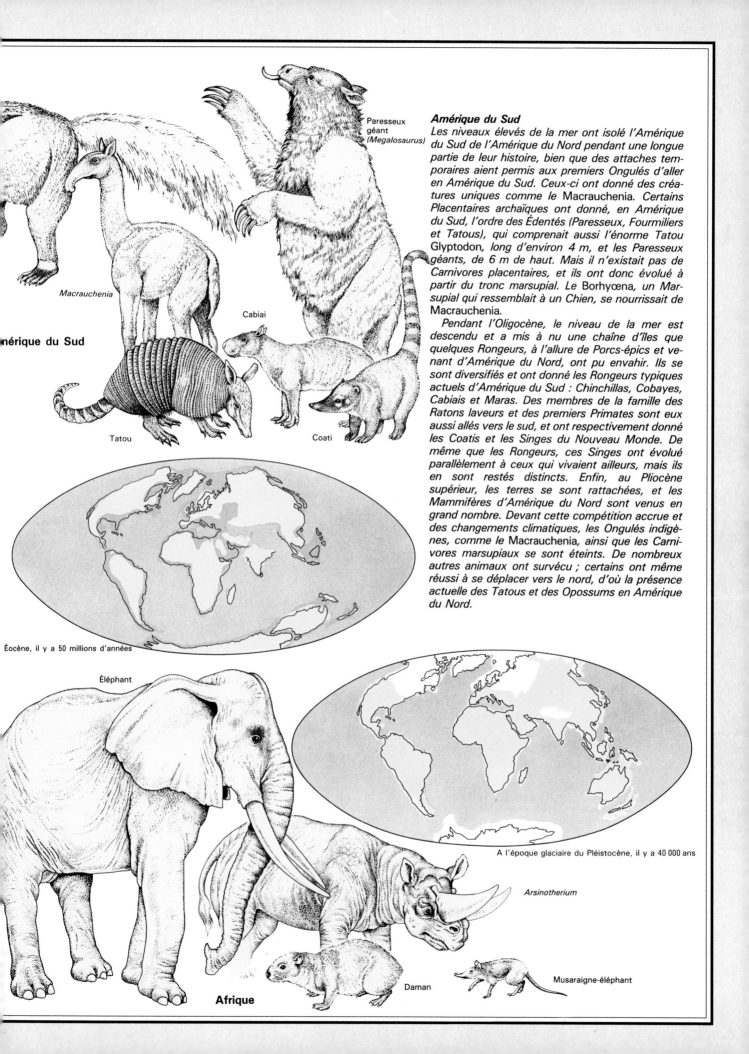

Paresseux géant (*Megalosaurus*)

Macrauchenia

Cabiai

Amérique du Sud

Tatou

Coati

Amérique du Sud

Les niveaux élevés de la mer ont isolé l'Amérique du Sud de l'Amérique du Nord pendant une longue partie de leur histoire, bien que des attaches temporaires aient permis aux premiers Ongulés d'aller en Amérique du Sud. Ceux-ci ont donné des créatures uniques comme le Macrauchenia. Certains Placentaires archaïques ont donné, en Amérique du Sud, l'ordre des Édentés (Paresseux, Fourmiliers et Tatous), qui comprenait aussi l'énorme Tatou Glyptodon, long d'environ 4 m, et les Paresseux géants, de 6 m de haut. Mais il n'existait pas de Carnivores placentaires, et ils ont donc évolué à partir du tronc marsupial. Le Borhyœna, un Marsupial qui ressemblait à un Chien, se nourrissait de Macrauchenia.

Pendant l'Oligocène, le niveau de la mer est descendu et a mis à nu une chaîne d'îles que quelques Rongeurs, à l'allure de Porcs-épics et venant d'Amérique du Nord, ont pu envahir. Ils se sont diversifiés et ont donné les Rongeurs typiques actuels d'Amérique du Sud : Chinchillas, Cobayes, Cabiais et Maras. Des membres de la famille des Ratons laveurs et des premiers Primates sont eux aussi allés vers le sud, et ont respectivement donné les Coatis et les Singes du Nouveau Monde. De même que les Rongeurs, ces Singes ont évolué parallèlement à ceux qui vivaient ailleurs, mais ils en sont restés distincts. Enfin, au Pliocène supérieur, les terres se sont rattachées, et les Mammifères d'Amérique du Nord sont venus en grand nombre. Devant cette compétition accrue et des changements climatiques, les Ongulés indigènes, comme le Macrauchenia, ainsi que les Carnivores marsupiaux se sont éteints. De nombreux autres animaux ont survécu ; certains ont même réussi à se déplacer vers le nord, d'où la présence actuelle des Tatous et des Opossums en Amérique du Nord.

Éocène, il y a 50 millions d'années

Éléphant

A l'époque glaciaire du Pléistocène, il y a 40 000 ans

Arsinotherium

Daman

Musaraigne-éléphant

Afrique

Marsupiaux et Placentaires

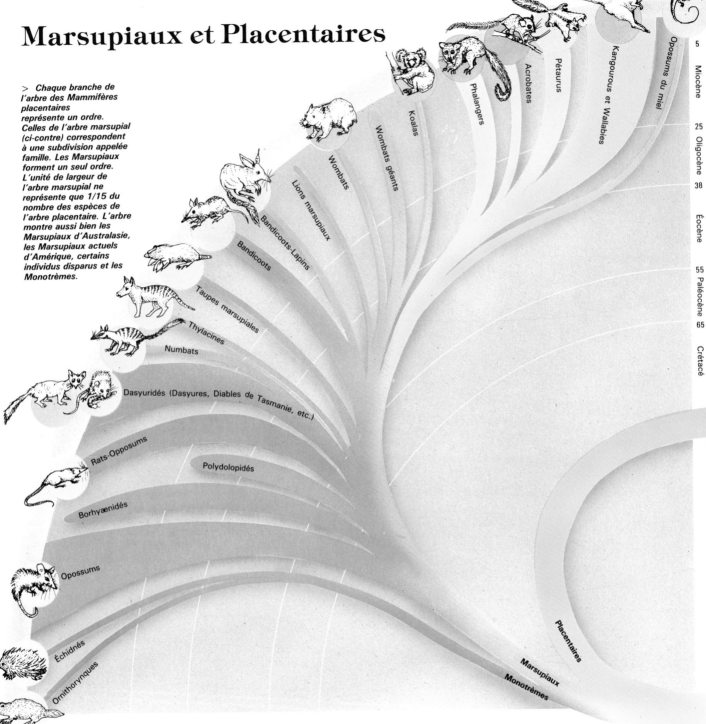

> Chaque branche de l'arbre des Mammifères placentaires représente un ordre. Celles de l'arbre marsupial (ci-contre) correspondent à une subdivision appelée famille. Les Marsupiaux forment un seul ordre. L'unité de largeur de l'arbre marsupial ne représente que 1/15 du nombre des espèces de l'arbre placentaire. L'arbre montre aussi bien les Marsupiaux d'Australasie, les Marsupiaux actuels d'Amérique, certains individus disparus et les Monotrèmes.

Miocène — 5

Oligocène — 25

— 38

Éocène — 55

Paléocène — 65

Crétacé

Opossums du miel

Kangourous et Wallabies

Pétaurus

Acrobates

Phalangers

Koalas

Wombats géants

Wombats

Lions marsupiaux

Bandicoots-Lapins

Bandicoots

Taupes marsupiales

Thylacines

Numbats

Dasyuridés (Dasyures, Diables de Tasmanie, etc.)

Rats-Opposums

Polydolopidés

Borhyaenidés

Opossums

Échidnés

Ornithorynques

Placentaires

Marsupiaux

Monotrèmes

Des parallèles étroits

L'évolution parallèle, ou convergente, des Placentaires et des Marsupiaux a donné plusieurs espèces qui se ressemblent beaucoup. La Taupe marsupiale, par exemple, et les diverses Taupes placentaires (membres de l'ordre des Insectivores) ont toutes des pattes antérieures élargies pour creuser, et des yeux vestigiaux ; la forme de leur corps est presque identique. Le Thylacine, Loup marsupial, et les membres de la famille du Loup et du Chien sont très proches. Le Dasyure, petit Marsupial carnivore, ressemble à nos Fouines. Les Prosimiens, membres de l'ordre des Primates, qui comprend les Lémurs et les Tarsiers, sont la copie des Acrobates et des Phalangers — Marsupiaux qui se nourrissent d'Insectes et de la gomme des arbres. Les espèces mangeuses de Fourmis se ressemblent aussi : le Numbat (Marsupial) et le Fourmilier géant d'Amérique du Sud ont l'un comme l'autre une trompe tubulaire et une longue langue gluante.

Des ressemblances d'ensemble

Il existe une ressemblance superficielle entre les petites « Souris » marsupiales, membres des Dasyuridés, et les Souris placentaires, qui sont des Rongeurs. Mais les Souris placentaires se nourrissent de graines, tandis que les Souris marsupiales sont carnivores, un peu comme les Musaraignes placentaires. Peu d'espèces marsupiales se nourrissent de graines, sans doute parce que les graines de nombreuses plantes australiennes sont utilisées par les Fourmis. Celles-ci transportent généralement les graines vers leur habitat et les protègent ainsi des animaux mangeurs de graines. Les Rongeurs fouisseurs, qui se nourrissent de racines, ont un sosie écologique dans les Phascolomes marsupiaux. Lorsque l'on prend aussi en considération les Marsupiaux éteints, d'autres parallèles apparaissent. Il existait des « Lions marsupiaux », et un « Ours marsupial » fossilisé. Les Marsupiaux ont aussi donné des espèces géantes, tout comme les Placentaires.

∧ Les Mammifères marsupiaux actuels se sont développés dans un isolement total en Australie, alors que les Mammifères placentaires évoluaient partout ailleurs. Il s'est donc créé deux faunes mammaliennes indépendantes. Il existe 3 750 espèces de Mammifères placentaires, mais seulement 250 de marsupiales, et cela, seulement parce que leur distribution est limitée. Les Placentaires ont exploité une grande variété d'habitats et sont donc très diversifiés.

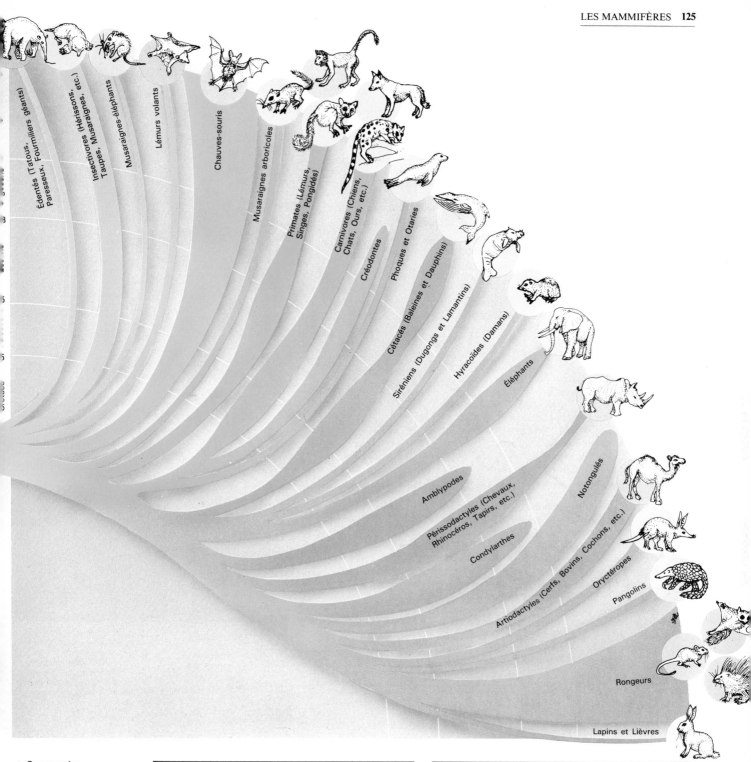

Édentés (Tatous, Fourmiliers géants, Paresseux)

Insectivores (Hérissons, etc.) Taupes, Musaraignes,

Musaraignes-éléphants

Lémurs volants

Chauves-souris

Musaraignes arboricoles

Primates (Lémurs, Singes, Pongidés)

Carnivores (Chiens, Chats, Ours, etc.)

Créodontes

Phoques et Otaries

Cétacés (Baleines et Dauphins)

Siréniens (Dugongs et Lamantins)

Hyracoïdes (Damans)

Éléphants

Amblypodes

Périssodactyles (Chevaux, Rhinocéros, Tapirs, etc.)

Condylarthes

Notongulés

Artiodactyles (Cerfs, Bovins, Cochons, etc.)

Oryctéropes

Pangolins

Rongeurs

Lapins et Lièvres

∧ Comparer les Marsupiaux et les Placentaires présente un grand intérêt évolutif. Le plus surprenant, ce sont les parallèles étroits lorsque deux animaux partagent le même régime alimentaire, le même mode de vie, et se ressemblent. De nombreux groupes se ressemblent globalement, et quelques-uns ont des caractéristiques en commun, mais diffèrent d'autres manières. Dans l'ensemble, les différences l'emportent sur les ressemblances, car les deux groupes de Mammifères se sont développés à partir de troncs différents.

Des caractéristiques communes
Un certain nombre de groupes de Marsupiaux et de Placentaires ont quelques caractéristiques communes. Les Kangourous et les Wallabies vivent dans les mêmes habitats que certains Mammifères brouteurs. Ils mâchent tous des plantes, et leurs dents se ressemblent. Des bactéries facilitent la digestion de la cellulose dans les deux groupes, et l'estomac est compartimenté, de manière analogue, au bénéfice des Bactéries. Néanmoins, leur mode de locomotion est très différent. Deux espèces marsupiales, les Acrobates et les Pétaurus, ont des individus planeurs. Ils ressemblent aux Écureuils volants, de l'ordre des Rongeurs, et aux Lémurs volants. Les planeurs marsupiaux, eux, se nourrissent d'Insectes, de la gomme des arbres, de nectar et de pollen, tandis que les espèces placentaires sont végétariennes. Les Écureuils volants mangent noix, feuilles, bourgeons et écorce ; les Lémurs volants mangent des feuilles, des bourgeons et des fleurs.

Des groupes uniques
Les trois groupes de Mammifères marins (Baleines et Dauphins, Phoques et Otaries, Dugongs et Lamantins) sont des Placentaires. Il n'existe aucun Marsupial marin. C'est aussi seulement chez les Placentaires qu'existent de vrais animaux vôlants : les Chauves-souris. D'autres Placentaires, sans parallèles évidents, sont les Éléphants et des Primates supérieurs, Singes et Pongidés. Il n'existe pas d'animaux à cuirasse, comme les Tatous et les Pangolins, chez les Marsupiaux, pas plus que des animaux hérissés comme les Hérissons et les Porcs-épics, bien qu'il en existe chez les Monotrèmes. Aucun Marsupial n'est un animal unique, bien que le Koala mangeur d'Eucalyptus soit très particulier, et que l'Opossum du miel, qui se nourrit de nectar, ne ressemble à aucun autre animal. Quelques petits Placentaires, comme le Loir, se nourrissent parfois de nectar et de pollen, mais seules les Chauves-souris nectarivores sont adaptées à ce régime alimentaire.

Voir aussi
L'évolution pp. 7-18
La classification pp. 29-32

La conquête de l'air...

Un des groupes mammaliens les plus spécialisés et les plus surprenants est celui des Chauves-Souris. Il est apparu il y a plus de 50 millions d'années. Mais les Oiseaux existaient déjà ; il ne restait donc plus d'espaces pour d'autres animaux volants, tout du moins pendant le jour. Les Oiseaux, comme leurs ancêtres reptiliens, ont besoin de lumière pour se déplacer. Les Mammifères ont développé des sens nocturnes pendant l'ère des Reptiles, lorsque les Dinosaures dominaient la terre pendant le jour : la plupart avaient un odorat très développé et une ouïe excellente. Les Insectivores ont commencé à émettre des sons très aigus (ultra-sons) pour communiquer, comme le font les Musaraignes, et, de là, s'est développée l'écholocation, par laquelle ces ultra-sons sont interprétés pour avoir des informations sur le monde extérieur : le premier système radar. On pense qu'une forme simple de ce système existe chez les Musaraignes. Ce n'est que lorsque les Insectivores ont pris leur envol que l'écholocation s'est vraiment développée.

La principale source alimentaire des Chauves-souris était ces Insectes devenus nocturnes pour échapper à la prédation des Oiseaux. Dans les régions tempérées, on ne trouve que les Chauves-souris insectivores (Microchiroptera). Les tropiques offrent pourtant d'autres sources nutritives (fruit, nectar ou pollen) que les Chauves-souris frugivores (Megachiroptera) exploitent. Elles se nourrissent souvent au crépuscule et sont plus grandes, avec des yeux énormes et un radar moins évolué utilisant des fréquences que nos oreilles peuvent capter. De plus, elles volent lentement, et leur envergure mesure jusqu'à 1,50 m.

On observe chez les Microchiroptères une intéressante diversification. Sous les tropiques, on trouve quatre espèces qui attrapent des Poissons, trois qui sucent le sang (les Vampires), huit qui mangent de petits Mammifères, et quelques-unes qui chassent les Grenouilles. Cela peut être le début d'une nouvelle tendance évolutive chez les Chauves-souris, le début d'un rayonnement adaptatif (voir p. 14).

∨ *Les Lamantins ressemblent aux Baleines, mais ont évolué indépendamment. Les ongles crochus de leurs nageoires rappellent leur passé terrestre.*

∧ *Des ailes à la place des pattes antérieures empêchent, surtout chez les grandes Chauves-souris, de se déplacer aisément au sol. Mais certaines courent assez vite.*

... et de la mer

Les Mammifères marins ont connu plus de trois évolutions distinctes au cours de l'évolution mammalienne. Les plus spécialisés sont les Cétacés (Baleines et Dauphins), qui se sont tellement séparés de leur passé terrestre qu'ils meurent lorsqu'ils échouent ; les plus grands d'entre eux sont écrasés par la pression que la gravité exerce sur leur corps imposant. Ces créatures s'accouplent et se reproduisent dans l'eau, de même que le second groupe, celui des Dugongs et des Lamantins, de lents Mammifères herbivores qui habitent estuaires, lagons et rivières.

Le troisième groupe, et le moins spécialisé des trois, est celui des Phoques et des Otaries. Ils se reproduisent à terre, et ont conservé leurs pattes postérieures, leurs oreilles externes (chez les Otaries), les moustaches sensibles et d'autres caractères terrestres. On connaît mal l'origine de ces groupes, mais on croit savoir que les Baleines sont apparues dans les eaux côtières de l'Afrique pendant sa période d'isolement.

17

Aristote 384-322 av. J.-C.

*Les débuts de la science de la nature ; les atomes et
les quatre éléments premiers ; Hippocrate ; étudiant
de Platon ; Aristote sur Assos et Lesbos ; écrits ; le
Lycée ; la cosmologie et la téléologie d'Aristote.
PERSPECTIVE : centres d'étude ; roues, vis et
engrenages ; précepteur d'Alexandre le Grand ;
Aristote à travers le Moyen Age.*

« La philosophie commence par l'émerveillement, écrivait Aristote,
d'abord à propos des choses ordinaires, puis du Soleil et de la Lune
et des origines de l'Univers. » Mais pourquoi cet émerveillement a-
t-il conduit à l'étude rationnelle de la nature dans la Grèce antique,
plutôt qu'à Babylone ou en Égypte, où l'on disposait d'observations
précises des étoiles bien avant les Grecs ? Ces civilisations plus
anciennes étaient plus avancées techniquement que les Grecs, qui
furent initiés au commerce maritime sur la Méditerranée par les
Phéniciens. Peut-être cette opposition de cultures a-t-elle causé un
choc à la société de la Grèce archaïque. Et les Grecs ne tardèrent
pas à dépasser leurs maîtres phéniciens. Il se peut que leur enthousiasme pour les contrées étrangères les ait amenés à douter de leurs
propres traditions, par exemple de leurs mythes de création, qui,
comme d'autres, utilisaient l'acte sexuel comme métaphore de la
formation de la nature : « La Nuit engendra le Jour et le Soleil
brillant » ou « Le Père-Ciel imprégna la Terre-Mère ».

∧ ∨ *Vers le ıv⁰ siècle av. J.-C., les Grecs ne représentaient
déjà plus les forces de la nature par des déesses traditionnelles
comme Artémis (ci-dessous), maîtresse des animaux sauvages. Aristote (ci-dessus) fut le philosophe de la nature le plus
important du monde antique. Pendant deux mille ans, les
arguments et les théories des sciences exactes et de l'histoire
naturelle furent un long commentaire de son œuvre.*

Aristote jette les fondations

*Au jaillissement de la pensée scientifique
moderne se trouve Aristote, qui entretenait l'es-
poir de découvrir tout ce que l'on pourrait connaître sur la nature. Avant lui, les sages de la
Grèce antique avaient entrevu que la nature se
comporte d'une manière constante, uniforme et
avaient cherché une substance universelle au
fondement de tous les changements.*

*Aristote pensait que l'on devait décrire de
manière détaillée et objective toute chose particulière avant de formuler des théories de portée globale. Lorsque ce but ne pouvait être
atteint, comme en cosmologie, il admettait de
recourir à certains principes fondamentaux, tirés
en réalité de ses hypothèses de base sur la
physique. En ce qui concerne la zoologie, il créa
virtuellement une nouvelle science. Il fit de la
reproduction la question centrale de la biologie
et affirma l'existence d'un lien entre la structure
d'un organe et sa fonction.*

*Par la suite, les savants considérèrent son
œuvre comme le principal guide à la connaissance de la nature. Bien que Galilée ait remis
en cause les acquis d'Aristote, la nouvelle physique n'était pas sans présenter des points communs avec l'ancienne : Galilée montra qu'Aristote avait abouti à des conclusions erronées. Au
XVIIᵉ siècle, Aristote symbolisait la science
ancienne, entachée d'erreurs, renversée par une
science nouvelle qui s'appuyait sur des instruments et des techniques expérimentales incon-
nues jusque-là. En réalité, à de nombreux
égards, la science nouvelle accomplit l'idéal
d'Aristote d'une science objective, impersonnelle,
nelle, cohérente et de portée universelle.*

La science grecque

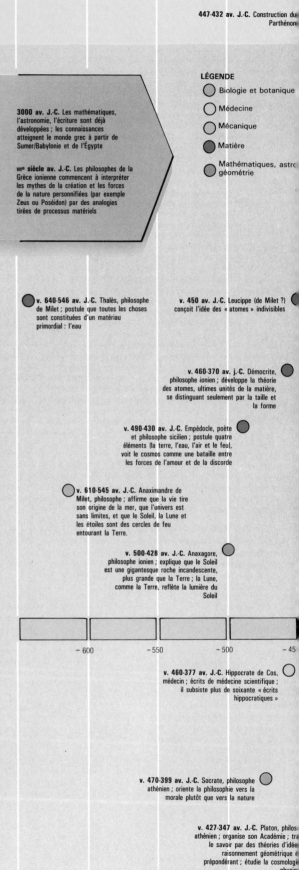

478-404 av. J.-C. Domination athénienne
sur la mer Égée

447-432 av. J.-C. Construction du
Parthénon

Des mythes de la création à la science de la nature

Presque toutes les cultures primitives ont décrit le monde naturel comme l'activité d'êtres pensants et animés de sentiments, aimant ou haïssant, violents ou tendres, à leur image. Les anciens mythes de création en étaient un exemple. Aux environ de 600 av. J.-C., les Grecs commencèrent à transcrire ces images de dieux et d'esprits en des analogies tirées de processus artisanaux. La nature perdit ainsi son caractère sacré et devint un ensemble d'objets dépourvus de toute volonté propre. Seules les choses vivantes, semblait-il, avaient le pouvoir de se mouvoir par elles-mêmes et étaient pourvues de sens ; ainsi, l'inanimé fut-il séparé du vivant et de ses sentiments.

La Bible donne toutefois une vision similaire de la nature : le créateur et les créatures y sont nettement distingués. Les penseurs de la Grèce antique eurent donc tendance à se rapprocher de la conception monothéiste d'une divinité abstraite et impersonnelle située au-delà du ciel, l'Esprit, la source de la raison dans la nature. Les premiers « philosophes », ainsi qu'ils s'appelaient, tentèrent d'expliquer les manifestations naturelles les plus spectaculaires et terribles et de montrer que les dieux, ou Dieu, n'étaient pas les êtres lascifs et vindicatifs de la légende. Ils voulurent montrer que le tonnerre n'exprime pas la colère d'un Zeus par trop humain et que la tempête sur mer ne signifie pas que Poséidon ait été offensé. Les phénomènes naturels comme les tremblements de terre, les inondations et les éclipses pouvaient être expliqués par des causes simples.

Les premiers sages grecs eurent souvent recours à des comparaisons avec des objets fabriqués, et donc sensés être compris et maîtrisés. Par exemple, en matière de cuisine, de poterie ou de soufflage du verre, en fournissant de la chaleur à des substances souples ou fluides, on leur donne des formes solides et des contours précis dont les propriétés diffèrent de celles des matières premières. Ils puisaient leurs analogies par exemple dans la construction, où l'on assemble de nombreux éléments de base en une structure complexe et stable, ou dans la sculpture, où l'on donne à un bloc de pierre brute une forme qui imite le corps humain. Si les processus requéraient parfois de la chaleur ou une action purement mécanique, les Grecs pouvaient également les expliquer par des événements naturels ordinaires : il en allait ainsi de l'évaporation et de la condensation, des tourbillons dans un fleuve...

Les premiers penseurs naturalistes de ce type vivaient dans les villes grecques de l'Ionie, formant aujourd'hui la côte occidentale de la Turquie. Les Grecs s'y établirent d'abord, à partir de leur patrie surpeuplée (la légende de la guerre de Troie fait probablement écho à cette migration). Lorsque les Grecs colonisèrent des régions vers le nord, et vers l'ouest en direction de la Sicile et de l'Italie, ils y diffusèrent leurs idées nouvelles. Selon Aristote, qui constitue la source de notre connaissance de ses prédécesseurs, le fondateur de la philosophie naturelle est Thalès (v. 640-546 av. J.-C.) de Milet, ville située au milieu de la côte ionienne. C'est à lui que l'on attribue d'avoir déclaré que toutes les choses venaient de l'eau, et que la terre flottait sur l'eau — son léger mouvement étant la cause des tremblements de terre. Il dit également que le monde est « animé » et rempli de divinités ; son naturalisme l'amena peut-être à une forme de panthéisme. Plus marquant pour le développement de la science est le fait que, depuis l'époque de Thalès, une succession de philosophes ioniens chercha à découvrir la chose fondamentale qui reste invariante dans tous les changements de la nature : quand l'eau gèle pour former de la glace ou s'évapore en vapeur ; quand une bûche se consume et forme des cendres ; quand une plante pousse, fleurit, puis meurt et disparaît.

LÉGENDE

Biologie et botanique

Médecine

Mécanique

Matière

Mathématiques, astro
géométrie

3000 av. J.-C. Les mathématiques, l'astronomie, l'écriture sont déjà développées ; les connaissances atteignent le monde grec à partir de Sumer/Babylonie et de l'Égypte

VIIe siècle av. J.-C. Les philosophes de la Grèce ionienne commencent à interpréter les mythes de la création et les forces de la nature personnifiées (par exemple Zeus ou Poséidon) par des analogies tirées de processus matériels

v. 640-546 av. J.-C. Thalès, philosophe de Milet ; postule que toutes les choses sont constituées d'un matériau primordial : l'eau

v. 450 av. J.-C. Leucippe (de Milet ?) conçoit l'idée des « atomes » indivisibles

v. 460-370 av. J.-C. Démocrite, philosophe ionien ; développe la théorie des atomes, ultimes unités de la matière, se distinguant seulement par la taille et la forme

v. 490-430 av. J.-C. Empédocle, poète et philosophe sicilien ; postule quatre éléments (la terre, l'eau, l'air et le feu), voit le cosmos comme une bataille entre les forces de l'amour et de la discorde

v. 610-545 av. J.-C. Anaximandre de Milet, philosophe ; affirme que la vie tire son origine de la mer, que l'univers est sans limites, et que le Soleil, la Lune et les étoiles sont des cercles de feu entourant la Terre.

v. 500-428 av. J.-C. Anaxagore, philosophe ionien ; explique que le Soleil est une gigantesque roche incandescente, plus grande que la Terre ; la Lune, comme la Terre, reflète la lumière du Soleil

– 600   – 550   – 500   – 45

v. 460-377 av. J.-C. Hippocrate de Cos, médecin ; écrits de médecine scientifique ; il subsiste plus de soixante « écrits hippocratiques »

v. 470-399 av. J.-C. Socrate, philosophe athénien ; oriente la philosophie vers la morale plutôt que vers la nature

v. 427-347 av. J.-C. Platon, philos athénien ; organise son Académie ; tra le savoir par des théories d'idée raisonnement géométrique prépondérant ; étudie la cosmologie physio

v. 570-500 av. J.-C. Pythagore de Samos, philosophe ; établit la théorie des nombres, enseigne (à Crotone, Italie du Sud) que les nombres et la géométrie sont les clés de la compréhension de l'univers

334 av. J.-C. Alexandre le Grand succède à Philippe, son père, et envahit l'Empire perse

390 av. J.-C. Mise à sac de Rome par les Gaulois

371 av. J.-C. Domination de Sparte
ʼèce et en Asie Mineure

146 av. J.-C. Les Romains achèvent la conquête de la Grèce

31 av. J.-C.-14 apr. J.-C. Règne d'Octave, premier empereur de Rome

313 apr. J.-C. Conversion de Constantin au christianisme

Œuvre scientifique d'Aristote

336 av. J.-C. Commence à assembler les matériaux en vue d'une encyclopédie de la connaissance

335-323 av. J.-C. A Athènes, rédige des cours sous forme de livres

A partir de 335 av. J.-C. Au Lycée, rassemble des manuscrits et des cartes, organise des recherches, suscite des travaux de ses étudiants sur de nombreux sujets

332 av. J.-C. Après la mort d'Aristote, Théophraste, son ami et successeur au Lycée, poursuit son œuvre, notamment sur les plantes

370-288 av. J.-C. Théophraste, naturaliste, de Lesbos ; effectue avec Aristote des travaux en histoire naturelle ; écrit un livre sur les plantes ; en 323, succède à Aristote à la tête du Lycée

v. 345-342 av. J.-C. Étudie l'histoire naturelle, notamment dans les eaux côtières de Lesbos

288 av. J.-C. Straton de Lampsaque (mort en 271 av. J.-C.) succède à ʼhéophraste au Lycée ; affirme dans sa ʼcanique que tout ce qui existe résulte des poids et mouvements naturels

Vie publique et vie privée

340 av. J.-C. Retourne probablement à Stagire

v. 342 av. J.-C. Retourne en Macédoine, devient le précepteur d'Alexandre, fils de Philippe

384 av. J.-C. Aristote naît à Stagire en Chalcidique, Macédoine ; son père était médecin du roi macédonien

v. 345-342 av. J.-C. Vit à Mytilène à Lesbos. Étudie l'histoire naturelle

322 av. J.-C. Meurt à Chalcis, capitale d'Eubée

323 av. J.-C. Chassé d'Athènes en raison de ses sympathies macédoniennes. Se rend sur l'île d'Eubée où il possède des terres

Élevé par son beau-frère

v. 367 av. J.-C. Se rend à Athènes pour étudier à l'Académie de Platon ; passe vingt ans auprès de Platon

335 av. J.-C. Revient à Athènes et organise sa propre école au Lycée

355 av. J.-C. Eudoxe, ʼématicien ionien ; explique le ʼcement des planètes comme ʼements de sphères cristallines ʼcentriques

v. 347-345 av. J.-C. Vit à Assos sur la côte ionienne (Turquie) ; rencontre avec Théophraste

Épouse Pythias qui meurt en donnant le jour à un enfant nommé également Pythias ; plus tard, vit avec Herpyllis, de Stagire, qui lui donne un fils, Nicomaque

− 350	− 300	− 250	− 200	− 150	− 100	− 50	0	50	100	150	200	300	400	500

J.-C. Ptolémée II fonde le Musée ʼxandrie qui devient le centre des études grecques

v. 262 av. J.-C. Naissance d'Apollonios de Perga, mathématicien alexandrin. Travaux sur les sections coniques et les mouvements planétaires

Iᵉʳ siècle apr. J.-C. Héron d'Alexandrie, mathématicien et inventeur ; fabrique des appareils à vapeur ; travaux de métrique, d'optique et de mécanique

v. 130-200 apr. J.-C. Galien de Pergame, médecin alexandrin à la cour de Rome ; résume la médecine classique

v. 310-230 av. J.-C. Aristarque de Samos, astronome alexandrin ; découvre que le Soleil est plus grand que la Terre ; enseigne que la Terre est en orbite autour du Soleil immobile

127-148 apr. J.-C. Claude Ptolémée, astronome, mathématicien et géographe d'Alexandrie ; fait la synthèse de l'astronomie grecque, notamment de la cosmologie géocentrique

489, 529 apr. J.-C. Les empereurs romains Zénon et Justinien ferment l'école nestorienne d'Édesse et l'Académie d'Athènes, provoquant le départ des savants vers l'est

273-192 av. J.-C. Ératosthène de Cyrène, bibliothécaire du Musée d'Alexandrie ; mesure la circonférence de la Terre et dresse la carte du monde connu

IIᵉ siècle av. J.-C. Hipparque de Rhodes, un des premiers astronomes méthodiques ; d'après Ptolémée, a découvert la précession des équinoxes, dresse le premier catalogue complet des étoiles ; travaux en trigonométrie

v. 300 av. J.-C. Euclide, mathématicien alexandrin, écrit les *Éléments*, fondements encore actuels d'une grande partie de la géométrie

VIIIᵉ-IXᵉ siècle Aristote et d'autres savants grecs sont traduits en syriaque

IXᵉ-Xᵉ siècle Aristote et d'autres savants grecs sont traduits en arabe

XIᵉ-XIIᵉ siècle Parmi les érudits arabes dans la tradition d'Aristote : Avicenne (Ibn Sina, 980-1037) et en Espagne Averroès (Ibn Rushd, 1125-1198)

XIIᵉ et XIIIᵉ siècle La plupart des œuvres qui subsistent d'Aristote sont traduites en latin

1543 La cosmologie géocentrique aristotélicianoptolémaïque remise en question par Nicolas Copernic ; Galilée utilise ses observations au télescope pour combattre la théorie géocentrique

1859 La « téléologie » d'Aristote est détrônée par *De l'origine des espèces* de Charles Darwin

v. 287-212 av. J.-C. Archimède de Syracuse, mathématicien et physicien ; travaux en mathématiques, hydrostatique, mécanique. Invente des machines de guerre, construit un planétarium

*« Tout événement naturel a une cause naturelle », disait Hippocrate, en parlant de la « maladie sacrée »
(l'épilepsie) et du transvestisme*

Atomes et éléments

Près d'un siècle après la mort de Thalès, le philosophe grec Leucippe, probablement originaire aussi de Milet, conçut l'idée d'« atomes », unités indivisibles (le mot signifie « qui ne peut être coupé ») ne différant que par la taille et la forme. Des atomes infiniment petits parsèment l'espace vide infini et toutes les combinaisons se produisent par choc ou accrochage. Tous les objets du monde, apparemment si divers, et tous les phénomènes de couleur, de texture, de solidité ou fluidité — tous les changements — peuvent être expliqués par l'assemblage d'atomes ou leurs déplacements kaléidoscopiques.

Ces idées furent développées à la fin du vᵉ siècle et au début du ivᵉ siècle av. J.-C. par Démocrite, élève de Leucippe, à qui Aristote attribue la formulation détaillée de la théorie atomique. Comme l'indique Aristote, les mots sont construits à partir de changements de l'ordre de quelques lettres — un livre peut ainsi être réduit à une vingtaine de symboles. Toute la diversité du monde peut être composée à partir de quelques éléments très simples.

Contemporain de Démocrite, le Grec sicilien Empédocle a dépeint l'univers comme une lutte perpétuelle entre l'amour et la discorde, chacun dominant tour à tour. Un monde harmonieux émerge de l'âge de l'amour. Pour cela, il faut quatre éléments primordiaux ou « racines », dont deux actives et deux passives. Ce sont la terre, l'eau, l'air et le feu. Plus tard, ces éléments furent repris par Platon qui leur donna un caractère géométrique.

Les premières tentatives d'utilisation des principes rationnels pour expliquer les maladies sont tout aussi importantes que celles visant à interpréter l'univers dans son ensemble et à montrer comment tous ses éléments s'étaient formés. Bien que les premiers médecins naturalistes aient été influencés par les philosophes et aient utilisé leurs termes de chaleur, froid, airs et eaux comme les causes fondamentales de la bonne ou de la mauvaise santé, ils poursuivaient leurs recherches. Les médecins grecs décrivaient tous les symptômes de maladie ; ils étaient capables d'émettre un diagnostic, et parfois même de prédire le cours d'une maladie.

Hippocrate : une médecine rationnelle

Parmi ces médecins, Hippocrate de Cos (v. 460-377 av. J.-C.) était renommé comme le meilleur médecin de son temps. On lui attribua, plus tard, plus de soixante livres et on le considéra comme le fondateur de la médecine scientifique. Il n'est certes pas l'auteur de l'ensemble de ces livres, aussi semble-t-il préférable de parler d'une école d'Hippocrate, de livres hippocratiques. Ils inaugurent néanmoins l'histoire de l'observation rigoureuse et de l'expérience.

Si les maladies ne nous sont pas envoyées par les dieux pour nous punir de nos péchés, quelles en sont alors les causes ? Vers la fin du vᵉ siècle av. J.-C., on se préoccupait beaucoup du fait que la nouvelle philosophie et la nouvelle médecine minaient l'ordre social et moral. Se détachant de l'étude de la nature pour celle du comportement humain, Socrate l'Athénien (v. 470-399 av. J.-C.) entreprit de construire une éthique rationnelle, qui exclurait toutes les hypothèses qui n'avaient pas fait l'objet d'une analyse. Mais, en remettant en question toutes les conventions et en révélant que de nombreuses croyances fortement ancrées n'étaient que préjugés, il se vit accusé de subvertir tout ce que les Athéniens avaient toujours admis. Aristophane, auteur de comédies, le tourna en dérision dans *Les Nuées* comme celui qui essayait de substituer aux dieux les forces naturelles et de renverser l'ordre établi. A la fin de la pièce, une foule en furie se déchaîne contre les « penseries » de

<< >> Pierre tombale du médecin grec Jason (IIe s. av. J.-C.). On le voit soignant un garçon à l'estomac distendu. A ses pieds, une gigantesque coupe de verre utilisée pour saigner les patients. Les médecins hippocratiques avaient une excellente connaissance des os et des articulations parce que les nombreux accidents survenant aux athlètes leur offraient des occasions d'étudier et d'effectuer des manipulations chirurgicales. Parmi les instruments chirurgicaux portables du IIe siècle av. J.-C. (à droite), on trouve des scalpels, des sondes et des forceps.

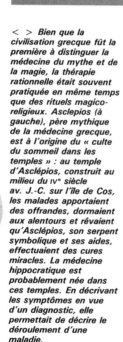

< > Bien que la civilisation grecque fût la première à distinguer la médecine du mythe et de la magie, la thérapie rationnelle était souvent pratiquée en même temps que des rituels magico-religieux. Asclépios (à gauche), père mythique de la médecine grecque, est à l'origine du « culte du sommeil dans les temples » : au temple d'Asclépios, construit au milieu du IVe siècle av. J.-C. sur l'île de Cos, les malades apportaient des offrandes, dormaient aux alentours et rêvaient qu'Asclépios, son serpent symbolique et ses aides, effectuaient des cures miracles. La médecine hippocratique est probablement née dans ces temples. En décrivant les symptômes en vue d'un diagnostic, elle permettait de décrire le déroulement d'une maladie.

< Portrait d'Hippocrate par un artisan byzantin au XIVe siècle. Les mythes grecs ont souvent dépeint les épidémies comme des châtiments envoyés par les dieux : au Ve siècle av. J.-C., ils continuaient à appeler l'épilepsie la « maladie sacrée ». Pour Hippocrate, toutes les maladies étaient également naturelles. Commentant la croyance des Scythes (peuple vivant au bord de la mer Noire) en une origine divine des cas de transvestisme parmi les nobles, il déclara que « tout événement naturel a une cause naturelle ». Même si la plupart des causes naturelles de maux variés décrits dans les livres hippocratiques se révélèrent finalement fausses, leur pincipe de base a été la clé de la science future. « Aider ou, au moins, ne pas faire de mal », l'essence de ce que l'on appelle le « serment d'Hippocrate », donna son éthique à la médecine.

Socrate — et il semble qu'Aristophane nous demande de l'approuver. Il n'est pas surprenant, dans ces conditions, que Socrate ait été condamné à mort en 399 pour « impiété ».

Les amis de Socrate défendirent sa mémoire contre ces accusations. Platon (v. 427-347 av. J.-C.), en particulier, se considérait comme son héritier. Il remplaça la littérature plus ancienne du poème philosophique, ou traité, par des dialogues, dans lesquels le narrateur principal (en général Socrate) expose le caractère confus de la pensée contemporaine et présente une doctrine nouvelle. Alors que Socrate était d'avis que les philosophes qui l'avaient précédé avaient passé trop de temps à étudier la nature, Platon s'intéressa à la cosmologie et à la physiologie humaine. Il insista également sur la suprématie du raisonnement géométrique pour une bonne compréhension des sciences.

Les académies grecques

Premières écoles

A la différence des grandes civilisations du Moyen-Orient, où les castes de prêtres avaient institutionnalisé la préservation et la transmission du savoir, les Grecs commencèrent par enseigner et étudier de manière totalement informelle. Les médecins furent probablement les premiers à s'organiser en écoles, avec un maître et des élèves. Les successeurs de Pythagore (v. 570-500 av. J.-C.) formèrent une communauté soumise à des règles particulières de comportement. Les sophistes constituèrent un autre groupe, proclamant qu'ils enseignaient la sagesse, comme les médecins la médecine ; ils passèrent maîtres dans l'art de réformer le comportement par l'éducation et la discussion.

L'Académie de Platon

Aux Vᵉ et IVᵉ siècles av. J.-C., les Athéniens Socrate et Platon critiquèrent l'enseignement des sophistes, qui les avait nourris. Un cercle d'étudiants se forma autour de Platon ; ils discutaient de certains aspects de la vie de la société et en vinrent à réfléchir aux questions concernant la nature, déjà abordées par des philosophes de la nature. Les disciples de Platon se réunissaient à l'Académie, gymnase public situé en dehors d'Athènes, où les jeunes gens pratiquaient des exercices militaires. Lorsqu'ils se reposaient, ils discutaient tout en se promenant. Le dramaturge Aristophane qualifiait les cartes et globes de Socrate de « penseries » ; il est à peu près certain que Platon possédait et utilisait ce type d'appareils.

Platon possédait des terres dans la ville et aux environs. Ainsi, à la différence des sophistes, il avait la liberté de refuser qu'on le rétribue pour son enseignement.

Le Lycée d'Aristote

Aristote conserva cette coutume, même si, en tant qu'étranger originaire de Stagire, il n'avait pas le droit de posséder un terrain à Athènes. Lorsqu'il revint à Athènes en 335 av. J.-C., il fonda une nouvelle académie pour concurrencer celle des disciples de Platon. Il commença ses cours dans un autre gymnase ; le bois attenant, appelé le Lycée, était dédié au dieu Apollon Lycien (Apollon des loups). Son enseignement était davantage basé sur des cours que sur des discussions. Platon avait essayé de professer en public, mais sans succès. Aristote institua la pratique des conférences à heures régulières, le soir au Lycée. Il avait pris l'habitude de dessiner des schémas qu'il accrochait au mur, de se servir de spécimens, et il utilisa certainement des dispositifs tels qu'un globe céleste. Tous les lycées du monde tirent leur nom de ces réunions. Aristote s'adressait à ses élèves et amis sous le Peripatos, la colonnade qui entourait le bâtiment : telle est l'origine du mot « péripatéticienne », souvent utilisé pour qualifier sa philosophie. Ses étudiants l'assistèrent aussi dans ses recherches, par exemple en dressant l'inventaire des constitutions de plus de 150 États grecs. Des amis et des étudiants dans tout le monde grec lui fournissaient également des informations sur la flore et la faune locales, et sur les curiosités naturelles.

Théophraste et Straton

Après la mort de Platon, ses étudiants élirent des successeurs, et ce pendant près de trois siècles. De même, après la mort d'Aristote, c'est Théophraste qui fut désigné pour conduire les péripatéticiens. Personnage plus populaire qu'Aristote, il donna des cours devant un large public, et les changements intervenus dans la situation politique lui permirent de faire l'acquisition d'un jardin qui devint le lieu de réunion de l'école. Sa volonté et celle de son successeur, Straton, indiquent que l'école avait pris à sa charge les frais d'entretien du Lycée et de ses sanctuaires.

∧ Les jeux Olympiques nous rappellent que le sport formait la base de l'éducation des hommes grecs. L'Académie de Platon et le Lycée d'Aristote en furent des prolongements.

∨ Les écoles d'Aristote et de Platon ouvrirent la voie à d'autres institutions, comme le Musée et la Bibliothèque d'Alexandrie, fondés par le premier roi macédonien, Ptolémée, en 290 av. J.-C.

∧ Une grande partie de la philosophie grecque s'inspire de discussions en plein air : à la suite d'Aristote, nombre d'auteurs écrivirent, eux aussi, des discussions (dans le style des dialogues de Platon) entre d'éminents philosophes du passé. Cette mosaïque de Pompéi montre Platon (qui pointe de sa baguette un globe) entouré de Théophraste, Épicure, Pythagore, Aristote et Zénon (dans le sens des aiguilles d'une montre). Parmi les « paradoxes » de Zénon sur l'espace et le temps, on trouve la course entre le lièvre et la tortue.

Des cartes illustrant l'exploration étaient peintes sur le mur de l'un des bâtiments. Mais les livres et les instruments étaient réservés au directeur de l'école, et son avenir fut mis en danger le jour où Théophraste légua sa bibliothèque — qui avait été aussi celle d'Aristote — non pas à Straton, mais à un autre membre, qui l'emmena en Ionie où il résidait.

Le Musée d'Alexandrie
Petit à petit, Athènes perdit sa place de centre de la vie intellectuelle au profit de la capitale des successeurs d'Alexandre. A Alexandrie, les Ptolémée fondèrent un musée, conçu à l'origine comme un sanctuaire des Muses, inspiratrices des arts et de l'éducation, déjà présentes au Lycée et en bien d'autres lieux.
Mais le Musée d'Alexandrie éclipsa tout ce que

l'on avait connu auparavant. Les Ptolémée régnants le dotèrent d'une salle à manger commune pour les philosophes. Une grande bibliothèque y fut créée, avec des appareils, et probablement un jardin botanique. On y poursuivait des recherches en géométrie, astronomie, géographie, médecine, botanique (source des drogues médicinales), et l'on y développa également de puissantes machines militaires offensives et défensives. Après la chute des Ptolémée, le Musée poursuivit ses activités. Certains empereurs romains créèrent des chaires de philosophie à Alexandrie, ainsi qu'à Athènes qui redevint un centre intellectuel. Mais les idées originales étaient mal venues, les professeurs se contentant d'exposer ce qu'Aristote et d'autres fondateurs d'école avaient écrit longtemps auparavant.

La technique dans le monde grec

Artisans et esclaves

On dit que les Grecs de l'Antiquité n'auraient pas réussi à développer des techniques parce que leur société reposait sur l'esclavage, que les savants et philosophes grecs auraient méprisé le commerce et l'industrie parce que c'était l'affaire des esclaves, tandis que les techniciens, supposés être des esclaves, n'auraient eu aucune formation pour appliquer des méthodes « scientifiques » à leurs techniques. En réalité, Aristote et son école montrèrent un grand intérêt pour les techniques artisanales de leur époque ; ils parlaient volontiers avec les artisans de leurs travaux, au point que cela devint la source principale des analogies qu'ils utilisèrent pour expliquer la nature. Un des péripatéticiens — probablement Straton — écrivit un petit ouvrage sur les « problèmes mécaniques », dans lequel il s'interrogeait sur le fonctionnement de nombreux outils usuels et tentait de les décrire au moyen du principe du levier. Son livre fut connu plus tard sous le nom de Mécanique. Mais il n'indiquait pas comment utiliser sa théorie et les idées des théoriciens ne purent être mises en pratique que dans peu de cas : par exemple, les machines pour résister aux sièges, les grues ou les automates (dont on pensait qu'ils montraient les principes physiques, en plus du divertissement qu'ils procuraient aux spectateurs). Tout bien considéré, de nombreux progrès techniques eurent lieu dans la Grèce antique.

Moulins à eau, vis et engrenages

Au cours des deux siècles suivants, on inventa, probablement dans l'Égypte des Ptolémée, la chaîne à godets pour élever l'eau, technique encore couramment utilisée dans la région. Elle fut transformée en une roue géante qui élevait l'eau lors de sa rotation dans des récipients placés sur son pourtour. L'utilisation de moulins à eau est rarement mentionnée dans les textes anciens ; on supposa même que l'invention avait été ignorée, parce que les esclaves étaient meilleur marché. En réalité, plus d'un homme jeune eut l'opportunité de payer ainsi ses études. Les hommes — libres et non libres — se virent d'ailleurs, entre-temps, remplacés par des ânes. Les moulins à eau, de type vertical et horizontal sans engrenage, étaient fort répandus à la fin de l'Empire romain. La roue dentée, rouage essentiel du moulin à eau vertical, fut léguée par la civilisation grecque à toutes les révolutions industrielles ultérieures.

Il est possible que les vis aient été aussi inventées à cette époque. La première connue fut la « vis d'Archimède », utilisée pour élever l'eau. Des petits rouages de précision sont également apparus à la fin de la période hellénistique, comme dans ce qui paraît être un calendrier mécanique repêché au large d'Anticythère. Cette machine reliait les dates solaires aux lunaires, peut-être dans des buts astrologiques. On a récemment découvert un appareil romain similaire. Ces instruments complexes et sophistiqués dans leurs mécanismes montrent que les Grecs étaient capables d'inventer des instruments compliqués qui réunissent la science, les mathématiques et la technique.

< *Le moulin à eau du Ier siècle av. J.-C., utilisé pour moudre le blé, avait un axe vertical, l'énergie étant fournie par l'eau aux godets ou aubes immergés. Les Grecs inventèrent également des moulins à eau à axe horizontal et roue verticale — comme celles de cette photographie, prise en Syrie, qui datent de l'ère romaine. Ces roues étaient à palettes, l'eau passant sous la roue.*

∧ *Célèbre pour sa contribution à l'hydrostatique, Archimède le fut également pour ses découvertes mathématiques et ses études de mécanique, en particulier des propriétés du levier. Il les appliqua pour concevoir des catapultes militaires et des grappins. On le voit ici en train de concevoir des machines pour tenir en respect l'armée romaine pendant le siège de Syracuse en 212 av. J.-C.*

< *Les quatre chevaux de bronze de la basilique Saint-Marc à Venise sont probablement des originaux grecs du IVe siècle av. J.-C. Ils montrent le degré d'avancement des Grecs dans la technique de coulage. Leurs objets d'art et les vestiges des temples témoignent de même du haut niveau technique atteint.*

∨ *En 1900, un fragment d'horloge astronomique fut retrouvé près de l'île d'Anticythère au Ier siècle av. J.-C. Cette pièce confirme l'emploi par les Grecs de roues dentées pour transmettre le mouvement. Les Babyloniens, eux, faisaient des calculs astronomiques sur des tablettes d'argile.*

Aristote, étudiant de philosophie

La partie septentrionale de la Grèce formait pendant l'Antiquité le royaume de Macédoine. Le long de la côte se trouvaient plusieurs colonies, où s'étaient installés les Grecs provenant des régions méridionales. C'est dans l'une d'elles — Stagire — qu'Aristote naquit en 384 av. J.-C. Son père, Nicomaque, fut le médecin personnel du roi Amyntas de Macédoine, mais Aristote fut élevé par son beau-frère. Il n'avait sans doute pas plus de 17 ans lorsqu'il partit pour Athènes, la capitale des villes grecques, où il commença par étudier avec Platon. Il semble qu'il ait eu une réputation de dandy, mais il fut également connu sous le nom de « lecteur », assoiffé de connaissances. Platon réunissait régulièrement ses amis et élèves sur un terrain d'exercices, ou gymnase, l'Académie. Aristote passa environ vingt ans avec Platon et écrivit des dialogues philosophiques dans le style de celui-ci, mais ils ont tous disparu.

Platon mourut en 347 av. J.-C., et Aristote quitta Athènes à cette époque. L'atmosphère politique a sans doute pesé à tous ceux qui étaient liés à la cour macédonienne, royaume en pleine expansion qui s'était heurté à Athènes. Mais peut-être Aristote ressentait-il simplement que, sans Platon, l'Académie n'offrait plus d'attraits. Pendant trois ans environ, il vécut à Assos, petit port de la côte ionienne, non loin de Troie, qui avait été intégré aux territoires d'Hermios, un homme qui avait établi une principauté sur la région, plus ou moins reconnue par l'Empire perse à qui la contrée appartenait officiellement. Hermios s'intéressait à la philosophie de Platon, s'était entouré de conseillers qui étaient d'anciens élèves du maître et s'était lié d'amitié avec Aristote ; il n'est pas impossible qu'Hermios ait invité Aristote à prendre la première place. Hermios, dont on dit qu'il était un eunuque, avait adopté une nièce, Pythias, avec laquelle Aristote se maria. Ils eurent une fille, qui reçut le nom de sa mère. Il se peut que Pythias soit morte en la mettant au monde. On sait qu'elle mourut bien avant Aristote, car, selon la volonté de son époux, elle demanda à reposer près de lui lorsqu'il mourrait à son tour. Ce désir n'était pas habituel et indique que de profonds sentiments les unissaient. Aristote partageait néanmoins les préjugés des hommes grecs sur l'infériorité physique et mentale des femmes. Quelque temps après la mort de Pythias, Herpyllis, originaire elle aussi de Stagire, arriva chez lui. Elle donna un fils à Aristote, qui fut appelé Nicomaque, comme son grand-père. Les dispositions prises à son égard dans le testament d'Aristote indiquent qu'elle a été davantage une maîtresse de maison dévouée qu'une épouse ; ils ne se marièrent jamais officiellement.

< *Les philosophes grecs héritèrent des connaissances des prêtres-astrologues de Babylone datant de 3000 av. J.-C. Pour déduire des présages des phénomènes célestes, il leur fallait enregistrer leurs observations, comme sur cet astrolabe du VIIe siècle av. J.-C. Les Babyloniens nommèrent les constellations et les planètes, et inventèrent les douze signes du zodiaque.*

A Mytilène, sur l'île de Lesbos, Aristote parlait avec les pêcheurs de leurs prises et disséquait des animaux provenant des eaux côtières

Aristote naturaliste

A Assos, Aristote rencontra Théophraste, qui devait devenir son bras droit et son plus proche compagnon intellectuel. Cette nouvelle amitié explique peut-être pourquoi il traversa le détroit pour se rendre sur l'île de Lesbos, où Théophraste était né (il mourut aux alentours de 287 av. J.-C.). A Mytilène, Aristote se passionna pour la vie des eaux côtières qui constituaient la principale ressource des insulaires. L'intérêt d'Aristote pour les questions biologiques alla bien au-delà de celui de tout autre penseur, si l'on excepte les auteurs d'ouvrages de médecine. Il prit conscience que l'on devait mener des recherches sur des créatures plus simples pour comprendre la biologie humaine. Ses connaissances de la biologie marine restèrent inégalées jusqu'au XIXe siècle. Il mena lui-même des observations — il disséqua de nombreux animaux marins — mais apprit beaucoup en discutant avec les marins, à qui il demandait de lui décrire les caractéristiques et le comportement de leurs prises : calmars, pieuvres, chiens de mer et poissons.

La vie s'écoulait agréablement à Lesbos, mais Aristote n'y passa que deux ou trois ans : il fut rappelé en Macédoine par le roi Philippe pour être le précepteur de son fils Alexandre. Peu après son retour sur sa terre natale, Hermios fut enlevé par les Perses, par crainte qu'il ne tentât d'agrandir son État miniature pour en faire la tête de pont asiatique du roi Philippe. Pendant la décennie précédente, la Macédoine était devenue la puissance dominante en Grèce et Philippe envisageait déjà d'envahir le territoire perse. Hermios fut traîné jusqu'à la capitale perse, torturé pour lui faire avouer ses tractations avec Philippe, puis crucifié. Dans un dernier message à ses amis, sur la croix, il les assura qu'il n'avait « rien fait qui puisse déshonorer la philosophie ». Aristote le considéra comme un martyr qui illustrait les vertus de la Grèce : il écrivit un poème en son honneur et lui érigea un monument.

Lorsque Alexandre succéda à son père, les troubles secouant le royaume lui laissèrent peu de loisir pour se consacrer à la science. Aristote, qui s'était éloigné de la cour, se mit à réunir des matériaux pour une série de livres rassemblant tout le savoir existant — véritable encyclopédie organisée qui devait contenir tout ce que l'on connaissait de l'univers, de l'environnement naturel, et de ce petit univers qu'est la vie humaine, privée et publique. Toute notion devait être définie, de façon à en montrer les caractéristiques ; les faits devaient prévaloir sur les suppositions tirées de principes généraux — c'était là le trait essentiel de la pensée d'Aristote.

< Fresque représentant une antilope à Santorin (XVIe siècle av. J.-C.). De semblables peintures d'animaux et de plantes de l'âge de bronze montrent un éclat et une vigueur qui témoignent d'extraordinaires capacités d'observation. Mais Aristote dépassa la pure observation et chercha la fonction particulière de chaque organe. Par ce moyen, pensait-il, le philosophe serait conduit à admirer la façon dont chaque plante ou animal avait grandi pour prendre la forme qui lui convenait le mieux, chaque étape du développement conduisant logiquement à l'étape suivante.

∧ > La diversité de la nature se retrouve sur cette flasque de la Crète minoenne et sur cette mosaïque représentant les bords du Nil, d'un type très répandu à Pompéi à l'époque hellénistique, environ quinze siècles plus tard.

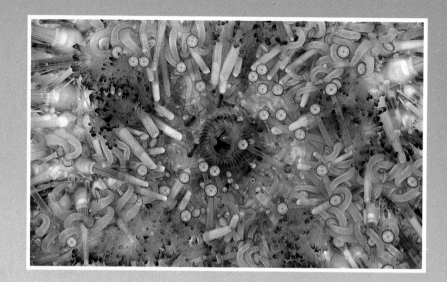

> La « lanterne d'Aristote ». Des parties du corps qui, isolément, paraissent choquantes, s'unissent pour former un tout harmonieux. C'est la raison qui poussa Aristote à s'intéresser aux modestes créatures marines. Les oursins, qui n'ont pas de mâchoires, possèdent, par contre, cinq puissantes plaques calcifiées rétractables, leur permettant de s'alimenter d'algues et, même, de coquillages. Aristote fut le premier à décrire ce dispositif qu'il dénomme « dents en lanterne ».

∧ La mer était la base de la civilisation grecque. Elle était la source de la vie, du commerce et de la colonisation, même si, sur le plan géographique, la présence de centaines d'îles favorisait la fragmentation politique et la compétition. Les images changeantes de la lumière, des nuages et des eaux, servirent également d'inspiration aux spéculations sur la nature de la matière, ses transmutations et sa permanence. Pour Aristote, tout a un but « dans la poursuite duquel chaque chose, et chaque partie de chaque chose, existe » — but que peut découvrir le philosophe s'il y consacre ses efforts.

Exposant sa conception des faits et des théories, Aristote, intrigué par la reproduction des abeilles, écrivit : « Les faits concernant la matière n'ont pas été suffisamment établis. Si dans quelque temps ils devaient être établis, on devrait se fier davantage aux données de la perception sensorielle qu'aux théories, sauf si l'on montre que ces dernières correspondent à l'observation. »

En 335 av. J.-C., Aristote revint à Athènes, où la résistance à la domination macédonienne avait été réprimée. On dit qu'Alexandre écouta les arguments d'Aristote en faveur d'Athènes et lui fit des donations pour lui permettre de poursuivre ses recherches. Aristote apprécia certainement le soutien d'Antipater, qu'Alexandre avait nommé vice-roi de Grèce. Aristote pouvait désormais exposer ses idées devant l'élite intellectuelle de la Grèce, et il avait le désir d'ordonner ses idées. Les livres d'Aristote qui nous sont parvenus sont surtout ses notes de cours, rassemblées pendant plus de vingt ans et dont la lecture se révèle peu aisée. C'est pendant cette période qu'Aristote fonda son école de philosophie, le Lycée, ou école péripatéticienne (voir p. 132).

A la mort d'Alexandre, en 323 av. J.-C., une nouvelle révolution repoussa temporairement les Macédoniens hors d'Athènes. Aristote partit en toute hâte, accusé d'avoir proféré des paroles impies et de s'être opposé à la religion établie. Par peur, selon son propre aveu, que les Athéniens soient tentés de commettre un second crime contre la philosophie et le mettent à mort comme ils l'avaient fait de Socrate, il traversa le détroit d'Euripe pour se réfugier sur l'île d'Eubée. Il y possédait une propriété dont il avait hérité, et c'est là qu'il mourut un an plus tard (en 322 av. J.-C.).

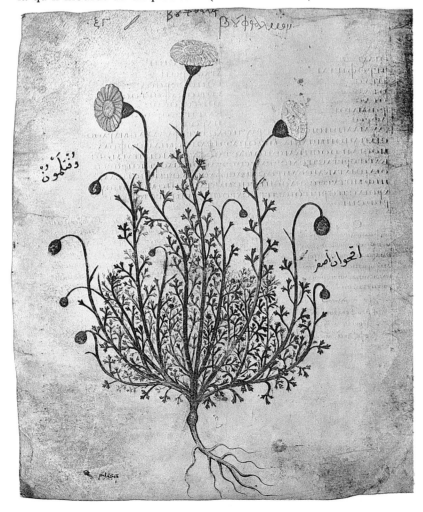

< *L'excellente description que Théophraste fit des plantes, de leur germination et de leurs constituants contribua à fonder le langage de la botanique d'aujourd'hui. La plupart de ses travaux ont été transmis jusqu'au Moyen Age par les* Materia Medica *de Dioscoride, composés au Iᵉʳ siècle av. J.-C. La plupart des manuscrits de Dioscoride, comme celui ci-contre, étaient accompagnés de peintures botaniques.*

LIBER P

La structure des cieux

Au début de l'un de ses livres, *Météorologie,* Aristote annonce qu'il va traiter « la région qui borde les étoiles », puis décrire les comètes, le vent et le temps, pour passer à ce que nous appelons aujourd'hui la géologie, et terminer par les animaux et les plantes. Mais il consacra tant d'efforts à l'étude des animaux qu'il laissa à son successeur, Théophraste, le soin d'aborder les plantes et la minéralogie. Dans un travail antérieur, Aristote avait conclu que l'idée d'un seul matériau primordial était moins satisfaisante que le système des quatre éléments d'Empédocle (voir p. 130). Ils correspondent dans un certain sens aux états fondamentaux de la matière dans la science moderne : la terre solide, l'eau fluide, l'air gazeux, et le feu, source de chaleur et d'énergie. Mais ces quatre éléments ne purent être identifiés par suite de leur résistance à l'analyse, car ils peuvent très bien se transformer mutuellement.

En réalité, les éléments étaient mélangés, mais Aristote pensait qu'il était possible d'établir l'ordre qu'ils adopteraient naturellement, s'ils n'étaient pas dérangés. Dans ce cas, ils se disposeraient selon des couches. La terre tombe dans l'eau, l'eau dans l'air. Les bulles d'air remontent dans l'eau, et les flammes du feu montent dans l'air. L'air et le feu ne s'élèvent pas facilement dans la terre, mais il y a beaucoup d'air et de feu piégés à l'intérieur de la terre, qui viennent de temps en temps éclater à la surface avec une violence proportionnellement plus grande que les bulles d'air dans l'eau. Telle était son explication des tremblements de terre et des éruptions volcaniques. Si on lui avait posé la question qui intrigua Newton — pourquoi une pomme tombe-t-elle d'un arbre ? —, il aurait répondu que les parties de la pomme constituées d'eau et de terre se mouvaient en direction de leur lien naturel dans l'univers, pour rejoindre le reste de la terre et de l'eau. Car les éléments étaient stratifiés de façon que la terre soit au centre, l'eau en surface, l'air au-dessus, et le feu au sommet. Ainsi, tout mouvement sur terre devait tôt ou tard trouver une fin.

Le ciel était-il fait des mêmes substances ? Il ne tombe pas sur l'observateur terrestre. Il est donc probable qu'il ne contient rien de terrestre. Aristote sentit qu'il y avait de bonnes raisons de douter de ce que même nos éléments « supérieurs » (l'air et le feu) s'étendent si loin de la Terre. L'astronomie de l'époque montrait déjà combien la Terre est petite : plus petite que la plupart des étoiles, si distantes que le diamètre de la Terre n'était lui-même rien en comparaison.

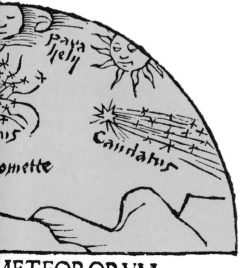

METEORORVM

Anaxagore fut expulsé d'Athènes pour avoir énoncé que le Soleil était une masse rocheuse de la taille du Péloponnèse

On sait depuis longtemps que les mouvements de tous les corps célestes se poursuivent avec une merveilleuse régularité. Anaxagore, au milieu du ve siècle av. J.-C., fut expulsé d'Athènes pour avoir dit que le Soleil est une pierre de la taille du Péloponnèse (la péninsule qui forme le sud de la Grèce), mais tout le monde s'était accordé après lui pour dire que le Soleil et la Lune sont des sphères parfaites. Les astronomes, bien avant Aristote, avaient montré que la Terre est également une sphère. Ils firent valoir que le haut du mât d'un navire ou les sommets de montagnes apparaissent d'abord à l'horizon, ou que de nouvelles étoiles apparaissent dans le ciel lorsque l'on voyage vers le sud ; et ils expliquèrent que les éclipses de la Lune étaient dues aux mouvements de l'ombre circulaire de la Terre sur la Lune. Aristote ajouta que l'eau, l'air et le feu doivent former des coquilles sphériques autour de la sphère centrale de la Terre. Enfin, le ciel nocturne peut sembler hémisphérique, mais, comme les voyages des marchands et des soldats avaient révélé plus qu'une demi-sphère, il devait être également une sphère pleine, portant les étoiles fixes. Un corps situé à la surface d'une sphère en rotation décrira un cercle parfait autour de son centre, ce qui peut rendre compte de la révolution quotidienne du ciel, avec le Soleil et la Lune. Et pourquoi pas de leurs mouvements annuels et mensuels ? D'autres sphères, de même, transportent Mercure, Vénus, Mars, Jupiter et Saturne. Chaque sphère tourne autour de son axe propre selon la période appropriée. Quand les Grecs connurent les résultats que les Babyloniens et les Égyptiens avaient avancés avant eux, leur conviction se renforça que ces sept « vagabonds » ou planètes avaient toujours suivi la même trajectoire, pendant exactement la même période de temps. L'année a toujours duré 365 jours, avec le même nombre d'heures et le même nombre de minutes ; les astronomes peuvent même essayer de calculer le nombre précis de minutes. Sur Terre tout est changement, tout est mortel, seuls les mouvements célestes sont perpétuels, survivant aux générations humaines. C'est pourquoi les hommes ont toujours révéré le Soleil, la Lune et les étoiles et en ont fait, ce qui est compréhensible, les résidences des dieux, tandis que les héros trépassés, selon la légende, se transformaient en étoiles.

Comme le cercle est une courbe fermée et parfaitement symétrique, il fournit un symbole de tout ce qui est infini et harmonieux. Seul un corps transporté par une sphère va décrire un mouvement parfaitement circulaire. Malheureusement, au temps d'Aristote, les astronomes avaient déjà pris conscience que les mouvements des planètes sont en fait légèrement irréguliers ; il semble qu'elles se meuvent à différentes vitesses et qu'elles ne se déplacent pas toujours dans la même direction. Aristote ne s'en inquiétait pas. Il considérait que les caractéristiques principales de son modèle étaient si satisfaisantes que, au pire, l'insertion de sphères supplémentaires résoudrait le problème de ces variations. Doutant souvent des mathématiques, dont il pensait que Platon avait exagéré le rôle de clé de la connaissance, il disait que, dans le monde réel, la précision nécessaire à la démonstration mathématique était si rarement atteinte qu'une vision rationnelle du cosmos devrait s'en passer. Les sphères célestes doivent, dans tous les cas, avoir des propriétés différentes des éléments terrestres. Elles doivent être constituées par quelque matière supérieure, rigide bien que transparente, mais brillamment éclairée lorsqu'elle se rassemblait pour former les étoiles visibles et les planètes. Il donna à cette substance le nom d'« éther » (qui voulait dire à l'origine « flamme brillante » mais a ensuite pris le sens de chaleur et de lumière du ciel). Impérissable, cet éther n'était pas soumis aux lois qui affectent la terre, l'eau, l'air et le feu.

Le précepteur et le roi

Lorsque Alexandre eut plus de 10 ans, Aristote fut invité à la cour de son père (Philippe II de Macédoine) pour être son précepteur. La rencontre du plus grand penseur et du plus grand homme d'action de la Grèce antique a frappé l'imagination et forgé des mythes. Mais qu'a bien pu apprendre Aristote à ce jeune prince ambitieux ? Il a pu l'encourager à se considérer comme la Némésis de l'Empire perse, le porteur de la culture grecque jusqu'aux limites du monde connu. Il se peut qu'un traité perdu d'Aristote, intitulé Colonies ou Alexandre, *contienne leurs échanges mais les théories politiques d'Aristote n'auraient été que peu utiles à l'administration de ce vaste empire. Alexandre eut à se libérer des préjugés chauvins dont son vieux maître ne se défit jamais et à s'assimiler aux us et coutumes perses. Pour favoriser l'intégration de son armée, il encouragea les mariages entre ses officiers et les femmes persanes.*

Les campagnes d'Alexandre révélèrent aux Grecs des territoires qu'ils ne connaissaient guère auparavant. Des cité grecques furent fondées dans les territoires conquis, souvent avec le nom de leur conquérant. L'une d'elles, Alexandrie-la-Lointaine, était située sur les rives du Syr-Daria, dans l'actuelle république soviétique du Kazakhstan. Callisthène, le neveu et ancien étudiant d'Aristote accompagnant la grande expédition en tant qu'historien officiel, suspecté de conspiration, fut emprisonné et mourut dans une cage où on l'enferma. La légende affirme qu'Aristote s'opposa alors à Alexandre. Les eaux du Styx, dans le monde d'en bas, étaient supposées souiller tout ce que l'on y plongeait, excepté un sabot de cheval. Aristote, qui avait une tasse faite de cette matière, envoya de l'eau du Styx à Alexandre qui en but sans en connaître la provenance et périt dans d'horribles souffrances. Cette légende eut la vie si dure que l'empereur romain Caracalla (188-217 apr. J.-C.), vénérant Alexandre comme une idole, persécuta tous les philosophes qui se réclamaient d'Aristote.

Aristote et Alexandre

> En 334 av. J.-C., les armées d'Alexandre le Grand atteignirent l'Asie. En quelques années, Alexandre (représenté ici sur une mosaïque de Pompéi datant d'environ 150 av. J.-C.) renversa l'Empire perse, plus grand que la Chine.

∨ La découverte de pièces grecques dans des régions non grecques révèle l'essor économique de la Grèce — la première à utiliser la monnaie ; en haut, shekel en argent de Tyr (360 av. J.-C.) ; en bas, une tétradrachme en argent de Macédoine représentant Alexandre en Hercule (330 av. J.-C.).

∨ Dans un texte islamique sur l'hygiène, écrit près de 1 500 ans après l'époque d'Aristote, Aristote montre sa désapprobation à son élève Alexandre, sur le point de prendre une tasse de vin. On sait que l'alcoolisme d'Alexandre précipita sa mort à l'âge de 32 ans.

Les animaux et les plantes d'Orient

Des récits ultérieurs affirment qu'Alexandre avait ordonné que les spécimens des nouvelles espèces d'animaux et de plantes soient recueillis pour Aristote. On n'en trouve aucune trace dans les travaux d'Aristote, dont la plupart étaient déjà terminés avant que la grande campagne s'achève. Aristote ne connaissait rien de plus de la Perse et de l'Inde que ses prédécesseurs. Il emprunta à Ctésias, docteur grec qui avait exercé à la cour de Perse près d'un siècle plus tôt, un fabuleux récit sur les tigres, des bêtes si terribles qu'elles pouvaient lancer des traits avec leur queue. Mais Aristote doutait de l'exactitude des récits sur la facilité avec laquelle les hommes flottaient sur la mer Morte. Son ami Théophraste avait des connaissances sur les plantes de l'Inde, particulièrement celles qui avaient une valeur commerciale. Le contraste entre la façon dont Aristote parle des animaux de l'Inde et celle dont Théophraste décrit les plantes issues de la même région montre clairement la différence que l'expédition avait permis de réaliser.

L'héritage d'Alexandre

Après la mort d'Alexandre, ses généraux ne tardèrent pas à se disputer sa succession. A la différence d'autres généraux, Ptolémée, général en Égypte, fut heureux de se rendre maître d'une province suffisamment riche. Il s'y assura ainsi une position de maître absolu.

L'Égypte des Ptolémée devint le principal centre intellectuel grec ; dans leur capitale, Alexandrie, le Musée constitua un havre pour plusieurs grands savants. Même après que les Romains eurent mis fin à ce royaume, époque marquée par le suicide de sa dernière reine, Cléopâtre, Alexandrie resta une capitale culturelle.

Ce fut à Alexandrie, au IIe siècle apr. J.-C., que Claude Ptolémée — qui n'avait aucun lien de parenté avec l'ancienne dynastie royale — dressa un bilan des découvertes des astronomes grecs depuis Aristote. Il formula le « système ptolémaïque », conception géocentrique de l'astronomie, qui fut généralement accepté jusqu'à ce qu'il soit finalement supplanté par le système copernicien quatorze à quinze siècles plus tard.

Pour Aristote, chaque organisme devait se développer de façon à accomplir son but préordonné ou « téléos »

< *L'enseignement de Socrate, que l'oracle de Delphes déclara être l'homme le plus intelligent de la Terre, fut consigné et élaboré dans les dialogues de son élève Platon. « Il y a un seul bien, la connaissance, et un seul mal, l'ignorance. » Sa méthode consistait à réunir des élèves pour les faire penser tout haut en leur posant des questions essentielles. Socrate était également renommé pour sa laideur — on le voit ici représenté sur un bronze romain de Pompéi.*

∨ *Cette magnifique gerbe d'épis de blé en or, du IIIᵉ siècle av. J.-C., appartenait probablement à la prêtresse de Déméter, déesse grecque de la Fertilité que les Romains appelèrent Cérès. Aristote y voyait plutôt le résultat de pluies naturelles.*

A chaque chose, sa fin

Pour Aristote, un grand principe unissait le ciel du haut et la terre du bas : l'idée que chaque chose a une fonction dans un tout, et que, au cours du temps, la fin de chaque changement ou mouvement explique le début et toutes les étapes intermédiaires. Nous devons apprécier la connaissance des étoiles, si merveilleuses et éloignées, mais nous pouvons découvrir beaucoup plus facilement ce que sont les objets sur Terre, tels que les « plantes et les animaux périssables qui croissent à côté de nous ». Ici, encore, « ceux qui nous en apprendront les causes pourront nous procurer d'immenses plaisirs ». Parmi ces causes, se trouve la « nécessité » que la pomme tombe. Mais cela ne suffit pas. Pour Aristote, l'explication de la véritable nature de toute chose passe nécessairement par l'explication de « la vertu en raison de laquelle » l'événement se produit ou l'objet est tel qu'il est. De telles questions rendent fascinantes les créatures les plus humbles. Ainsi, tous les stades de croissance d'un gland, du tout jeune plant au jeune arbre, peuvent s'expliquer par leur destinée finale : devenir un chêne. Cette forme finale doit aussi expliquer l'existence des feuilles, leur forme, l'écorce, les racines et toutes les autres parties. Les queues des langoustes « ne sont d'aucune utilité aux crabes qui vivent près des côtes ; pour les crabes qui quittent le rivage pour la mer, les pattes sont moins adaptées pour se déplacer, et ils marchent peu. Des crabes minuscules ont leurs pattes arrière aplaties comme des nageoires ou des rames, de façon à les aider à nager. Les crevettes ont des queues mais pas de pinces, en raison de leur grand nombre de pattes sur lesquelles s'est épuisé le matériau pour la croissance des pinces. Mais leurs nombreuses pattes leur permettent d'assurer leur mode de progression en nageant. »

Le même principe peut servir également à corréler les différences entre organes, en montrant comment ils coopèrent pour maintenir l'organisme comme un tout. Ainsi, les rapaces ont des becs crochus

∧ *Le but d'un gland est de devenir un chêne, celui d'une chenille un papillon. Aristote voyait chaque organisme comme un système clos qui devait se développer de façon à remplir son but préétabli, ou « téléos ». Dans sa description de la formation de la mer, il introduit une distinction entre ceux qui, comme Platon, fondent leurs écrits sur les dieux ou les mythes et ceux qui s'intéressent à la « sagesse humaine » ; il oppose les métaphores de la poésie aux analogies précises de la science. « Les langoustes ont des queues parce qu'elles nagent, et leur queue leur sert de rame. » De la même façon, l'aigle (ci-dessus, sur une pièce sicilienne, vers 412 av. J.-C.) possède des serres recourbées pour capturer ses proies. Vingt-deux siècles plus tard, Darwin rejeta cette vision téléologique et vit dans ces dispositifs et dans les organismes eux-mêmes des adaptations développées par hasard par la sélection naturelle.*

et des serres aiguës et recourbées pour « leur assurer la maîtrise sur leur proie, car ils sont plus adaptés à des actes d'agression que toute autre forme ».

Si toutes les parties contribuent à former un tout, aucune partie ne peut jamais changer, parce que tout devrait changer immédiatement. Cet état d'équilibre dure de toute éternité, parce que, pour Aristote, « le temps est infini et l'univers perpétuel » — il n'est pas apparu à un instant particulier.

Peut-être y a-t-il eu un jour des créatures mal adaptées, mais elles ont été rapidement décimées, exactement comme des animaux très déformés naissent de temps en temps, mais périssent rapidement. Aristote se demande : « Pourquoi la nature doit-elle toujours agir avec une fin, parce que cela est mieux ainsi ? Zeus n'envoie pas la pluie afin de faire pousser le blé ; cela vient par nécessité. Ce qui a été aspiré vers le haut doit se refroidir, se transformer en eau et tomber ; et il se trouve que cela fait pousser le blé. Si la récolte d'un paysan s'abîme, la pluie ne tombe pas dans le but de gâcher le blé. » Ce point de vue contraste avec la croyance traditionnelle que la récolte a été perdue parce qu'un dieu voulait punir le paysan de quelque péché. Au siècle précédent, le dramaturge athénien Aristophane s'était moqué de Socrate pour avoir enseigné cette même leçon, à savoir que les nuages produisent de la pluie — ou n'en produisent pas — pour des raisons naturelles.

Ainsi, si quelques connexions sont fortuites, peut-être que, si nos « dents de devant poussent pointues pour mordre, les dents du fond larges pour mâcher, ce n'est que pure coïncidence ». Et si quelque animal ne profite pas de cet heureux concours de circonstances, il meurt. Mais Aristote affirme que le hasard ne s'applique qu'à des événements occasionnels. Lorsqu'une série d'événements se produit dans une séquence régulière avec une fin spécifique, « toutes les étapes précédentes sont orientées vers cette fin », et aucun événement de la séquence ne peut être fortuit.

Aristote à travers le Moyen Age

L'absence d'œuvres scientifiques originales

« Il vous enseignera combien de temps vit un moucheron, jusqu'où la lumière du Soleil pénétrera dans l'eau, quelle sorte d'âme ont les huîtres, il sait tout sur la conception et la naissance et la formation de l'embryon dans la matrice », disait d'Aristote l'auteur satirique grec Lucien au IIe siècle av. J.-C. Malheureusement, en cette période de l'Empire romain, très peu nombreux étaient ceux qui avaient soif de ces connaissances, et le nombre de ceux qui partageaient le désir d'Aristote de découvrir par eux-mêmes était encore plus restreint. Les professeurs recevaient des subventions des empereurs romains, ou parfois des municipalités, pour enseigner la philosophie d'Aristote, et à ce titre ils pouvaient parler à loisir de ses doctrines fondamentales, en particulier de la métaphysique et de la cosmologie. Mais l'histoire naturelle d'Aristote ne soulevait aucun enthousiasme, et celui qui se rangeait à sa philosophie adoptait nécessairement les explications de la nature qui lui étaient associées.

On continua à étudier la médecine et l'astronomie, après qu'elles eurent été synthétisées par le médecin grec Galien et l'Alexandrin Claude Ptolémée au IIe siècle apr. J.-C. Tant que subsistèrent des centres intellectuels, ils jouèrent le rôle de dépositaires du savoir.

Lorsque les empereurs chrétiens fermèrent ces centres et interdirent aux philosophes païens d'enseigner, cela n'eut aucun impact sur le travail scientifique original. Chez les Grecs byzantins, on voyait resurgir de temps à autre une nouvelle vague d'intérêt pour leur héritage scientifique : on fabriquait de nouveaux exemplaires des travaux d'Aristote, et l'on écrivait de nouveaux commentaires.

∧ Il semblait difficile de concilier Aristote, philosophe païen dont le déterminisme semblait nier le libre arbitre, avec la doctrine chrétienne. Mais l'un des ecclésiastiques les plus importants pour la fusion de la conception aristotélicienne du monde avec la théologie chrétienne fut Thomas d'Aquin (1225-1274), représenté ci-dessus dans sa cellule, en état de grâce, recevant des mots divins du Saint-Esprit. Son attachement à la doctrine de la « double foi », selon laquelle la foi peut être atteinte à la fois par la révélation et la raison, assure que la science peut s'intégrer à la tradition intellectuelle occidentale.

< *Ces traductions d'écrits grecs en syriaque et en persan remontent au Vᵉ siècle de notre ère. Après la conquête de la Syrie et de la Perse par les Arabes, on vit paraître des traductions arabes, tel ce manuscrit illustré du XIIIᵉ siècle de la biologie d'Aristote.*

> *Ptolémée est renommé pour ses travaux astronomiques et pour avoir fait la géographie du monde antique. Dans le frontispice « byzantin » d'une édition de cette Géographie, du XVᵉ siècle, l'artiste a confondu Ptolémée avec un roi égyptien homonyme.*

∨ *L'œuvre de Thomas d'Aquin est considérée comme le point culminant d'une longue tradition d'études classiques. Dans ce détail du Triomphe de saint Thomas d'Aquin, tiré d'une fresque de l'église S. Maria Novella de Florence peinte vers 1630 par Andrea Di Buonaiuto, quatre Grecs représentent les arts libéraux. De gauche à droite : Pythagore, Euclide, Ptolémée et Aristote. Le forgeron qui tape en rythme est le personnage biblique Tubalcaïn. Derrière, des femmes personnifient les mathématiques, la géométrie, l'astronomie, la musique et la logique.*

Aristote dans le monde arabe

Dans le monde musulman, les mêmes textes furent traduits en arabe et étudiés avec un intérêt renouvelé. Les Arabes s'intéressèrent surtout à l'héritage médical, astronomique et mathématique de la Grèce antique. Pour eux, Aristote devint le fondement de toute la connaissance de la nature. Averroès (Ibn Ruchd, 1125-1198), qui vécut en Espagne et au Maroc, enseignait qu'Aristote « comprit toute la vérité — c'est-à-dire cette quantité que la nature humaine, parce qu'elle est humaine, est capable de saisir ». En Iran, Avicenne (Ibn Sinā, 980-1037) réactualisa l'enseignement d'Aristote. A partir de l'Espagne musulmane, la tradition aristotélicienne se diffusa en Europe occidentale. Aux XIIᵉ et XIIIᵉ siècles, la plupart de ses livres conservés furent traduits en latin.

Un philosophe païen et la chrétienté

Les chrétiens trouvèrent dangereuses certaines idées d'Aristote. Sa conception d'un univers éternel heurtait la doctrine chrétienne de la Création et sa description de l'âme semblait ne pas laisser place à l'immortalité. Il fut néanmoins possible d'absorber la philosophie aristotélicienne dans l'enseignement chrétien, et Aristote devint orthodoxe. Aux alentours du XVIᵉ siècle, Aristote était la pierre angulaire de l'enseignement supérieur. Certaines difficultés se présentaient, certes, à propos d'énoncés particuliers, mais ils procuraient matière à commentaires pour ceux qui étaient passés maîtres dans cet art. Personne ne pensait qu'Aristote passerait un jour de mode, ni que tout ce qu'il avait dit allait être mis à l'épreuve et que l'on allait y trouver beaucoup de lacunes.

Lorsque les idées d'Aristote se répandirent ou furent redécouvertes, les différentes civilisations tentèrent de les réconcilier avec leurs propres systèmes de valeurs

∧ *Boèce, philosophe romain du v⁰ siècle et commentateur d'Aristote, effectue des calculs en utilisant des chiffres arabes. Il est engagé dans une course de vitesse avec Pythagore, qui utilise un abaque. Cette page, extraite de la* Margarita Philosophica *de Gregor Reisch (1508) (voir p. 139), indique l'importance de la nouvelle invention de l'imprimerie dans la diffusion du savoir des générations antérieures.*

L'héritage d'Aristote

La téléologie, l'explication de l'univers par des buts prédéterminés, survécut jusqu'à Charles Darwin. La méthode fut utilisée pour démontrer l'intervention d'un Créateur. Il ne semble pas que telle ait été l'intention d'Aristote, qui voyait en chaque organisme un système clos qui devait grandir comme il le faisait. Dans ses descriptions, il introduisit une distinction entre ceux qui basent leurs récits sur des histoires où interviennent les dieux, et ceux qui s'intéressent à la « sagesse humaine » ; il oppose les métaphores de la poésie aux analogies précises de la science. En ce sens, il était religieux ; mais il soutenait que le divin dans l'univers est pur intellect, de sorte que l'activité humaine la plus élevée est l'activité intellectuelle. Il s'agit de trouver la cause naturelle des choses. Le caractère impersonnel, objectif de la science — « quelque chose a été observé », plutôt que « j'ai observé quelque chose » — est dans le style d'Aristote.

Il y a là un certain isolement, voire de l'aridité. Il se peut qu'Aristote l'ait ressenti, et qu'il ait commencé à croire que Platon avait eu raison d'exprimer ses pensées profondes par des images, plutôt que, à sa propre manière, par des chaînes infinies de définitions et de raisonnements abstraits. « Plus je suis isolé et solitaire, écrivait-il, plus j'en viens à aimer les mythes. »

Finalement, il fut prouvé qu'Aristote eut souvent tort. Il se peut qu'avec l'âge son désir farouche de tout expliquer se soit transformé en une course contre la montre, et son sentiment d'isolement vient peut-être de ce que personne, excepté peut-être Théophraste, ne pourrait jamais partager cette immense tâche. Pour toutes ces raisons, et malgré ses erreurs, Aristote a fondé la méthode et la description de la nature que l'on appelle la science, et c'est son point de vue qui a dominé pendant près de deux mille ans.

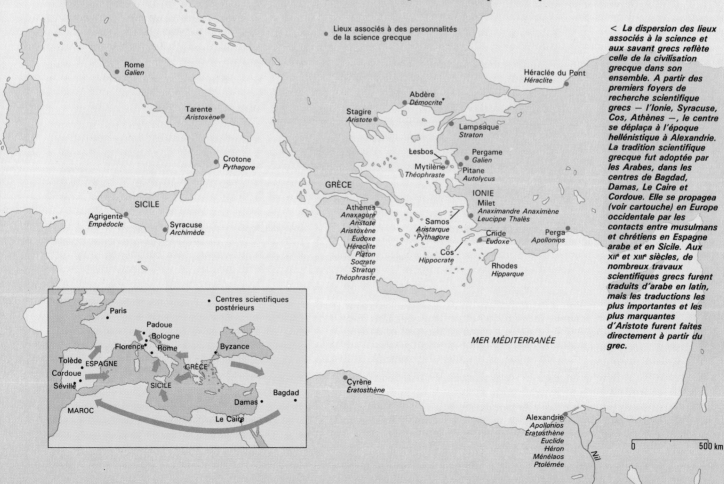

Lieux associés à des personnalités de la science grecque

< *La dispersion des lieux associés à la science et aux savants grecs reflète celle de la civilisation grecque dans son ensemble. A partir des premiers foyers de recherche scientifique grecs — l'Ionie, Syracuse, Cos, Athènes —, le centre se déplaça à l'époque hellénistique à Alexandrie. La tradition scientifique grecque fut adoptée par les Arabes, dans les centres de Bagdad, Damas, Le Caire et Cordoue. Elle se propagea (voir cartouche) en Europe occidentale par les contacts entre musulmans et chrétiens en Espagne arabe et en Sicile. Aux XIIᵉ et XIIIᵉ siècles, de nombreux travaux scientifiques grecs furent traduits d'arabe en latin, mais les traductions les plus importantes et les plus marquantes d'Aristote furent faites directement à partir du grec.*

Rome
Galien

Tarente
Aristoxène

Crotone
Pythagore

SICILE

Agrigente
Empédocle

Syracuse
Archimède

Héraclée du Pont
Héraclite

Abdère
Démocrite

Stagire
Aristote

Lampsaque
Straton

Lesbos

Pergame
Galien

Mytilène
Théophraste

Pitane
Autolycus

GRÈCE

IONIE
Milet
Anaximandre Anaximène Leucippe Thalès

Athènes
Anaxagore Aristote Aristoxène Eudoxe Héraclite Platon Socrate Straton Théophraste

Samos
Aristarque Pythagore

Cnide
Eudoxe

Perga
Apollonios

Cos
Hippocrate

Rhodes
Hipparque

MER MÉDITERRANÉE

Cyrène
Ératosthène

Alexandrie
Apollonios Ératosthène Euclide Héron Ménélaos Ptolémée

Centres scientifiques postérieurs

Paris

Padoue
Bologne
Florence
Rome
Byzance

Tolède
ESPAGNE
GRÈCE

Cordoue

Séville
SICILE

MAROC

Bagdad

Damas

Le Caire

0   500 km

Glossaire

Ce glossaire décrit les espèces ou les formes de vie au niveau taxonomique le plus élevé. Certains de ces groupes sont éteints. Apparaissent aussi les termes concernant la taxonomie et la classification. Les noms en petites capitales peuvent être consultés dans ce glossaire.

A

Acanthocéphales
Embranchement de vers parasites des vertébrés, tels que mammifères, poissons et oiseaux. Nommés ainsi en raison de leur appendice, lequel supporte de minuscules crochets qui s'ancrent dans les parois intestinales de leurs hôtes ; ces vers sont dégénérés au point que certains ne possèdent guère plus qu'un système de reproduction et un cerveau élémentaire. Ils sont souvent à l'origine d'infections fatales.

Acanthodiens
Groupe de poissons connus seulement sous la forme de fossiles. Ils se rencontrent dans les roches allant du Silurien jusqu'au Permien, de − 438 à − 248 millions d'années. Ils se caractérisent par des épines osseuses supportant le bord frontal des nageoires. Ce furent les premiers poissons à mâchoires.

Actinoptérygiens
Poissons à nageoires rayonnées, principale sous-classe des OSTÉICHTHYENS, dont les nageoires sont supportées par des rayons osseux ; à la différence des SARCOPTÉRYGIENS, ils ne possèdent pas de lobe à la base de leurs nageoires et la plupart ont une vessie natatoire au lieu de poumons. Ils constituent le plus vaste groupe des poissons actuels. Les actinoptérygiens primitifs de l'ordre des Chondrostéens étaient abondants au cours du Carbonifère, de − 360 à − 286 millions d'années, mais aujourd'hui ils ne sont plus représentés que par l'esturgeon et le poisson-pagaie (polyodon). Les Holostéens (ordre des Actinoptérygiens) sont également connus à partir de fossiles, leurs seuls représentants actuels étant les lépisostées et les amies. Les premiers holostéens présentent des caractères intermédiaires entre ceux des Chondrostéens et ceux des Téléostéens (ordre des Téléostéens). Ce dernier groupe constitue la grande majorité des poissons actuels. Ils possèdent une queue symétrique, des écailles fines et une mâchoire supérieure non solidaire des joues. Ils comprennent plus de 20 000 espèces.

Agnathes
Appelés poissons sans mâchoires, ils comprennent deux groupes existants, les lamproies et les myxines, ainsi que nombre de formes fossiles communes au cours de l'Ordovicien, du Silurien et du Dévonien, soit de − 505 à − 360 millions d'années. Les lamproies ont l'aspect de l'anguille et se nourrissent en se fixant sur un poisson dont elles sucent la substance. Les myxines vivent de poissons morts ou mourants et sont, contrairement aux lamproies, exclusivement marines.

Algues
Groupe vaste et extrêmement diversifié d'organismes photosynthétiques, généralement aquatiques. Leur taille va des organismes microscopiques unicellulaires vivant sur les arbres, dans la neige, dans les étangs et à la surface des océans, aux algues longues de plusieurs mètres. Certaines algues flottent librement ; d'autres restent reliées à un substrat.

Les algues sont importantes en tant que bases de chaînes alimentaires (voir ÉCOLOGIE). Quelques algues ont une importance économique : par ex., les algues rouges Porphyre et Chondrus crispus sont utilisées comme denrées alimentaires ; Gelidium est source de gélose, et les varechs produisent des gélatines, utilisées, entre autres, dans la fabrication des crèmes glacées.

Les algues sont souvent rattachées au RÈGNE DES PLANTES, mais certains taxonomistes considèrent que la simplicité de leur niveau d'organisation les en sépare, et ils les classent dans le règne des PROTOCTISTES.

Amibiens
Vaste ordre de la Classe des Sarcodines (Rhizopodes) à l'intérieur du sous-règne des PROTOZOAIRES. Ce sont des organismes unicellulaires, possédant un noyau ou plus. Ils se déplacent en allongeant des pseudopodes et se nourrissent de particules organiques qu'ils entourent avant de les absorber. Leur reproduction est presque toujours asexuée et s'effectue, généralement, par fission binaire, quoique parfois multiple, du noyau : autour de chacun de ces petits noyaux, se forme une paroi résistante de cytoplasme, aboutissant à la création de cystes capables de survivre à des conditions très défavorables, et retrouvant la forme amiboïde normale dès l'amélioration de ces conditions. Certaines amibes peuvent se reproduire sexuellement. Les amibes se rencontrent dans les endroits humides. Certaines formes parasites vivent à l'intérieur d'autres animaux.

Ammonites
Ordre éteint de MOLLUSQUES (Classe : CÉPHALOPODES) ayant existé entre − 200 et − 70 millions d'années. Possédant une coquille de forme spirale typique, d'un diamètre de 1 cm à 2 m, les ammonites ont évolué rapidement et leurs FOSSILES sont donc utiles dans la datation des strates géologiques.

Amphibiens
Groupe de VERTÉBRÉS incluant deux groupes fossiles, les lépospondyles et les labyrinthodontes, et trois groupes vivants, les Anoures (grenouilles et crapauds), les Urodèles (tritons et salamandres) et les Apodes (cécilies). De nombreux membres existants possèdent une peau mince et visqueuse à travers laquelle ils respirent, mais aussi des branchies et/ou des poumons. Le groupe se compose d'environ 3 000 espèces, largement répandues dans le monde. Les amphibiens des régions tempérées hibernent couramment, car ils sont poïkilothermes et deviennent apathiques lors de basses températures.

Amphipodes
L'un des plus vastes ordres de CRUSTACÉS, comprenant plus de 3 600 espèces, que l'on rencontre à la fois en eau douce et en eau salée. Les amphipodes typiques incluent les crevettes d'eau douce et les talitres.

Amphisbénidés
Famille de REPTILES fouisseurs dont la plupart n'ont pas de membres, à l'exception de quelques espèces dotées de petites pattes avant atrophiées. Tous sont pourvus d'un nez dur, ayant la forme d'un ciseau, qui leur permet de creuser le sol. Ils se nourrissent d'insectes, de vers et de petits vertébrés. Les amphisbénidés ne sont pas de véritables lézards bien qu'ils aient une parenté avec eux.

Angiospermes (plantes à fleurs)
Vaste et très importante classe de plantes caractérisées par la production de graines qui se développent à l'intérieur même des tissus de la plante mère (voir aussi GYMNOSPERMES). Le tissu entourant la graine se développe à partir

de la paroi de l'ovaire, ou carpe, qui comme d'autres parties de la fleur (étamines, pétales, sépales) provient d'une feuille modifiée. Ces fleurs complexes — dont beaucoup produisent du nectar afin d'attirer les insectes pollinisateurs — sont caractéristiques et les fruits en résultent. Avec 250 000 espèces réparties dans le monde, allant de minuscules herbes à d'énormes arbres, les angiospermes sont actuellement la flore terrestre dominante. Ils possèdent des mécanismes sophistiqués qui leur permettent de s'assurer que la pollinisation et la fertilisation ont lieu et que les graines qui en résultent sont convenablement dispersées et à même de germer. On distingue deux ordres : les MONOCOTYLÉDONES (un seul lobe) et les DICOTYLÉDONES (deux lobes).

Animaux
Membres du RÈGNE animal. Tous sont des organismes multicellulaires (EUCARYOTES) qui dépendent d'autres organismes vivants pour se nourrir (ils sont HÉTÉROTROPHES). Ils sont diploïdes (possédant deux jeux de chromosomes) et produisent deux différents types de gamètes (œufs et sperme). Une caractéristique qui est spécifique aux animaux est la série de changements qui interviennent au début de leur développement embryonnaire, impliquant un stade blastula et un stade gastrula. On pense aux animaux comme des organismes essentiellement motiles, mais, en fait, beaucoup sont sessiles, y compris les éponges, les anémones de mer, les coraux et les anatifes (voir aussi INVERTÉBRÉS, VERTÉBRÉS).

Annélides (vers communs)
Embranchement comprenant les vers qui possèdent un corps segmenté, des cavités cœlomiques, un système nerveux central composé de ganglions cérébraux à partir desquels des ramifications s'étendent le long de la partie inférieure du corps, ainsi que des soies caractéristiques qui font saillie à la surface du corps. Les annélides se divisent en trois classes : les Polychètes, les Oligochètes et les Hirudinées. Les premiers incluent les néréis et les arénicoles, sont marins et sont munis sur chacun des segments d'extensions musculeuses appelées parapodes, dotés de groupes de soies et d'une paire de tentacules sensoriels. Les seconds comprennent les vers de terre et quelques petites espèces aquatiques. Ils ont relativement peu de soies par segment et ne possèdent pas de parapode. Les sangsues, membres des Hirudinées, se trouvent principalement en eau douce. Elles sont dépourvues de soies et de parapodes, mais présentent une ventouse à chaque extrémité du corps.

Anthocéros
Petit groupe de BRYOPHYTES (mousses et lichens) appartenant à la classe des Anthocérotales. Ils sont dotés d'un thalle très simple dont les cellules contiennent un seul chloroplaste et un pyrénoïde, caractères se retrouvant seulement chez les ALGUES. On pense qu'ils sont apparentés aux Bryophytes ancestraux, lesquels ont probablement évolué à partir d'une algue verte.

Aptérygotes
Groupe d'insectes primitifs sans ailes. Contrairement aux insectes comme les puces, les poux ou les fourmis, ils ne descendent pas de formes ailées, mais représentent les premières formes de la ligne évolutive conduisant aux insectes volants. Ils comprennent les collemboles, les thysanoures, et deux autres groupes moins bien connus, les diploures et les protoures, qui tous deux vivent dans le sol ou sous l'écorce des arbres et évitent la lumière du jour. Les aptérygotes ne possèdent que trois

paires de pattes, mais certains ont des pattes atrophiées, ce qui indique qu'ils descendent d'un ancêtre muni de pattes à chaque segment, comme c'est le cas chez les ONYCHOPHORES existants.

Arachnides
Groupe d'invertébrés terrestres comprenant notamment les scorpions, les araignées, les faucheux, les acariens (tiques) et les pseudoscorpions. On en connaît quelque 60 000 espèces, généralement carnivores, la plupart étant terrestres et vivant dans le sol, les couches de feuilles et la végétation basse. Les arachnides constituent une subdivision des CHÉLICÉRATES, lesquels incluent les araignées de mer et les limules, tous deux des formes marines (voir aussi ARTHROPODES).

Arbre
Plante vivace ligneuse, dotée d'un tronc qui consiste en cellules à paroi épaisse, les xylèmes, qui transportent eau et matières minérales vers le haut, et les phloèmes qui amènent une solution de sucres des feuilles vers les racines. Ces tissus conducteurs sont renouvelés chaque année, alors que la circonférence du tronc s'accroît, donnant naissance aux cernes annuels. Le bois le plus ancien, situé au cœur de l'arbre, est plus dense et dur que le bois de sève situé à la périphérie. L'écorce isole le tronc et le protège. La plupart des arbres existants appartiennent aux deux groupes de plantes les plus évoluées, les GYMNOSPERMES et les ANGIOSPERMES.

Arbres à feuilles caduques
Arbres qui perdent leurs feuilles à la mauvaise saison, lorsque les conditions du milieu deviennent impropres à la croissance et juste avant que les arbres n'entrent dans une période de sommeil — l'hiver dans les régions tempérées. Dans les climats tropicaux avec saison des pluies, elle a lieu durant la saison sèche (voir aussi PLANTES À FEUILLES PERSISTANTES).

Arbres à feuilles larges
Arbres appartenant à la catégorie des ANGIOSPERMES. On les appelle ainsi par contraste avec les CONIFÈRES et autres GYMNOSPERMES qui possèdent des feuilles étroites en forme d'aiguilles.

Archébactéries
Groupe de BACTÉRIES dont on pense qu'elles sont les vestiges des plus anciennes cellules vivantes. Elles présentent diverses caractéristiques primitives comme l'intolérance à l'oxygène (qui était absent dans l'atmosphère originelle de la Terre). L'analyse de leur substance génétique les fait apparaître comme un groupe distinct, caractérisé par une longue période de divergence évolutive par rapport aux autres bactéries ; on fait parfois référence à ces dernières sous l'appellation d'eubactéries ou « bactéries véritables ».
L'archébactérie comprend trois principaux groupes : la bactérie méthanogène qui produit du méthane à partir du dioxyde de carbone ; les thermophiles qui peuplent les sources chaudes et les halophytes extrêmes qui tolèrent de fortes concentrations de sel.

Arthropodes
Animaux invertébrés possédant un exosquelette solide formé de chitine et des membres articulés leur permettant de se mouvoir en dépit de cette cuirasse. Les arthropodes étaient auparavant regroupés en un seul embranchement, mais l'on pense aujourd'hui qu'ils comprennent trois ou quatre lignées distinctes, ayant évolué indépendamment à partir d'ancêtres à corps mou. Ces quatre principaux groupes sont : les CRUSTACÉS (crabes, crevettes, cloportes, puces d'eau et copépodes) ; les INSECTES et les MYRIAPODES (appellation collective : Uniramés) ; les CHÉLI-

CÉRATES (araignées, scorpions, acariens, limules, pycnogonides et scorpions de mer éteints) ; enfin les TRILOBITES, aujourd'hui disparus.

Artiodactyles
Ordre de MAMMIFÈRES incluant les hippopotames, chameaux, cervidés, girafes, antilopes, bovidés, buffles, bisons, moutons, chèvres, antilocapres, porcs et pécaris. Tous possèdent des orteils en nombre pair, c'est-à-dire deux ou quatre généralement (ex. : sabots fendus), spécialité qui s'est développée à l'origine pour la course rapide. Nombre d'artiodactyles sont des RUMINANTS (voir aussi PÉRISSODACTYLES).

B

Bacilles
Genre de BACTÉRIES en forme de bâtonnets, de la famille des Bacillacées.

Bactéries
Micro-organismes unicellulaires, de 0,3 à 2 μm de diamètre. Elles diffèrent des cellules végétales et animales par l'absence de noyau et d'autres organites cellulaires : elles sont PROCARYOTES. Avec les CYANOBACTÉRIES, elles forment l'un des principaux RÈGNES, les Monères. Certaines bactéries sont symbiotiques, vivant dans une relation réciproque (comme chez les RUMINANTS) ou coexistant sans dommage pour les cellules hôtes. D'autres bactéries sont des parasites qui vivent à l'intérieur de cellules hôtes ou de cavités corporelles et causent des dommages par la production de toxines qui peuvent entraîner la détérioration des tissus. De telles bactéries sont souvent décrites comme pathogènes plutôt que parasitaires. Cette distinction entre commensal et parasite pathogène n'est pas absolue : *Escherischia coli* est un commensal dans l'intestin humain, mais peut causer des infections urinaires.
Les bactéries, entourées d'une paroi cellulaire rigide, sont souvent incapables de mouvement, mais certaines peuvent nager grâce à un flagelle. Les bactéries ont des besoins alimentaires variables : certaines sont AUTOTROPHES et procurent de l'énergie par la photosynthèse ou la chimiosynthèse ; d'autres sont HÉTÉROTROPHES et requièrent donc des substances organiques pour leur nutrition. Les bactéries se reproduisent généralement par SCISSIPARITÉ. Certaines bactéries peuvent survivre dans des conditions défavorables par la formation de spores hautement résistantes.
Les bactéries sont employées industriellement dans les processus biotechnologiques et, plus traditionnellement, dans la fabrication de nombreux produits laitiers. Certaines bactéries, spécialement les actinomycètes, produisent des antibiotiques, utilisés dans la destruction des bactéries pathogènes.
CLASSIFICATION : Il n'existe pas de mode standard de classification. Les bactéries supérieures sont filamenteuses et les cellules peuvent être interdépendantes — elles influent la famille des Actinomycètes. Les bactéries inférieures se subdivisent en fonction de la forme : les coques (ronds), les bacilles (cylindriques), les vibrions (courbes) et les spirilles (spirales). Les Coques vivent séparément, par paires (diplocoques), en groupes (staphylocoques) ou en chaînes (streptocoques) — c'est un groupe d'une grande importance médicale. Les bactéries sont également classées en fonction de leur réaction à la coloration de gram : celles qui l'absorbent sont qualifiées de GRAM-positives ; les autres de GRAM-négatives.

Bivalves (lamellibranches)
Classe de l'embranchement des MOLLUSQUES et

comprenant les huîtres, les clams et les moules.

Bryophytes
Division du règne VÉGÉTAL incluant les formes les plus primitives des plantes vertes terrestres. Elles sont largement confinées aux habitats humides. Les bryophytes se divisent normalement en trois classes : les Hépatiques, les Anthocérotales et les Mousses. Les bryophytes possèdent un cycle de vie caractéristique dans lequel le gamétophyte est dominant et le sporophyte attaché à celui-ci en dépend pour sa nutrition.

Bryozoaires
Également connus sous le nom d'animaux-mousses ou d'ectoproctes ; ce sont des animaux filtreurs, coloniaux, qui créent des tapis de cellules d'aspect vitrifié à la surface des algues ou revêtent des formes arborescentes.
Chaque « cellule » a une enveloppe calcaire rigide contenant un seul animal qui se nourrit au moyen d'un organe tentaculaire, le lophophore (voir LOPHOPHORIENS).

C

Carnivores
Ordre de MAMMIFÈRES incluant les ratons laveurs, ours, loups, chiens et renards, blaireaux, loutres, belettes et martres, hyènes, lions et autres félins, civettes, genettes et mangoustes ainsi que les pandas. La plupart sont des mangeurs de poisson ou de viande et possèdent d'importantes canines, des dents carnassières, et des griffes à chaque doigt. Cependant, certaines espèces incorporent quelques matières végétales et des invertébrés dans leur régime (ex. : les renards roux, certains blaireaux, la plupart des civettes), et les ours sont d'authentiques omnivores. Le panda géant se nourrit exclusivement de bambous, mais il a manifestement évolué à partir d'ancêtres carnivores.

Céphalocordés (acraniens)
Sous-embranchement des CORDÉS sans colonne vertébrale, que l'on distingue par conséquent des VERTÉBRÉS. L'exemple le plus connu en est l'amphioxus, capable de brèves poussées d'activité natatoire, mais qui passe l'essentiel de son existence enfoui dans le sable. L'amphioxus ressemble aux larves des TUNICIERS (urocordés) et a probablement évolué à partir d'un ancêtre tunicier par un processus de néoténie, devenant sexuellement adulte sans adopter la forme adulte sessile. Un chemin d'évolution parallèle pourrait avoir conduit au vertébré ancestral. Le fait que les embryons des vertébrés traversent un stade au cours duquel la notocorde est présente renforce cette idée.

Céphalopodes
Classe de l'embranchement des MOLLUSQUES incluant les pieuvres, calmars et seiches, les plus intelligents et les plus rapides des invertébrés.

Cétacés
Ordre de MAMMIFÈRES aquatiques comprenant les baleines, les dauphins et les marsouins.

Champignons
Règne comprenant les champignons communs, les champignons parasites, vesses-de-loup, truffes, moisissures et levures. Ils sont EUCARYOTES. Ils ont une forme de croissance caractéristique au cours de laquelle de minces tubes de protoplasme, les hyphes, constituent la totalité du corps de l'organisme (le mycélium). Ces tubes forment généralement un réseau très ramifié, dans le sol — ou à l'intérieur des tissus de leur hôte, s'ils sont parasites — mais ils peuvent aussi s'imbriquer pour former une

masse solide et compacte comme dans les corpuscules reproducteurs des champignons supérieurs. Les champignons n'ont pas de masse centrale, ou « corps », comme c'est le cas pour les plantes et les animaux, et constamment de nouveaux hyphes viennent remplacer les anciens qui meurent.

Les champignons ont une reproduction sexuée, mais par fusion d'hyphes plutôt que par production de gamètes. Les noyaux ne s'unissent pas nécessairement après la fusion et des noyaux de parents différents peuvent coexister un certain temps dans l'hyphe. Ils fusionnent juste avant la formation de spores et produisent des spores haploïdes par méiose. Les spores génèrent directement de nouveaux hyphes, sans stade embryonnaire.

Tous les champignons sont HÉTÉROTROPES : soit ils se nourrissent des restes d'autres organismes (saprotrophes), soit ils extraient des substances nutritives de tissus vivants (parasites). Les champignons supérieurs, qui généralement forment des corps fertiles volumineux et apparents, peuvent être divisés en deux groupes, les Basidiomycètes et les Ascomycètes. Certains membres de ces groupes sont, toutefois, de petits parasites des végétaux, comme les rouilles, le charbon et le mildiou. Un groupe d'Ascomycètes, les levures, existe en tant qu'unicellulaires. Elles peuvent être saprophytes (vivant par exemple sur les fruits tombés) ou parasitaires, et certaines, comme le champignon parasite de l'orme, peuvent alterner entre la forme levure et la forme hyphe. Certains Ascomycètes ont formé une relation symbiotique avec des algues ou des cyanobactéries qui vivent et opèrent la photosynthèse à l'intérieur de leurs hyphes ; ce sont les lichens.

Les champignons inférieurs incluent les moisissures du pain, celles de l'eau et de nombreux autres groupes moins connus. Certains sont des parasites débilitants, particulièrement pour les poissons et les insectes, tandis que beaucoup vivent dans le sol, décomposant les déchets.

Chélicérates
Groupe d'invertébrés faisant autrefois partie de l'embranchement des ARTHROPODES, mais méritant probablement de constituer un embranchement à lui seul. Il inclut les araignées, tiques, acariens, faucheux, scorpions (classe des Arachnides), les araignées de mer (classe des Pycnogonides), les limules (classe des Mérostomés) et apparentés, et les scorpions de mer disparus (euryptéridés). Ces animaux disparates possèdent tous une paire d'appendices buccaux, semblables à des pinces, les chélicères.

Chitons
Coquillages polyplacophores ; petit groupe de mollusques à coquille articulée se nourrissant la plupart du temps d'algues et d'autres organismes croissant sur les roches. Lorsqu'il se sent en danger, le chiton peut se rouler en boule ; il est alors totalement protégé par sa coquille.

Chondrichthyens (poissons cartilagineux)
Classe des vertébrés incluant les requins, chiens de mer, raies (élasmobranches) et chimères ou rats de mer. Ils sont caractérisés par un squelette cartilagineux et des écailles placoïdes ressemblant à des dents. En outre, ils ne possèdent pas de vessie natatoire. Aujourd'hui, on ne les trouve que sous des formes marines, mais des spécimens d'eau douce sont connus à partir de fossiles qui s'étendent sur 300 millions d'années.

Ciliés
Principal groupe des PROTOZOAIRES figurant parmi les unicellulaires les plus complexes. Ils possèdent un macro- et un micronoyau et, chez certaines espèces, un œsophage caractéristique pour l'ingestion de la nourriture. Des milliers de cils à la surface de la cellule procurent le mouvement par leur battement rythmique chez les espèces motiles, et créent, dans l'eau, des tourbillons permettant aux espèces sessiles de s'alimenter. Une espèce bien connue est la paramécie.

Classe
Désigne en TAXONOMIE un groupe d'ordres apparentés. Les classes apparentées, elles, sont regroupées dans un embranchement. Des exemples de classes incluent celle des Oiseaux et celle des Mammifères, toutes deux appartenant au Sous-embranchement des Vertébrés, Embranchement des Cordés.

Cnidaires
Embranchement d'animaux principalement marins, autrefois inclus dans l'Embranchement des cœlentérés. Ils comprennent les méduses, les anémones de mer, les coraux et les formes vivant en colonies comme les physalies. Le corps des cnidaires se compose de deux couches de cellules séparées par une couche semblable à de la gelée, appelée mésoglée. Les principales formes sont le polype (comme chez les anémones de mer et les hydroïdes), cylindrique et sessile, dont les tentacules sont situés sur la partie supérieure, et la méduse qui possède des tentacules pendants et nage en général librement. Certaines espèces comportent un cycle de vie à deux stades dans lequel les formes polype et médusoïde alternent.

Coléoptères
Ordre d'INSECTES caractérisés par des ailes antérieures dures et impropres au vol (élytres).

Concombres de mer (Holothuroïdes)
Animaux amorphes en forme de saucisse constituant la classe des Holothuroïdes des ÉCHINODERMES. L'exosquelette calcaire, typique du groupe, est soit réduit à de toutes petites plaques enchâssées dans la peau, soit absent. Des tentacules situés sur le pourtour de la bouche saisissant des sédiments du fond marin et en extraient la nourriture.

Conifères
Ordre d'arbres du groupe des GYMNOSPERMES comprenant : pins, sapins, épicéas, sapins du Canada, sapins de Douglas, cèdres, mélèzes, cyprès, thuyas, genévriers, séquoias. Les ifs et apparentés ne sont pas inclus dans les conifères par tous les taxonomistes. Les CYCADALES portent également des cônes mais ce ne sont pas des conifères.

Copépodes
Groupe de minuscules crustacés en forme de balles de fusil, certains dotés de très longues antennes qu'ils utilisent pour se déplacer. Abondants dans le plancton marin, on les trouve également en eau douce. La plupart peuvent se saisir de proies ou se nourrir de particules filtrées selon la nourriture disponible ; certaines espèces sont parasites.

Cordés
Embranchement qui inclut les TUNICIERS, les CÉPHALOCORDÉS ainsi que les VERTÉBRÉS. Tous les cordés ont pour caractéristique la présence, à un certain stade de leur vie, d'une tige de cellules gainée d'une solide membrane, courant le long du corps et connue sous le nom de NOTOCORDE. Elle persiste chez les céphalocordés tels que l'AMPHIOXUS ; toutefois, elle est remplacée chez les vertébrés par une colonne vertébrale osseuse ou cartilagineuse.

Crinoïdes
Classe d'ÉCHINODERMES qui inclut les lis de mer sédentaires et les comatules mobiles. Leur corps est en forme de coupe et ils possèdent de longs tentacules.

Crossoptérygiens
Sous-division des SARCOPTÉRYGIENS, ou poissons à lobes, principalement composée de poissons fossiles ; on pense qu'ils incluent les ancêtres des AMPHIBIENS. Le groupe était présumé éteint jusqu'à ce que le cœlacanthe soit pêché au large de la côte est de l'Afrique.

Crustacés
Groupe d'INVERTÉBRÉS aux pattes articulées, dotés d'un exosquelette solide, incluant les crabes, crevettes, cloportes, anatifes et copépodes. La plupart des crustacés sont aquatiques, respirent par des branchies et possèdent deux paires d'antennes (voir aussi ARTHROPODES).

Cténophores (porteurs de peignes, SYN. cténaire)
Animaux gélatineux exclusivement marins, caractérisés par la présence de huit rangs de plaques pectinées portant des cils vibratiles utilisés pour se déplacer dans l'eau. Autrefois classés avec les CNIDAIRES dans les Cœlentérés, on les considère aujourd'hui comme un embranchement distinct.

Cyanobactéries
Groupe d'organismes unicellulaires ou coloniaux appartenant aux PROCARYOTES. On les trouve en eau douce et en eau salée et en relation symbiotique, comme dans les lichens. Photosynthétiques, classées autrefois à tort avec les algues, elles sont connues sous le nom d'« algues bleues » (certaines ont des pigments de phycobiline qui leur confèrent une teinte bleutée).

Les cyanobactéries ont joué un rôle important dans l'évolution de la vie sur terre, en générant l'oxygène dans l'atmosphère primitive, l'oxygène étant un sous-produit de la photosynthèse. L'apparition de l'oxygène a eu pour résultat l'extinction de nombreuses bactéries anciennes (anaérobies), mais a permis à des formes de vie beaucoup plus grandes et plus actives d'évoluer.

Cycadales
Groupe de plantes porteuses de semences (SPOROPHYTES) classées comme GYMNOSPERMES. Elles ressemblent à des palmiers au corps trapu mais n'ont en fait aucun lien entre eux. Leurs graines prennent naissance dans des cônes massifs.

D

Décapodes
Ordre de la Classe des Crustacés incluant les crevettes, crabes, homards et langoustes. Ils sont ainsi nommés en raison de la modification des trois premières paires de membres, au niveau du thorax, en appendices pour s'alimenter, laissant cinq paires de pattes thoraciques pour se déplacer ; en fait, la première paire est souvent transformée en pinces.

Diatomées
Algues photosynthétiques unicellulaires, d'eau douce et d'eau salée. Constituant majeur du plancton marin, elles nourrissent de nombreux animaux. Au cours de millions d'années, leurs squelettes siliceux ont formé des dépôts sur les lits marins qui sont exploités comme terre de Fuller — ou terre à diatomées — utilisée comme pâte à polir les métaux.

Dicotylédones
Plantes à floraison, ou ANGIOSPERMES, qui produisent des graines au moyen de deux lobes (cotylédons). Elles ont des feuilles finement nervurées et une tige dont le système vasculaire comporte un cercle de faisceaux. Leurs inflorescences vont par quatre ou cinq ou par multiple de quatre ou de cinq.

Dinoflagellés
Organismes unicellulaires microscopiques se rencontrant en très grand nombre en eau douce et en eau salée, et constituant une part importante du PLANCTON marin. Certaines autorités les classent avec les ALGUES, d'autres avec les PROTISTES.

Dinosaures
Reptiles disparus qui prospérèrent durant 160 millions d'années, de la fin du Trias à celle du Crétacé. Leur taille varie de celle d'un poulet à celle de géants, tel le Diplodocus, long de 27 mètres et pesant environ 30 tonnes. Tôt dans leur histoire, apparaissent deux groupes de dinosaures : les SAURISCHIENS et les ORNITHISCHIENS. A la fin du Crétacé, il y a environ 65 millions d'années, les dinosaures disparurent. Les raisons de cette soudaine extinction sont incertaines et font l'objet de vives polémiques parmi les paléontologistes.

Dipneuste (poisson pulmoné)
Sous-division des SARCOPTÉRYGIENS contenant un grand nombre de formes fossiles et trois groupes vivant en eau douce, en Afrique, en Australie et en Amérique du Sud. Ils ont des poumons, comme les poissons primitifs. Les poissons pulmonés africains et sud-américains peuvent passer la saison sèche dans un cocon de boue.

Drosophile
Membre de la classe des INSECTES, largement étudié pour les recherches en génétique pour son aptitude à se reproduire extrêmement rapidement et la présence de chromosomes géants dans ses glandes salivaires.

E

Échassiers
Nom donné à des oiseaux tels que pluviers, huîtriers et avocettes, qui se nourrissent au bord de l'eau. Ils ont généralement de longues pattes, et certains ont un bec allongé qui leur permet de fouiller en profondeur dans le sable ou la boue. Les échassiers proviennent de plusieurs familles différentes d'oiseaux de l'Ordre des Charadriiformes.

Échinodermes
Embranchement d'environ 5 000 animaux marins qui comprend les Crinoïdes (lis de mer et comatules), les Astéroïdes (étoiles de mer), les Ophiuroïdes (ophiures), les Échinoïdes (oursins), et les Holoturoïdes (concombres de mer). Tous les échinodermes possèdent un squelette composé de plaques de calcite, une symétrie radiaire (généralement à cinq plis) et un système vasculaire aqueux qui leur permet d'allonger leurs tentacules et de se déplacer. Les échinodermes fossiles du Cambrien inférieur incluent les crinoïdes et les blastoïdes.

Édentés
Ordre de MAMMIFÈRES comprenant seulement trois espèces vivantes : les fourmiliers, les tatous et les paresseux. Les fourmiliers sont totalement édentés, mais les tatous et les paresseux sont dotés de molaires primitives. Parmi les édentés disparus, figure le tatou terrestre géant (Mégathérium).

Endoptérygotes
L'une des deux principales classes d'INSECTES volants, l'autre étant les EXOPTÉRYGOTES. Elle inclut les groupes d'insectes les plus évolués — les poux, punaises, papillons diurnes et nocturnes, mouches, puces, fourmis, abeilles, guêpes et coléoptères. Leurs œufs se transforment en larves qui doivent subir une métamorphose passant par le stade de chrysalide avant de devenir des adultes.

Éponges
Animaux simples et sessiles qui se nourrissent en filtrant les particules alimentaires contenues dans l'eau. La plupart sont marines, mais certaines vivent en eau douce. Les éponges ne sont guère plus qu'un assemblage de cellules (certaines ayant un rôle spécialisé, comme la production de gamètes) qui font peu appel les unes aux autres, étant dénuées de système de coordination ou circulatoire.

Espèce
Groupe d'organismes vivants pouvant se reproduire entre eux. A moins que le phénotype ne soit fortement affecté par l'environnement (comme chez certaines plantes, par exemple), les membres d'une espèce sont identiques ou appartiennent à quelques groupes reconnaissables — ex. : mâles et femelles, différentes castes chez les insectes sociaux, différents morphes chez les espèces polymorphes, différentes sous-espèces chez les espèces à vaste répartition géographique. La formation d'une nouvelle espèce se produit par un processus de spéciation. Les espèces apparentées sont regroupées en un GENRE, et dans le nom scientifique, le premier mot désigne le genre et le second, l'espèce.

Eucaryote
Organisme doté de cellules volumineuses contenant un noyau et une variété d'organites membraneux subcellulaires dans la zone extranucléaire, ou cytoplasme. Ces organites incluent les mitochondries (chez lesquelles la respiration se produit), les chloroplastes (où il y a photosynthèse — cellules de plantes et d'algues uniquement), un réticulum endoplasmique, un appareil de Golgi et des lysosomes (chez les cellules animales uniquement). Le noyau contient le matériau génétique (ADN) disposé en plusieurs corps linéaires peu apparents — les chromosomes. Ils ont une structure complexe impliquant aussi bien des protéines que de l'ADN. Les eucaryotes sont dotés d'un cytosquelette et de cils et flagelles complexes.
Les eucaryotes incluent tous les organismes vivants autres que les bactéries et cyanobactéries. On croit qu'ils ont évolué à partir d'associations symbiotiques entre différents types de cellules procaryotiques (voir PROCARYOTE).

Euglène (Euglena)
Genre appartenant aux PROTOZOAIRES. Certaines de ses espèces sont dotées de chlorophylle et sont capables de PHOTOSYNTHÈSE, mais, à la différence des plantes, elles ne peuvent produire en totalité leur propre nourriture, ayant besoin de certaines molécules préformées.

Euthériens (mammifères placentaires)
Ordre de MAMMIFÈRES incluant toutes les espèces, hormis les MONOTRÈMES et les MÉTATHÈRES (marsupiaux). L'embryon des mammifères placentaires est nourri dans l'utérus, relié à un placenta hautement organisé, jusqu'à un stade comparativement tardif de son développement.

Exoptérygotes
Désigne l'une des deux principales sous-divisions des INSECTES volants. Sont inclus : les libellules, éphémères, cafards, mantes religieuses, termites, perce-oreilles, phasmes, sauterelles et criquets. Contrairement aux ENDOPTÉRYGOTES, ces insectes sortent de l'œuf en tant qu'adultes miniatures, ou nymphes, dénués d'ailes et d'organes reproducteurs. Ceux-ci se développent progressivement au fur et à mesure de la croissance de la nymphe et de ses mues. L'appellation d'exoptérygotes fait référence au fait que les ailes se développent à l'extérieur de la chrysalide. On les considère comme plus primitifs que les endoptérygotes ; ils ont évolué

plus tôt et ne constituent plus que 12 p. cent des espèces d'insectes vivants.

F

Famille
Dans la classification, désigne un groupe de GENRES apparentés. Des familles apparentées sont regroupées en ORDRES (voir TAXONOMIE).

Foraminifères
Groupe de PROTOZOAIRES classés avec les amibes dans la Classe des Sarcodines. Ils sont dotés d'une coquille sculptée, aux formes caractéristiques variées, pourvue de minuscules pores à travers lesquels de fins pseudopodes (extension de la cellule) peuvent faire saillie ; c'est une forme modifiée de phagocytose au cours de laquelle les pseudopodes absorbent les particules microscopiques qui adhèrent à eux. Les foraminifères sont d'importants constituants, à la fois du plancton, et de la communauté des fonds marins.

Forêts
Elles sont pour les hommes d'une importance considérable. Elles leur procurent, depuis la Préhistoire, des matériaux combustibles et de construction, des fruits et, aujourd'hui, elles jouent un rôle précieux dans la lutte contre l'érosion des sols.
— LES FORÊTS DE CONIFÈRES (pins, épicéas et sapins) se rencontrent dans les régions tempérées, jusqu'en bordure de la toundra.
— LES FORÊTS D'ARBRES À FEUILLES CADUQUES, dans les zones tempérées, sont caractérisées par des arbres qui perdent leurs feuilles comme le chêne, l'orme, le hêtre et le bouleau.
— LES FORÊTS TROPICALES HUMIDES se rencontrent dans les régions équatoriales où il n'y a pas de saison sèche. Elles constituent le type d'environnement le plus riche en nombre d'espèces ; des millions d'animaux et de plantes n'y ont pas encore été identifiés. Leur taux actuel de destruction est une source d'inquiétude, particulièrement en raison de son impact sur le cycle du carbone et de son accroissement de l'effet de serre.
— LES FORÊTS DE MOUSSONS ressemblent aux forêts humides, mais sont toutefois moins denses. Leurs arbres se sont adaptés à la saison sèche, marquée.
— LES FORÊTS D'ÉPINEUX se rencontrent dans des zones tropicales et subtropicales où les précipitations sont insuffisantes pour que se maintiennent des arbres plus gros. Elles sont caractérisées par des arbustes et arbrisseaux comme l'acacia et le mesquite (voir aussi ARBRES).

Fossiles
Ce sont les restes, traces ou impressions des organismes vivants qui ont peuplé la Terre au cours des âges. Les traces peuvent inclure les empreintes de pieds, les terriers ou même les déjections préservées.
Le corps des organismes peut être fossilisé ou pétrifié. Dans la perminéralisation, les pores des parties solides se chargent de certains minéraux qui s'infiltrent à partir des eaux souterraines proches. Le fossile qui en résulte est donc un mélange de matières minérales et organiques. Dans de nombreux autres cas, pendant la minéralisation (ou remplacement) même les parties dures de l'organisme sont dissoutes, mais la forme est conservée par les minéraux déposés. Lorsque celle-ci s'est produite très progressivement, des détails microscopiques peuvent être conservés, toutefois, en général, seule la forme extérieure reste. Les parties molles du corps sont rarement préservées, sauf par des sédiments limoneux très fins. Dans des cir-

constances exceptionnelles, l'organisme est préservé dans son intégralité, ex. : mammouths conservés dans le permafrost sibérien, insectes dans de l'ambre, ou restes humains et animaux dans des tourbières.

G

Gastéropodes
Classe de l'Embranchement des MOLLUSQUES incluant les escargots et les limaces.

Genre
Désigne en TAXONOMIE un groupe d'espèces apparentées. Les genres apparentés sont regroupés en familles. Le concept de genre fut introduit par Linné qui reconnut qu'il y avait de nombreux groupes d'espèces similaires à la fois dans le règne animal et le règne végétal. Dans le système de nomenclature scientifique qu'il inventa, le premier nom (toujours écrit avec une lettre majuscule) indique le genre, et le second, l'espèce.

Graminées
Famille de plantes à fleurs (ANGIOSPERMES) incluant les herbes, bambous et roseaux. Les fleurs sont pollinisées par le vent et, par conséquent, passent relativement inaperçues. Les graminées sont MONOCOTYLÉDONES.

Gymnospermes
L'une des deux classes de plantes porteuses de semences (SPOROPHYTES) (voir ANGIOSPERMES). Les gymnospermes sont caractérisées par la présence d'ovules nus (non contenus dans un ovaire comme chez les plantes à fleurs) et, par conséquent, de graines nues, non contenues dans un fruit. Ces graines sont produites dans des cônes. Il y a des cônes mâles et femelles séparés et la pollinisation s'effectue exclusivement par le vent. Les gymnospermes sont toutes des plantes vivaces et la plupart sont à feuilles persistantes. On en distingue plusieurs ordres, les principaux étant constitués par les CYCADALES ou palmiers à sagou ; les CONIFÈRES incluant pins, mélèzes, sapins et séquoias ; et les Ginkgoales, contenant une seule espèce, le ginkgo.

H

Héliozoaires
Groupe de PROTOZOAIRES qui sont apparentés aux RADIOLAIRES avec lesquels ils partagent de nombreuses particularités. Toutefois, les héliozoaires se rencontrent en eau douce plutôt que dans les habitats marins.

Hémicordés
Embranchement mineur des CORDÉS, incluant deux types d'animaux marins : les vers à cupule (entéropneustes), formes fouisseuses, et les ptérobranches, formes sédentaires. Les formes fouisseuses sont pourvues d'un corps mou divisé en proboscis, collier et tronc. Le proboscis et le collier sont extensibles. Les formes sédentaires vivent dans des tubes et sont souvent coloniales.

Hémiptères
Ordre d'INSECTES, également connus sous le nom de punaises, caractérisés par leur rostre en forme de bec. Celui-ci est destiné à transpercer la peau et à aspirer des sucs nutritifs, soit d'une plante, comme chez les punaises à bouclier et les aphididés, ou d'un animal, comme chez les punaises des lits.

Hépatiques
Petites plantes sans fleurs poussant dans la plupart des habitats humides et occasionnellement dans l'eau, elles forment la classe des Hépatiques au sein des BRYOPHYTES.

Herbe
En botanique, ce terme désigne toute plante dotée de tige et de feuilles aériennes souples qui disparaissent à la fin de la saison de croissance pour ne laisser aucune partie persistante au-dessus du sol.

Hétérotrophe
Organisme incapable d'élaborer des composés carboniques complexes contrairement aux AUTOTROPHES, qui utilisent pour cela du dioxyde de carbone et une source d'énergie. Ils dépendent des autres organismes pour leur approvisionnement en composés organiques, et tous, en définitive, reposent sur les AUTOTROPHES pour leur alimentation, soit qu'ils les consomment directement, soit qu'ils vivent avec eux en relation symbiotique (comme chez les LICHENS), ou se nourrissent d'autres hétérotrophes. Tous les animaux et les champignons sont hétérotrophes, de même qu'une majorité de protistes et un grand nombre de bactéries.

Hydrophytes
Plantes vivant entièrement submergées dans l'eau, ou dont les feuilles supérieures flottent, ou encore dont la totalité flotte sur l'eau.

Hyménoptères
Ordre d'INSECTES incluant les fourmis, les guêpes et les abeilles. Ils sont caractérisés par un rétrécissement marqué, ou « taille », entre le thorax et l'abdomen. La plupart des insectes sociaux appartiennent à cet ordre.

I

Ichtyosaures
Reptiles aquatiques ayant vécu du Trias jusqu'à la moitié du Crétacé, soit de − 248 à − 80 millions d'années. Les ichtyosaures avaient l'aspect de poissons, avec un corps profilé, des membres modifiés en nageoires et une queue ressemblant à celle d'un poisson. Leurs petits naissaient vivants, faculté que l'on ne trouve plus chez les reptiles actuels.

Insectes
Principal groupe d'invertébrés terrestres et l'un des groupes d'animaux les plus prospères. Autrefois classés dans les ARTHROPODES, ils sont aujourd'hui intégrés dans un nouvel embranchement, les UNIRAMÉS, qui incluent également les Myriapodes (scolopendres et mille-pattes). Les insectes peuvent être divisés entre formes primitives aptères (APTÉRYGOTES), et formes ailées ainsi que les espèces aptères qui en descendent (Ptérygotes). Ces derniers peuvent être divisés en ENDOPTÉRYGOTES et EXOPTÉRYGOTES. On pense que les insectes et les myriapodes ont évolué à partir de la même souche que les vers annélides ; les ONYCHOPHORES pourraient constituer un stade intermédiaire.

Insectivores
Ordre de MAMMIFÈRES qui inclut les musaraignes, les hérissons, les taupes et les tenrecs. Tous sont petits, ont un museau pointu, et sont souvent dotés de moustaches développées et de dents acérées. Le terme d'insectivores sert également à désigner tout animal mangeur d'insectes.

Invertébrés
Désigne les animaux sans colonne vertébrale. Ils constituent une collection variée de groupes allant des simples éponges aux insectes hautement spécialisés et aux araignées. Hormis l'absence universelle de colonne vertébrale, la plupart de ces groupes ont peu de chose en commun. Un embranchement, les CORDÉS, se divise entre invertébrés et vertébrés.

K

Kinorhynques
Minuscules animaux de moins de 1 mm de long, ressemblant à des vers, que l'on trouve sur les sables côtiers. Ils sont segmentés superficiellement, mais ne semblent pas apparentés au principal groupe de vers segmentés, les annélides.

L

Labyrinthodontes
Ordre éteint d'AMPHIBIENS, les labyrinthodontes ont existé entre le Carbonifère et le Trias, soit de − 360 à − 213 millions d'années. Certains mesuraient jusqu'à 5 mètres de long, tous étant pourvus de dents dont la dentine formait des lignes ondulées visibles en coupe, d'où leur nom de « dents-labyrinthes ».

Lagomorphes
Ordre de MAMMIFÈRES comprenant les lièvres, lapins et pikas. Ils furent pendant un temps classés parmi les RONGEURS, car ils possèdent des incisives en constante croissance. Tous sont herbivores et possèdent dans l'intestin des bactéries aidant à la digestion de la cellulose.

Lamellibranches
Autre nom des mollusques BIVALVES.

Légumineuses
Plantes de la famille des pois et des haricots dont les fruits portent le nom de COSSES. Les espèces économiquement importantes incluent la luzerne, le pois chiche, la lentille, le petit pois, l'arachide et le soja.

Lépidoptères
Ordre d'INSECTES comprenant les papillons diurnes et nocturnes. Ils sont caractérisés par un proboscis enroulé qu'ils utilisent pour s'alimenter, et par des ailes recouvertes de minuscules écailles de chitine se chevauchant, qui leur confèrent leurs couleurs et leurs motifs.

Lépospondyles
Ordre éteint d'AMPHIBIENS, connu seulement à partir de fossiles ayant vécu au cours du Carbonifère et du Permien, soit de − 360 à − 248 millions d'années, à côté des LABYRINTHODONTES. Ils mesuraient jusqu'à 60 cm de long. Certains ressemblaient à des serpents, d'autres présentaient de curieuses modifications du crâne. Ils n'ont pas de descendants actuels.

Levures
CHAMPIGNONS unicellulaires appartenant principalement aux Ascomycètes. Dans la nature, de nombreuses levures vivent à la surface des fruits, décomposant leurs sucres et créant sur leur peau une mousse blanchâtre caractéristique. Certaines levures provoquent des maladies chez les plantes, comme le champignon parasite de l'orme, tandis que d'autres entraînent des maladies de la peau et des muqueuses chez l'homme. Certaines levures « domestiquées » sont utilisées dans la fabrication du pain, de la bière ou du vin. En l'absence d'une quantité suffisante d'oxygène, les levures sont capables de fermentation, c'est-à-dire la décomposition de sucres, pour produire de l'alcool (éthanol) et du dioxyde de carbone. Les levures sont aussi cultivées comme source de vitamines B. Plusieurs champignons ont à la fois une forme unicellulaire comparable à celle d'une levure et une forme mycélienne plus normale, et peuvent opter pour l'une ou l'autre en fonction des circonstances.

Lichens
Nom donné aux organismes qui sont une association entre CHAMPIGNONS et organismes unicellulaires photosynthétiques, CYANOBACTÉRIES

ou ALGUES. Leur relation peut être une forme de MUTUALISME par lequel le champignon empêche l'algue ou la cyanobactérie de sécher et bénéficie, en retour, de nourriture produite par photosynthèse. Cependant, il a été démontré que les algues de certains lichens peuvent survivre sans champignon, tandis que le champignon seul a de la difficulté à croître et à se reproduire ; ainsi la relation peut être unilatérale, l'algue en retirant peu d'avantages.

Lophophoriens

Embranchement proposé qui inclurait tous les animaux dotés d'un lophophore — organe tentaculaire de nutrition que l'on trouve chez les BRACHIOPODES, les PHORONIDES, les BRYOZOAIRES et les entoproctes. A l'heure actuelle, il n'est pas certain que ces organismes partagent tous un ancêtre intermédiaire commun.

Lycopodes

Plantes vasculaires primitives de l'Ordre des Lycopodiales apparentées aux fougères (voir PTÉRIDOPHYTES). Elles possèdent des tiges rampantes qui se ramifient de façon dichotomique, et de petites feuilles disposées en spirales. On les trouve surtout sous les tropiques quoique certaines se rencontrent dans les climats tempérés.

M

Mammifères

Classe de VERTÉBRÉS qui se distinguent des autres animaux par leur aptitude à nourrir leurs petits avec du lait produit par les glandes mammaires et par leur corps recouvert de poils. Comme les oiseaux, ils sont homéothermes. Les mammifères se répartissent en trois groupes principaux : les MONOTRÈMES, les MÉTATHÉRIENS (marsupiaux) et EUTHÉRIENS (mammifères placentaires). Les premiers pondent des œufs (ornithorynques et échidnés) ; ils constituent un lien avec les mammifères ancestraux qui ont évolué à partir de reptiles ovipares. Les deux autres groupes portent leurs petits vivants (dans l'utérus ou dans une poche). Ils constituent deux lignes d'évolution distinctes, à l'intérieur des mammifères, qui se sont développées séparément en raison de l'isolation géographique.

Marsupiaux (voir MÉTATHÉRIENS)

Mésozoaires

Embranchement de petits invertébrés parasitaires d'aspect très inhabituel. Ils se composent de deux couches de cellules qui ne sont pas comparables à l'endoderme et à l'ectoderme d'autres animaux. Les mésozoaires ne montrent aucune affinité avec tout autre invertébré.

Métazoaires

Terme peu usité désignant les animaux multicellulaires. Le terme fut introduit, à l'origine, pour établir une distinction entre animaux multicellulaires et unicellulaires, ou PROTOZOAIRES, à une époque où ces derniers étaient inclus dans le règne ANIMAL.

Métathériens (marsupiaux)

Ordre de MAMMIFÈRES incluant les opossums et les kangourous. On en compte 236 espèces actuelles, surtout en Australie et quelques-unes en Amérique. Les métathériens donnent naissance à des petits totalement immatures, qui sont transférés dans la poche de la mère où ils continuent leur développement en se nourrissant de lait.

Mildiou

Nom général désignant la croissance superficielle de nombreux types de champignons que l'on trouve souvent sur les végétaux et les matières dérivées des végétaux. Les mildious poudreux sont causés par des champignons appartenant aux Ascomycètes (Ordre des Érysiphacées), l'effet poudreux étant dû aux masses de spores. Ces champignons infectent communément les roses, les pommes, les phlox, les melons, etc. Les mildious duveteux sont causés par les Phycomycètes. Ils infestent couramment de nombreuses cultures de légumes.

Moisissures gélatineuses (myxomycètes)

Organismes simples qui vivent dans les souches en décomposition, les amas de terre ou de feuilles, les bactéries ingérées, les levures ou autres matières organiques. Les formes les plus connues sont les moisissures qui ont un cycle de vie à phases unicellulaire et multicellulaire. Dans la phase unicellulaire, les cellules sont identiques aux AMIBES protozoaires et vivent de l'ingestion de bactéries. En cas de pénurie alimentaire, ces amibes s'agrègent pour former une masse de cellules, connue sous le nom de pseudoplasmode, qui se déplace jusqu'à ce qu'elle ait trouvé un endroit approprié pour libérer des spores. Elle se développe ensuite à l'intérieur d'un corpuscule reproducteur pédonculé qui relâche des spores, ces dernières germant pour donner naissance à de nouvelles amibes. D'autres moisissures gélatineuses existent en tant que réseaux acellulaires de protoplasme, ressemblant plutôt au mycélium d'un champignon. Connues sous le nom de moisissures plasmodiques, elles produisent également des corps féconds qui libèrent des spores. C'est parmi les moisissures gélatineuses plasmodiques que des formes parasitaires se rencontrent. Autrefois considérées comme des champignons par les taxonomistes, ceux-ci, aujourd'hui, les classent en général séparément dans le Règne des PROTOCTISTES.

Mollusques

Embranchement d'animaux invertébrés à corps mou protégé par une coquille calcaire. On compte plus de 80 000 espèces vivantes qui se répartissent en trois classes principales : Gastéropodes, Bivalves et Céphalopodes. Les GASTÉROPODES incluent les limaces, escargots, patelles, haliotides et abalones. Leur corps se divise en une tête, une bosse viscérale (le manteau) et un pied musculaire. La tête porte les tentacules. Au cours de son développement, la bosse viscérale se tord à 180° dans le sens inverse des aiguilles d'une montre. L'anus et la cavité du manteau se trouvent ainsi ramenés vers l'avant du corps, de sorte que l'animal peut rentrer sa tête à l'intérieur de la cavité du manteau s'il se sent menacé. Les limaces et limaces de mer ont perdu leur coquille, mais la majorité d'entre elles subit encore la torsion, vestige de leur évolution passée. On peut le voir sur de nombreuses limaces de jardin dont le pneumostone, ou pore respiratoire, est situé sur un côté du manteau plutôt qu'au centre. Les BIVALVES (lamellibranches) comprennent les clams, huîtres, coques, moules, coquilles Saint-Jacques dotés d'une coquille articulée en deux parties, et les pholades et tarets dont les coquilles allongées, au bord effilé, sont adaptées pour creuser des galeries dans le bois. La plupart des bivalves se nourrissent en absorbant de l'eau au et en filtrant les particules alimentaires qui s'y trouvent, au moyen de milliers de cils, puis en rejetant cette eau. Comme ils traitent ainsi de grandes quantités d'eau, ils tendent à accumuler les polluants tels que des métaux lourds et, dans le cas d'égouts se déversant dans la mer, des microbes pathogènes humains. La consommation de ces mollusques est donc dangereuse en de nombreuses zones. Les CÉPHALOPODES englobent les calmars, pieuvres et seiches. Ils sont caractérisés par la pré-

sence de tentacules et, à l'exception du nautile, par une coquille interne de taille plus réduite. Leur système nerveux et leur cerveau sont très développés et leurs yeux fort semblables à ceux des VERTÉBRÉS. Ils se déplacent en rampant sur le fond marin ou par propulsion à réaction en expulsant brutalement de l'eau par un siphon. Il existe également plusieurs groupes mineurs de mollusques incluant les CHITONS (Polyplacophores), le Dentalium (Scaphopodes), les NÉOPILINES segmentées (Monoplacophores) et les Solénogastres (Aplacophores).

Monères

Désigne en TAXONOMIE le RÈGNE incluant les BACTÉRIES et CYANOBACTÉRIES. Tous les membres des Monères sont des organismes unicellulaires, bien que certains vivent en colonies simples de cellules. Ils sont PROCARYOTES, dotés de parois cellulaires rigides ou semi-rigides.

Monocotylédones

Plantes à fleurs ou ANGIOSPERMES, produisant des graines au moyen d'un seul lobe (COTYLÉDON). Les feuilles sont dotées de nervures parallèles et leurs inflorescences vont par trois ou par multiple de trois (voir DICOTYLÉDONES).

Monotrèmes

Subdivision des MAMMIFÈRES incluant les échidnés et les ornithorynques. Contrairement aux autres mammifères, ils pondent des œufs comme leurs ancêtres reptiles ; toutefois, ils allaitent leurs petits. Les espèces actuelles ne se rencontrent qu'en Australie.

Mustélidés

Famille de MAMMIFÈRES à corps long et pattes courtes appartenant à l'Ordre des CARNIVORES. Les mustélidés comprennent les visons, hermines, martres, putois, furets, mouffettes, blaireaux, gloutons et loutres.

Myriapodes

Groupe d'invertébrés terrestres, dotés d'une seule paire d'antennes, d'un tronc composé de segments pourvus de pattes et d'un long intestin tubulaire. Les zoologistes répartissent les 11 000 espèces en quatre classes distinctes : chilopodes (scolopendres), diplopodes (mille-pattes), symphyles et pauropodes. Les chilopodes ont un corps aplati, pourvu d'une paire de pattes par segment et possèdent des pinces venimeuses ; ce sont des carnivores se déplaçant rapidement. Les diplopodes ont un corps cylindrique et généralement deux pattes par segment. Leurs pattes nettement plus courtes que celles des scolopendres sont adaptées au fouissage. Les deux derniers groupes sont tous deux constitués de tout petits animaux que l'on voit rarement et qui vivent dans le sol ou sous des souches en décomposition. On pense que les myriapodes sont apparentés aux insectes et on les classe souvent avec eux dans les UNIRAMÉS sous prétexte que leurs membres ne sont pas ramifiés (voir aussi ARTHROPODES).

Myxine

L'un des deux types de poissons sans mâchoires, ou AGNATHES.

N

Némathelminthes

Groupe de petits animaux plutôt hétérogènes, classés auparavant dans des embranchements séparés. Ils incluent les ROTIFÈRES, formes microscopiques que l'on trouve principalement en eau douce et les NÉMATODES, ou vers ronds, qui vivent en parasites ou en espèces libres.

Nématodes

Vaste Embranchement de vers non segmentés pratiquement omniprésents dans l'écosystème, connus sous le nom de vers ronds, de nombreuses espèces sont des parasites ou des nuisibles des cultures. Une cuticule multicouche solide recouvre leur corps et les rend hautement résistants à la dessiccation, aux blessures et aux toxines.

Némertes (Némertiens)
Embranchement d'invertébrés au corps mou, non segmenté, ressemblant à des vers, et connus sous le nom de vers rubanés ou vers à trompe. On en conaît environ 600 espèces ; la plupart sont marines, mais certaines vivent en eau douce et quelques-unes dans le sol. D'une longueur moyenne de 20 mm, les némertes peuvent atteindre de 55 m *(Lineus longissimus)*.

Néopiline
Membre des MOLLUSQUES que l'on croyait éteint vers la fin du Dévonien, soit il y a 345 millions d'années, mais que l'on a découvert vivant en 1952. A la différence des autres mollusques, elle est segmentée et l'on a suggéré que c'était l'indication d'un ancêtre segmenté pour l'ensemble du groupe. Mais on a des doutes pour ce qui est de savoir si la segmentation de la Néopiline est un trait primitif ou un trait acquis secondairement. Des détails concernant la structure de son corps suggèrent cette dernière hypothèse. L'étude de la larve de Néopiline pourrait apporter une réponse mais, malheureusement, l'animal vit en eau très profonde et nulle forme larvaire n'a pu être observée.

O

Odonates (Odonadoptères)
Ordre d'INSECTES comprenant les libellules, les agrions et les éphémères. C'est probablement le plus vieux groupe d'insectes volants. Les odonates ont peu changé par rapport à leurs ancêtres du Carbonifère ; tous ont des nymphes aquatiques.

Oiseaux
Classe des vertébrés homéothermes (à sang chaud) qui pondent des œufs et volent, bien que certaines espèces aient perdu cette aptitude. On compte environ 8 600 espèces d'oiseaux. Le vol est rendu possible par un squelette léger, la présence dans la cavité corporelle d'une série de sacs aériens et la transformation des membres avant en ailes, animées par d'importants muscles. Les plumes — que l'on ne trouve chez aucun autre groupe d'animaux — constituent les surfaces de vol alaires et caudales et fournissent à tout le corps une couche isolante.

Oiseaux inaptes au vol
Membres de la Classe des Oiseaux qui ont perdu la faculté de voler. Le principal groupe est constitué par les RATITES qui incluent : autruches, émeus, nandous, kiwis, casoars et diverses formes éteintes. Les Carinates comprennent les pingouins, le cormoran aptère des Galapagos, le grand pingouin disparu de l'Atlantique Nord et le kakapo, perroquet nocturne aptère, que l'on trouve en Nouvelle-Zélande. Les formes aptères ont souvent évolué sur les îles d'où sont absents les mammifères prédateurs, et espèces sont particulièrement vulnérables aux chasseurs et aux chats féraux. Nombre de ces oiseaux insulaires ont disparu (l'oiseau-éléphant, le moa et le dronte) et davantage encore se trouvent menacés.

Oligochètes
Classe d'ANNÉLIDES qui inclut les vers de terre.

Ombellifères
Famille de plantes caractérisées par des ombelles (inflorescences en parapluie, ressemblant à de la dentelle) qui comprend le cerfeuil sauvage, la ciguë, et différentes plantes de culture, telles que carottes, persil, fenouil, coriandre, panais et angélique.

Ongulés
Nom général désignant les mammifères à sabots, comprenant les PÉRISSODACTYLES (doigts en nombre impair) et les ARTIODACTYLES (doigts en nombre pair).

Onychophores
Groupe d'invertébrés terrestres qui semblent être intermédiaires entre les vers annélides et les UNIRAMÉS — myriapodes et insectes. Leur corps est mou comme celui des ANNÉLIDES et ils ont sensiblement la forme d'un ver ; toutefois, ils respirent au moyen d'une trachée et sont dotés d'antennes et de pattes semblables à celles d'une chenille.

Ophiures
Groupe d'ÉCHINODERMES de la Classe des Ophiuroïdes. Elles possèdent des bras longs et flexibles clairement différenciés du corps central, en forme de disque.

Ordre
Désigne en TAXONOMIE un groupe de familles apparentées. Par exemple, l'Ordre des Chiroptères comprend les chauves-souris, l'Ordre des Lépidoptères, les papillons diurnes et nocturnes. Les ordres apparentés sont regroupés en classes.

Ornitischiens (SYN. avipelviens)
Ce terme désigne un groupe de DINOSAURES dotés d'une ceinture pelvienne semblable à celle des oiseaux. Cette ressemblance avec les oiseaux est une pure coïncidence : les oiseaux ont en fait évolué à partir d'un autre groupe, les SAURISCHIENS. Tous les ornitischiens étaient herbivores. Les stégosaures, quadripèdes, étaient dotés de plaques osseuses triangulaires sur le dos, et les ankylosaures ressemblaient à des tatous. Les dinosaures, bipèdes à bec de canard, étaient parfaitement équipés pour la nage.

Orthoptères
Ordre d'INSECTES qui inclut les sauterelles, les grillons, les sauterelles d'Amérique et les criquets. La plupart d'entre eux sont dotés de pattes postérieures nettement plus importantes pour le saut.

Ostéichthyens
Classe des poissons osseux, incluant les ordres des ACTINOPTÉRYGIENS et des SARCOPTÉRYGIENS (poissons à lobes). L'appellation « poisson osseux » est parfois également utilisée de façon très libre pour désigner uniquement les poissons à nageoires supportées par des rayons, étant donné qu'ils comprennent l'un des deux principaux groupes de poissons, l'autre étant les requins et les raies, ou poissons cartilagineux (CHONDRICHTHYENS). Comme le cartilage précède l'os dans le développement du squelette vertébré, on a cru que le poisson cartilagineux représentait un stade plus primitif que le poisson osseux, mais cette idée est aujourd'hui écartée. Le terme de « poisson osseux » est en train de tomber en désuétude, car les AGNATHES — poissons primitifs sans mâchoires — qui ne sont pas membres des OSTÉICHTYENS ont également un squelette osseux, et il est manifeste que les ancêtres des poissons cartilagineux étaient également osseux. La distinction entre poissons cartilagineux d'un côté et poissons osseux de l'autre est donc trompeuse.

P

Parasite des nids
Animal qui se repose sur une autre espèce pour élever sa progéniture. L'exemple le plus connu en est le coucou qui pond son œuf dans le nid d'un autre petit passereau (fauvette, accenteur mouchet ou hoche-queue). Parmi les insectes, plusieurs espèces d'abeilles et de guêpes pondent leurs œufs dans le nid d'autres abeilles ou guêpes qui, sans le savoir, élèvent les petits étrangers ; ces espèces sont connues sous les noms « d'abeilles-coucous » et « guêpes-coucous ».

Passereaux
Membres de l'Ordre d'oiseaux le plus important, les Passérinés ou oiseaux chanteurs. L'ordre n'inclut pas moins de 60 familles différentes et représente environ la moitié des espèces vivantes d'oiseaux. Il comprend : les roitelets, pies-grièches, hirondelles, alouettes, gobe-mouches, mésanges, sittelles, fringillidés, moineaux, étourneaux, loriots, ménures, oiseaux de paradis et corvidés. Ils se caractérisent par leurs pattes à quatre doigts dirigés vers l'avant, qui leur permettent de s'agripper efficacement à de minces perchoirs. Grâce à leur syrinx (cordes vocales) ils émettent des chants complexes.

Périssodactyles (ongulés)
Ordre de MAMMIFÈRES herbivores incluant les rhinocéros, les tapirs et les chevaux. Tous possèdent un ou trois doigts, le poids de leur corps étant supporté par le doigt central de chaque pied (voir aussi ARTIODACTYLES).

Phoronidiens
Embranchement d'animaux marins vermiformes mesurant généralement moins de 200 mm de long. Chaque individu vit dans un tube qu'il sécrète, enterré dans le sable ou attaché à une roche ou un coquillage, dans les mers profondes, tempérées ou tropicales. On compte quelque 11 espèces seulement, dont la plupart vivent en colonies. Ils possèdent un lophophore, c'est-à-dire une couronne ciliée de tentacules, utilisée pour filtrer les particules alimentaires contenues dans l'eau. Cette caractéristique suggère un lien avec les brachiopodes et les animaux-mousses (voir LOPHOPHORIENS).

Pinnipèdes
Ordre incluant les phoques, les otaries et les morses. A la différence des autres mammifères marins comme les CÉTACÉS, ils abordent la terre ferme pour donner naissance à leurs petits ; c'est pourquoi ils ont conservé des membres postérieurs et de la fourrure.

Plancton
Animaux et plantes microscopiques marins. Ils dérivent plus ou moins passivement sous l'influence des courants océaniques et constituent un maillon d'importance vitale au sein de la chaîne alimentaire marine. L'essentiel du plancton est constitué de végétaux minuscules (phytoplancton) incluant des ALGUES unicellulaires, des DINOFLAGELLÉS et des DIATOMÉES. Le phytoplancton peut se trouver en quantité importante au point de colorer l'eau. Il sert d'aliment à des animaux composant le zooplancton. Celui-ci inclut les œufs, larves et adultes d'un grand nombre d'espèces animales allant du protozoaire au poisson. Le zooplancton constitue une nourriture importante pour les gros animaux tels que les baleines ou les poissons tels que les harengs. Le phytoplancton se trouve confiné aux couches supérieures de la mer que la lumière peut atteindre, tandis qu'il a été trouvé du zooplancton à de grandes profondeurs.

Plante
Membre du Règne végétal. Toutes les plantes accomplissent la photosynthèse à l'exception de quelques espèces parasitaires qui ont perdu cette capacité. Comme celle-ci a pour origine le pigment vert qu'est la chlorophylle, toutes les espèces non parasitaires sont vertes, à moins

que cette couleur ne soit masquée par quelque autre pigment. Les plantes ne sont pas motiles, à la différence de la plupart des animaux, ce qui leur autorise une forme de croissance beaucoup plus souple ; en général, elles n'ont pas de taille ou de forme définies auxquelles tous les membres de l'espèce se conforment. Les cellules des plantes sont eucaryotiques mais avec certains caractères que l'on ne rencontre pas chez d'autres EUCARYOTES (animaux et champignons) : des chloroplastes et autres plastides, une grande vacuole centrale, et des parois cellulaires en cellulose. D'autres traits caractéristiques des plantes incluent une cuticule imperméable, des ouvertures connues sous le nom de stomates, à travers lesquelles s'effectuent les échanges gazeux, et des zones où se produit la croissance, les méristèmes. Dans les végétaux supérieurs, le corps de la plante peut se diviser entre racines, tige, feuilles et bourgeons. Chez les formes plus simples, le corps de la plante se compose d'un thalle, parfois doté de rhizoïdes en forme de racines.

La question de savoir avec exactitude quels organismes doivent être inclus dans le règne végétal demeure un point de débat entre taxonomistes. Toutes les plantes à fleurs (ANGIOSPERMES), les conifères et apparentés (GYMNOSPERMES), les fougères, lycopodes et prêles (PTÉRIDOPHYTES), ainsi que les mousses et hépathiques (BRYOPHYTES) y figurent (on parle souvent de « plantes terrestres », quoique certaines, comme les nénuphars et les lentilles d'eau, soient retournées à une forme de vie aquatique).

La plupart des taxonomistes incluent également les ALGUES (algues d'eau de mer et d'eau douce et algues unicellulaires). D'autres taxonomistes placent les algues dans le Règne des PROTOCTISTES en raison de leur niveau d'organisation plus simple. En réalité, il y a probablement un solide lien d'évolution entre les algues vertes unicellulaires, les algues vertes multicellulaires (comme la Spirogyra et la laitue de mer Ulva) et les plus simples des plantes terrestres, les hépatiques et les mousses ; ce qui rend la séparation entre algues et plantes terrestres plutôt artificielle.

Plantes à feuilles persistantes
Plantes qui conservent leurs feuilles tout au long de l'année, bien que celles-ci tombent et soient remplacées continuellement. Le houx, le laurier et le pin en sont des exemples (voir aussi ARBRES À FEUILLES CADUQUES).

Plantes dioïques
Plantes dont les organes mâles et femelles croissent sur des plantes séparées : le saule, le chanvre et l'asperge (voir aussi PLANTES MONOÏQUES).

Plantes grasses (SYN. succulentes)
Plantes dont les feuilles ou les tiges renflées sont adaptées à la vie des régions arides. Les cactées en sont les plus connues ; toutefois, on en trouve des représentants dans d'autres familles, notamment les Crassulacées (orpins, crassules et joubarbes) et les Aizoacées (ficoïdées, mésembryanthémées). De nombreuses plantes grasses produisent des fleurs colorées, bien que souvent éphémères.

Plantes monoïques
Plantes unisexuées dont les fleurs mâles et femelles sont sur un même pied : le chêne, le maïs et le noyer (voir aussi PLANTES DIOÏQUES).

Plantes vasculaires
Membres du Règne végétal chez lesquels des tissus vasculaires (xylème et phloème) sont présents, et dont les différentes parties (racines, tiges, feuilles) sont nettement différenciées. Les plantes vasculaires comprennent les PTÉRIDO-PHYTES, les GYMNOSPERMES et les ANGIOSPERMES. Chez toutes, le sporophyte est dominant et le gamétophyte peu apparent ou inclus dans celui-ci.

Plathelminthes (vers plats)
Embranchement d'invertébrés simples au corps aplati comprenant les douves parasitaires (Trématodes) et les ténias (Cestodes) ainsi que les vers libres turbellariés que l'on trouve dans les habitats marins ou d'eau douce, ou qui glissent sur les feuilles des arbres des forêts tropicales humides.

Plésiosaures
Reptiles disparus qui ont vécu au cours du Jurassique et du Crétacé, soit de 213 à 65 millions d'années. Ils moururent juste avant la fin du Crétacé. Les plésiosaures étaient aquatiques et dotés d'un long cou et de membres modifiés en rames.

Pogonophores
Embranchement comprenant une centaine d'espèces d'animaux marins vermiformes, dénués de bouche et d'intestin. Ils absorbent les substances nutritives directement à partir de l'eau, au travers de leur surface corporelle ; certains ont également des bactéries symbiotiques qui vivent à l'intérieur de leurs tissus et les alimentent en substances nutritives. Les pogonophores vivent dans des tubes qu'ils sécrètent ; certains d'entre eux atteignent une longueur de 1,5 m, mais tous sont étroits, ne dépassant pas quelques millimètres de diamètre.

Poissons
Nom général désignant quatre groupes distincts de vertébrés aquatiques : les poissons sans mâchoires ou AGNATHES, les poissons cartilagineux ou CHONDRICHTHYENS, les poissons à nageoires rayonnées ou ACTINOPTÉRYGIENS, et les poissons à nageoires lobées ou SARCOPTÉRYGIENS. Ces deux derniers groupes constituent ensemble les POISSONS dits OSSEUX ou OSTÉICHTHYENS ; toutefois, les AGNATHES ont également des os.

Poissons à nageoires lobées (voir SARCOPTÉRYGIENS)

Poissons à nageoires rayonnées (voir ACTINOPTÉRYGIENS)

Poissons osseux (voir OSTÉICHTYENS)

Polychètes
Classe d'ANNÉLIDES incluant les néréis et les arénicoles.

Polype
Forme sessile de certains CNIDAIRES cupuliformes, typique des coraux, des anémones de mer et des hydroïdes. La couronne de tentacules située au sommet entoure la bouche et fait également office d'anus.

Polyzoaires (voir BRYOZOAIRES)

Prêle
Groupe de plantes appartenant aux PTÉRIDOPHYTES. Leurs feuilles minces, en forme de fouets, poussent en verticilles peu visibles, espacés le long d'une tige épaisse et robuste. Des tiges séparées portent les structures reproductrices qui naissent dans des « cônes » charnus à leur sommet.

Priapuliens
Petit embranchement de vers invertébrés. Ils sont non segmentés et dotés d'une importante trompe qui leur sert à s'alimenter. Les larves de ces vers circulent librement dans les couches superficielles des sédiments des fonds marins, mais les adultes sont des animaux sédentaires fouisseurs.

Primates
Ordre de MAMMIFÈRES auquel appartiennent les tarsiers, galagos, lémuriens, singes, anthropoïdes, ainsi que les hominiens. Sous certains aspects, les primates ne figurent pas parmi les mammifères les plus évolués ; par exemple, la clavicule et les cinq doigts à chaque main ont été conservés. Sous d'autres aspects, ils sont spécialisés : les mains et les pieds sont modifiés de façon à saisir les branches ; les griffes sont devenues des ongles plats et les yeux procurent une vision stéréoscopique et en couleurs. Plus important encore, le cerveau est très développé, particulièrement les régions concernées par l'association abstraite des signaux sensoriels ; les tarsiers, galagos, pottos et lémuriens sont les moins évolués des primates ; leur appellation collective est souvent celle de PROSIMIENS. Dans la plupart des régions du monde, ils en fait place aux singes et anthropoïdes, plus évolués. Certains prosimiens sont exclusivement insectivores et quelques primates totalement végétariens (par exemple le gorille), mais la plupart des primates sont omnivores, incluant dans leur alimentation des matières végétales, des insectes et de petits vertébrés.

Procaryote
Organisme à petite cellule simple, dénué de noyau et d'organites membraneux tels que mitochondries, chloroplastes, ou réticulum endoplasmique. Les procaryotes incluent les bactéries et les cyanobactéries, tous les autres organismes vivants étant des EUCARYOTES. Le matériau génétique des procaryotes existe sous la forme d'une simple boucle d'ADN située à proximité du centre de la cellule. La cellule contient des ribosomes, mais ceux-ci sont d'un type différent de ceux que l'on trouve dans les cellules eucaryotiques. A l'intérieur des procaryotes, il se produit une variation considérable de la structure de la cellule. Les cyanobactéries, par exemple, ont des développements complexes de la membrane cellulaire sur lesquels sont localisées les enzymes photosynthétiques. Tous les procaryotes sont pourvus d'une paroi cellulaire rigide ou semi-rigide et tous unicellulaires, bien que des formes coloniales se rencontrent. Certains ont un simple flagelle. En raison de leur structure cellulaire, les procaryotes sont classés dans un RÈGNE qui leur est propre, les MONÈRES.

Prosimiens
Terme collectif désignant les groupes de PRIMATES les plus primitifs, c'est-à-dire les tarsiers, les galagos, les pottos, les loris et les lémuriens.

Protistes
Membres du Règne des Protistes. Tous sont unicellulaires ou forment des colonies simples de cellules. A la différence du Règne des MONÈRES (BACTÉRIES et CYANOBACTÉRIES), ils sont eucaryotiques. Les PROTOZOAIRES, tels que les amibes, les euglénoïdes et les ciliés, forment le noyau des Protistes, mais les taxonomistes sont en désaccord sur les organismes qui, en dehors des protozoaires, devraient y être inclus. Les organismes photosynthétiques tels que les distomées et les dinoflagellés sont classés, par certains, avec les protistes, par d'autres, avec les ALGUES. Certaines classifications modernes élargissent le groupe avec différents organismes simples multicellulaires, comme les algues, pour former le Règne des PROTOCTISTES ; le terme de « protiste » sert parfois à faire référence aux membres de ce nouveau règne.

Protoctistes
Nouveau RÈGNE que l'on trouve dans certains schémas taxonomiques. Il a pour base le Règne des PROTISTES, mais inclut également les moisissures gélatineuses, les ALGUES et d'autres groupes mineurs.

Protozoaires
Groupe d'organismes unicellulaires eucaryotiques qui ne sont étroitement apparentés à

aucun groupe d'organismes multicellulaires — ce ne sont pas des levures (champignons), ni des algues unicellulaires — et qui possèdent différentes caractéristiques analogues à celles des animaux, telles que la motilité, la nutrition hétérotrophique et l'absence de paroi cellulaire rigide. Le groupe ne partage indubitablement pas d'ancêtre commun immédiat et il est difficile à définir étant donné qu'il inclut certains organismes capables de photosynthèse mais pouvant également croître dans l'obscurité en ingérant de la nourriture et ayant besoin de certains acides aminés dans leur régime, même en période de photosynthèse ; ce ne sont donc pas de véritables AUTOTROPHES. Les principaux protozoaires photosynthétiques sont membres du genre Euglena. Ils ont pour proches parents certains protozoaires non photosynthétiques, et l'on croit généralement que ceux-ci ont évolué à partir des formes photosynthétiques par perte de leurs chloroplastes. Bien qu'étant photosynthétique, Euglena possède de nombreux traits analogues à ceux de animaux, qui lui valent sa place chez les Protozoaires.

Ptéridophytes
Division du RÈGNE végétal incluant les fougères, les prêles et les lycopodes. Toutes ces plantes contiennent des tissus vasculaires qui se différencient en racines, tiges et feuilles. Elles ne produisent pas de graines ou de fleurs ; toutefois, on pense que les plantes porteuses de semences (GYMNOSPERMES et ANGIOSPERMES) ont évolué à partir d'un ancêtre fougère. Autrefois, les ptéridophytes étaient beaucoup plus répandus et prospères qu'aujourd'hui ; les lycopodes arborescents constituaient les forêts marécageuses du Carbonifère.

Ptérosaures (SYN. Ptérodactyles)
REPTILES disparus qui ont vécu au cours du Jurassique et du Crétacé, soit de 213 à 65 millions d'années. Les ptérosaures étaient aptes à voler et ils étaient dotés d'un quatrième doigt allongé supportant des ailes membraneuses. Ils étaient homéothermes (à « sang chaud ») et leur corps était couvert de poils. Ils ne faisaient pas partie du groupe des DINOSAURES et formaient une lignée évolutive distincte de celle des oiseaux.

Pycnogonides (araignées de mer)
Animaux marins classés comme CHÉLICÈRES, mais qui ne sont pas apparentés directement aux araignées terrestres (voir ARACHNIDES). Ils ont un corps très mince, doté de huit, dix ou douze pattes. Les parties hautes de leurs pattes sont aussi épaisses que le corps lui-même et renferment certains des organes internes, notamment une partie de l'intestin et des organes reproducteurs. Les araignées de mer se nourrissent d'hydroïdes vivant en colonies, d'éponges et d'autres proies sédentaires. Le mâle accepte les œufs de la femelle et les porte collés à ses pattes, jusqu'à éclosion.

R

Race
Terme désignant, à l'intérieur d'une ESPÈCE, un sous-groupe dont les membres ont des caractéristiques physiques suffisamment différentes de celles de la plupart des membres d'un autre sous-groupe, pour qu'il soit considéré comme une entité distincte. En particulier, le terme est utilisé relativement à l'espèce humaine, *Homo sapiens ;* on distingue les races caucasoïde, mongoloïde et négroïde. Il est impossible d'établir, sans ambiguïté, des distinctions entre races, aussi la validité du concept de race chez *Homo sapiens* est aujourd'hui mise en doute ; toutefois, les catégories

demeurent en usage. De telles différences raciales sont principalement le fruit d'une adaptation à des environnements différents, et sont, dans une bonne mesure, superficielles. Il n'existe pas de différence intellectuelle entre les races et toutes peuvent se reproduire entre elles.

Radiolaires
Groupe de PROTOZOAIRES classés avec les amibes dans la classe des Sarcodines. Ils sont sphériques et possèdent un squelette interne constitué de spicules de silice rayonnant à partir du centre. Comme les amibes, ils ont des pseudopodes — les axopodes — très longs et minces. Ils ont un axe central composé de microtubules de protéine qui rendent l'axopode contractile, ou d'un spicule qui le rigidifie. Les axopodes contractiles peuvent servir à charrier une proie, prise au piège par leurs surfaces collantes, jusqu'à la cellule, tandis que les axopodes rigides peuvent être utilisés pour « marcher » le long d'une surface ou pour « transporter » la cellule. Les radiolaires ont une structure cellulaire très complexe à compartiment central séparé par une membrane et non pénétré par le squelette, contenant un ou plusieurs noyaux, et un compartiment externe qui contient de nombreuses vacuoles ainsi que les spicules du squelette. Ces vacuoles permettent à la cellule de réguler la flottabilité. La plupart des radiolaires flottent parmi le plancton, mais on en trouve également sur les fonds marins.

Rapaces
Terme général désignant les oiseaux de proie qui chassent des VERTÉBRÉS, comme le font les aigles et les faucons ; parfois, on y inclut les Strigiformes (hiboux, chouettes, etc.). Le terme est également employé en TAXONOMIE pour désigner l'Ordre des Falconiformes (ou Accipitriformes), lequel comprend les aigles, buses, vautours, éperviers, circaètes, busards, milans, pygargues et vautours de l'Ancien Monde (Accipitridés) ; les vrais faucons (faucon pèlerin, f. crécerelle et f. hobereau) groupés dans la famille des Falconidés ; le balbuzard (Pandionidés) ; le secrétaire ou serpentaire (Sagittaridés) ; enfin, les vautours du Nouveau Monde et le condor (Cathartidés). Hormis les vautours et le condor, tous les membres de cet ordre capturent des proies vivantes.

Ratites
Principal groupe d'OISEAUX INAPTES AU VOL, incluant les autruches, les émeus, les casoars et les kiwis. Le groupe incluait également des formes géantes, les moas et l'œpyornis, maintenant éteintes en raison d'une chasse excessive. On sait que ces oiseaux ont évolué à partir d'ancêtres différents.

Règne
Division principale du monde vivant employée en TAXONOMIE. A l'origine, on ne reconnaissait que deux règnes, Animal et Végétal. Les champignons et bactéries étaient classés avec les végétaux en raison de leurs parois cellulaires rigides, tandis que la plupart des organismes unicellulaires photosynthétiques autres que les champignons et bactéries étaient désignés comme protozoaires et inclus dans les animaux. Le caractère artificiel de ce système à deux règnes devint apparent à la fin du XIXᵉ siècle, mais aucune solution véritablement satisfaisante n'a été trouvée à ce jour. La plupart des biologistes utilisent actuellement un système à cinq règnes : Animal, Végétal, CHAMPIGNONS, PROTISTES et MONÈRES (voir aussi PROTOCTISTES). Différents tableaux ont été proposés, créant davantage de règnes pour accueillir les groupes mineurs posant des problèmes, certains contenant jusqu'à 20 règnes.

Reptiles
Classe de VERTÉBRÉS incluant les crocodiles, alligators, serpents, amphisbéniens, lézards, tortues terrestres et tortues de mer, ainsi que de nombreux groupes éteints (voir DINOSAURES, ICHTYOSAURES, REPTILES MAMMALIENS, PLÉSIOSAURES, PTÉROSAURES). Les reptiles actuels sont dotés d'écailles cornées et se caractérisent par la ponte de gros œufs au jaune volumineux. Étant poïkilothermes (à sang froid), c'est sous les tropiques qu'ils sont les plus nombreux. Il y a davantage de formes FOSSILES que de formes vivantes, principalement dans les roches allant du Permien jusqu'au Crétacé, soit de − 286 à − 65 millions d'années.

Reptiles mammaliens
VERTÉBRÉS disparus ayant prospéré au cours du Permien et du Trias, soit de − 286 à − 213 millions d'années, et incluant les ancêtres des mammifères. Certains étaient de grands herbivores, mais ceux qui ont donné naissance aux mammifères étaient de petites formes carnivores. Leurs fossiles constituent une chaîne continue qui relie les premiers reptiles aux mammifères modernes.

Rongeurs
Ordre de MAMMIFÈRES qui inclut les rats, souris, castors, écureuils, porcs-épics, cochons d'Inde, cabiais et agoutis. C'est l'ordre de mammifères le plus vaste, avec près de 1 500 espèces vivantes. Tous les rongeurs possèdent une seule paire d'incisives qui croissent tout au long de leur existence car leur arête coupante s'use lorsqu'ils se nourrissent de graines et matières végétales dures.

Rotifères
Ce sont les plus gros animaux microscopiques, juste visibles à l'œil nu. En forme de coupe, ils sont dotés d'un appareil rotateur composé de couronnes ciliées à l'extrémité antérieure. Ces cils battent pour créer des courants d'eau qui apportent la nourriture à la bouche. A la base du corps, on trouve une « queue » (on parle souvent de pied) qui, chez de nombreuses espèces, se termine par un organe de préhension ; celui-ci peut s'agripper aux plantes aquatiques ou à d'autres surfaces lorsque le rotifère s'alimente. Les rotifères se rencontrent dans la plupart des habitats d'eau douce, des lacs jusqu'aux flaques, et même dans l'eau recueillie à la base des feuilles des plantes. Ils ont un extraordinaire pouvoir de survie et peuvent endurer une congélation de un siècle ou plus.

Ruminants
Ces animaux qui ruminent comprennent les chameaux, cervidés, girafes, antilopes, bovins, buffles, bisons, chèvres et moutons. Tous ont un estomac complexe comprenant jusqu'à quatre chambres. La première, le rumen, contient des bactéries qui font fermenter l'herbe et les autres végétaux consommés par l'animal, et en digèrent la cellulose. Sans ces bactéries, les mammifères ne peuvent digérer la cellulose par eux-mêmes. La seconde chambre — omasum ou feuillet — contient le suc gastrique, est séparée du rumen par un orifice très petit, sinon l'acide s'attaquerait aux bactéries. La substance végétale ne passe dans l'omasum que lorsqu'elle est totalement digérée. La désagrégation des aliments est facilitée par le fait que l'animal régurgite la nourriture partiellement digérée par le rumen, pour la mâcher.

Rouilles
Groupe de CHAMPIGNONS causant aux plantes des maladies typiques. Les rouilles forment sur les feuilles des plantes qu'elles infectent des points rouges ou orange qui contiennent les organes porteurs de spores. Ces spores sont transportées par le vent pour infecter de nou-

velles plantes. Certaines rouilles sont hétéroïques, c'est-à-dire qu'elles alternent entre deux plantes hôtes différentes ; le plus important champignon de la rouille est *Puccinia graminis*, qui cause le charbon du blé.

S

Sarcoptérygiens (poissons à nageoires lobées)
Groupe de poissons, dont les seuls représentants vivants sont le poisson pulmoné, ou DIPNEUSTE, et le cœlacanthe, dernier survivant des CROSSOPTÉRYGIENS. Le groupe se caractérise par le fait que les nageoires sont supportées par un lobe central charnu contenant de nombreux petits os. Chez le poisson pulmoné actuel, cette caractéristique s'est amoindrie et la nageoire est réduite à un mince organe en forme de fouet ; la nageoire d'origine n'est visible que chez le cœlacanthe. On pense que cette nageoire charnue a évolué pour former la patte des premiers vertébrés terrestres, les amphibiens ancestraux.

Saurischiens
Groupe de DINOSAURES dotés de plaques pelviennes ressemblant à celles des lézards avec trois pointes sur chaque côté. Les saurischiens comprennent les théropodes, carnivores bipèdes comme le Tyrannosaure et l'Allosaure pourvus d'un crâne énorme et de dents de grande dimension, les sauropodes, herbivores quadrupèdes comme le Brontosaure et le Diplodocus, dotés d'une petite tête, d'un long cou et d'une longue queue. L'autre groupe principal de dinosaures était constitué par les ORNITISCHIENS.

Siphonophores
Parents coloniaux des hydroïdes et de certains des membres les plus complexes de l'Embranchement des CNIDAIRES. A la différence de la plupart des organismes coloniaux, ils ne sont pas sessiles, mais flottent dans les eaux de surface ou nagent activement par propulsion à réaction. Les scyphozoaires se composent de plusieurs centaines d'individus, certains étant des POLYPES, d'autres des méduses. Tous se développent à partir d'un individu (fondateur) unique, par bourgeonnement, et sont donc génétiquement identiques. Certains sont spécialisés pour la capture de proies, d'autres dans l'absorption de nourriture ou la production de gamètes pour une reproduction sexuée. Le flotteur rempli de gaz, et plus volumineux de certaines espèces, est également formé à partir de membres de colonies, extrêmement modifiés. L'un des scyphozoaires les mieux connus est la physalie.

Siréniens
Ordre de MAMMIFÈRES en grande partie éteint à l'exception des dugongs et lamantins. On les trouve dans l'océan Atlantique et dans l'Indo-Pacifique. Ils sont vaguement apparentés aux éléphants.

Solanacées (solanées)
Famille de plantes à fleurs (ANGIOSPERMES) incluant la pomme de terre, la tomate, les piments, le tabac, l'aubergine et la douce-amère. Les solanacées sont réputées pour la production d'alcaloïdes.

T

Taxonomie
Classification des organismes vivants en groupes hiérarchiques, présentant les liens de parenté qui existent entre eux. Le groupe fondamental est l'espèce, et les espèces apparentées sont regroupées en un genre. Ainsi, les chevaux et les zèbres sont réunis dans le genre Equus en raison de leurs similitudes évidentes. Ensemble, avec les ânes et onagres, ils sont placés dans la famille des Équidés. Cette dernière est groupée avec deux autres familles, les rhinocéros et les tapirs, en raison de leur nombre impair de doigts par pied et constituent l'Ordre des PÉRISSODACTYLES. Ensemble, avec les autres ordres d'animaux couverts de poils et produisant du lait, cet ordre constitue la Classe des MAMMIFÈRES. Les mammifères peuvent être groupés, avec d'autres animaux à colonne vertébrale, sous le Sous-embranchement des VERTÉBRÉS, qui fait partie de l'Embranchement des CORDÉS et inclut tous les animaux dotés d'une notocorde à un quelconque moment de leur cycle de vie. Enfin, les cordés sont placés dans le Règne animal, avec tous les autres organismes multicellulaires hétérotrophiques dénués de paroi cellulaire rigide.
Les méthodes modernes de taxonomie incluent l'analyse cladistique dans laquelle les similitudes entre les organismes à classer sont enregistrées, et un cladogramme, ou diagramme standard de ramification, est choisi parmi différentes alternatives pour produire la meilleure concordance avec les données. Une autre méthode est la taxonomie numérique dans laquelle sont enregistrées aussi bien les dissemblances que les similitudes. On note autant de facteurs que possible et toutes les données sont entrées dans un ordinateur qui calcule le degré probable de parenté des différentes espèces impliquées.

Téléostéens
Poissons appartenant à l'un des trois groupes d'ACTINOPTÉRYGIENS, ou poissons à nageoires rayonnées. Ils constituent, de loin, le groupe de poissons le plus important, avec au moins 20 000 espèces vivantes. La plupart des poissons communs, à l'exception des requins et des raies (CHONDRICHTHYENS), sont des téléostéens. Leur trait le plus caractéristique repose sur le fait que leur mâchoire supérieure ne fait pas corps avec le crâne, ce qui donne à la bouche une plus grande mobilité. Ils peuvent ainsi avancer leurs mâchoires pour aspirer de la nourriture.

Ténias
Parasites intestinaux longs et plats appartenant à la Classe des Cestodes de l'Embranchement des vers plats ou PLATHELMINTHES. Un scolex, ou tête, de seulement 1,5 à 2 mm de diamètre, se fixe à la paroi de l'intestin et, à l'arrière, le corps — qui peut atteindre 8 mètres de long — consiste en un ruban de segments plats identiques, ou proglottis, chacun contenant des organes reproducteurs. A leur maturité, les proglottis contenant des œufs bourgeonnent et sont expulsés avec les selles. De là, les formes larvaires peuvent infecter des hôtes intermédiaires. Plusieurs types différents de ténias infectent l'homme ; ils utilisent divers hôtes intermédiaires, notamment les porcs et les poissons qui, insuffisamment cuits, peuvent entraîner l'infestation.

Tétrapodes
Animaux vertébrés quadrupèdes et leurs descendants, c'est-à-dire les AMPHIBIENS, les REPTILES, les OISEAUX et les MAMMIFÈRES. Chez les oiseaux, les pattes avant se sont modifiées en ailes, tandis que chez les serpents les membres ont disparu, comme cela a été le cas chez les lézards sans pattes, les amphisbéniens et cécilies. Chez les animaux marins, les membres avant ont évolué en nageoires, et les membres arrière ont disparu ou ont été profondément modifiés.

Trilobites
Groupe de VERTÉBRÉS disparus. Ils étaient segmentés, dotés d'une paire de pattes à chaque segment, et ressemblaient à des cloportes, munis toutefois d'un large bouclier au niveau de la tête. Les trilobites étaient très répandus il y a environ 350 à 590 millions d'années et leur extinction ne remonte qu'à environ 260 millions d'années. Ils ne sont étroitement apparentés à aucun organisme vivant ; toutefois, il se peut qu'ils aient partagé un ancêtre commun avec les CRUSTACÉS (voir aussi ARTHROPODES).

Tuniciers
Sous-embranchement des CORDÉS incluant les Ascidies et les Thaliacés. Ce sont des organismes marins sessiles au corps en forme de sac, dotés de deux ouvertures : une bouche et un siphon. L'eau est aspirée par la bouche, qui filtre les particules nutritives, et est évacuée par le siphon. La larve du tunicier est un petit animal ressemblant à un têtard et nageant librement, pourvu d'une NOTOCORDE et semblable à l'AMPHIOXUS. On pense que l'amphioxus a évolué à partir d'un ancêtre tunicier, par NÉOTÉNIE, et que le premier vertébré a pu suivre une voie similaire.

U

Uniramés
Terme désignant les INSECTES et les MYRIAPODES (voir ARTHROPODES). Leurs membres sont non ramifiés, à la différence de ceux des CRUSTACÉS (biramés).

V

Vertébrés
Division de l'Embranchement des CORDÉS incluant les MAMMIFÈRES, les OISEAUX, les REPTILES, les AMPHIBIENS et les POISSONS. Tous sont pourvus d'une colonne vertébrale, ou épine dorsale, dans laquelle se trouve la moelle épinière.

Vivipares
Animaux qui ne pondent pas d'œufs mais mettent au monde leurs petits vivants, lesquels sont nourris par la mère pendant la période de gestation. Chez les mammifères euthériens, principal groupe d'animaux vivipares, les petits sont nourris directement dans le ventre de la mère grâce à un placenta ou à un organe similaire. Les marsupiaux nourrissent également l'embryon au cours des premiers stades, puis le développement ultérieur s'achève dans une poche externe dans laquelle le jeune est allaité. Parmi les autres animaux vivipares, on trouve quelques requins et serpents dotés d'un organe ressemblant à un placenta et certains poissons téléostéens dont les petits sont suspendus dans un liquide riche en éléments nutritifs et disposent, en prolongement de leur corps, d'un organe long et ramifié, leur permettant de s'alimenter.

Z

Zooplancton
Terme désignant les éléments animaux et d'apparence animale du PLANCTON. Le zooplancton est constitué de petits animaux marins, des larves de créatures marines plus grosses (principalement MOLLUSQUES et CRUSTACÉS, mais aussi alvins de poissons) et d'organismes unicellulaires.

Index

Les numéros de pages en *italiques* se rapportent aux illustrations, en-têtes, encarts.

A

Abeilles *13, 60, 61*
Acanthocéphales 69
Acanthodiens 93, *94*
Acetabularia 45
acétylcholine *63*
achromatopsie *27*
acides aminés *89*
Acrobates *124-125*
adaptation 10
ADN *12*, 18, 24, 26 ; expériences d'hybridation *30* ; satellite *27* ; réplication *23* ; structure *7*
Agnathes 93, *93*, 94
Albatros *111*
albumen *101*
alchimie *139*
Aleurodidés *81*
Alexandre le Grand *129*, 136, 138, *140, 141*
Alexandrie *132, 133, 141*, 144, *146*
Algues 37, 43-47
Algues bleues *voir* Cyanobactéries aliments ; réserves 37, *45*
allantoïde *101*, 117
allèles *21*
Alligators *voir* Crocodiliens
alternance de générations 46, 48, *51*
altruisme *13*
Amibes 33, *33*
amidon 37
Amie 95, *95*
ammonites *76, 106*
amnios *101*
Amphibiens 96-100
Amphioxus 89-92
Anapsidés 101, *102-103*
Anatife *83*
Anaxagore *128*, 140
Anaximandre de Milet *128*
Anémones de mer 66, *66*
Angiospermes *voir* Plantes à fleurs
Anguilles *30-31*
animaux-mousse 69
Ankylosauriens *102-103*
Annélides *70-72*, 73, *78*, 79
antennes *78, 83*
Anthracosauriens 98
apatite *92*, 93
Aplacophores 74
Apollon Lycien *132*
Apollonios de Perga *129*
apophyse génitale *80*
appareil circulatoire *70-72*
Aquin, Thomas d' *144*
Arachnides 82, *84*
Araignée 77, 82, *84*
Araignée de mer 77, *82*
Araignée de mer japonaise *77*
Araignée solaire *84*
arbres 51, *52, 53*, 54-56
Archébactéries *35*
Archimède *129, 134, 135*
Archœopteryx 109, *109, 110*, 112
Archosauriens *102-103*, 105
Argyronètes *83*
Aristarque de Samos *129*
Aristophane 130, *131, 132*
Aristote 127-146
ARN 34 ; messager *12* ; épissage *26-27*
Arsinotherium 122
Artemis *12*
Artiodactyles 118, *121*
à sang chaud *voir* endotherme

B

à sang froid *voir* poïkilotherme
ATP régénération 91
Aubépine *20*
audition chez les Insectes *79*
Autruches 113
auxine *40*
Averroes *129, 145*
Avicenne *129, 145*
Avipelviens *102-103*
Axolotl *99*
Ayes-ayes *122*

Babouins *122*
Bactéries 33, 36 ; et digestion *125* ; flagelle *35* ; formes *35* ; paroi bactérienne 34
Bactéries anaérobies 35
Bactéries méthanogènes 35
bactériophages *36*
Baleines *voir* Cétacés
Baluchiterium 121
Bandicoots *124*
Baobab *62*
Basidiomycètes 37
Beadle, George 24
becs *9*, 14, *14, 114*
Becs-croisés *114*
Beijerinck, M.W. *36*
Belettes 118
Béroé 69
biogéographie *voir* répartition géographique
bipèdes *103*, 104
Bison 121
Bivalves *voir* Mollusques
blastula *86-87*
Boas constricteurs *108*
Boèce *146*
bois 62
Borhyœna 123, 124
Brachiopodes 76
branchies 74, *75, 83* ; ventilation des 76
Brontosaurus 102-103
Bryophytes *voir* Mousses, Hépatiques
Bryozoaires 69
Buffle 121

C

Cabiais *123*
Cactus 58
Calcicordés *92*
calcite *92*
calcium 77, 85, 92
Cambrien *77*, 88
caractères polygéniques 19
carapace ; de Tortue *104* ; des Crustacés 77, *83*
Carbonifère 43, 48, *52, 81*, 86, 98, 101
Carinates *113*
Carnivores 118, *125*
Carnosauriens *102-103*, 106
caroténoïdes *110*
carpelle *58*
Carpoïdes 88, *92*
cartilage 93
Ceinture de Vénus 66
cellules 58 ; des organismes pluricellulaires *65, 67* ; nombre de 69 ; des Algues 50 ; des Champignons 37 ; spécialisation 65
cellules eucaryotes, génétique des 24, *28* ; origines des 44
cellules procaryotes 34 ; divisions *35* ; génétique 28
cellulose 37, *41* ; alimentaire 121, *125*
Céphalocordés 89-91, *89*
Céphalopodes *75, 76*

C (suite)

Cératopsidés *102-103*
Cerf 11
cerques *78*
Cétacés 121, *126*
Chœtophorales 44
Chambers, Robert 17
Champignons 37-42
Chara 44
Charophytes 44, *46*
chatons *58*
Chats domestiques 25, *115*
Chauves-souris 60, 118, *122, 125, 126*
Chauves-souris vampires *126*
Chélicérates 79, 82, *82, 84*
chélicères 79, *82*, 84
Chétognathes 69
Cheval, évolution 8, 118, *125* ; hybrides 15
Chèvrefeuille 60
Chiens *9, 14*, 118, 122
chimiosynthèse *7*
Chinchilla *123*
chitine 77, 79
Chitons 74
chlorophylle 44, *45, 52*
chloroplastes 50
choanocytes 66
Choanoflagellés *33*
Chondrostéens 94, *95*
chromosomes 21, *23, 27* ; géants *24* ; sexuels 25
chrysalides *81, 84*
Chytrides 38
Cigale *84*
Ciliés 33, *33*
cils 33, *33*
Civettes 118, *118*, 124
cladistique 29-32
cladogramme 31
classe (en classification) 32
Cloporte *83*
Cnidaires 64-67, *70-71*
Cobaye *123*
Cœlacanthe 96, *96*
Cœlentérés *voir* Cnidaires
cœlome 69-72, *86-87*
Cœrulosaures *102*
cœur *70-71*
coévolution 10, *60, 64*
Coléoptères 79
Colibris *60, 114*
Collemboles *78*
colonies nidificatrices 114
complexe de gènes coadaptés 14-15
Concombres de mer (Holothuries) 86
Conidés 75
Conifères 49, *54*, 55-60
Conodontes *92*
consanguinité, prévention de la 61
conservation des fossiles 16, *16*, 17, *18*, 39 ; et taxonomie 29-31 ; lacunes en 16, 79, 92, 96, *103* ; des Échinodermes 88, *88, 92* ; des Invertébrés 65, *73, 76*, 92 ; des Plantes 47, 48, 57
contrôle, mécanismes de 90
Cooksonia 51
Copépodes *83*
Copernic, Nicolas *129*
coquillages ; servant de flotteurs *76* ; des Mollusques 76-78
coquilles *; servant de flotteurs 76* ; des Mollusques 76-78
Coralina 46
coraux 59, 66
Cordés *86-87*, 89-126
Coryanthes 61
cosmologie *127*, 128, *144*
cotylédons *58*
Coucou gris 25
course aux armements 10, *120*, 121
Crabe des cocotiers *83*
Crabe violoniste *11, 83*
Crapaud 99-100
Crapaud accoucheur *12*
création 128, *145*, 146
Crétacé 57, *106*, 117-118
Crevettes *83*
Crick, Francis *12*
Crinoïdes 85-88

D (suite)

Crocodiliens *102-103*, 105, *105*, 118
crossing over *23*
Crossoptérygiens 96-98
Crustacés 77, 83, *83*
Cténaires *66*
cténidies 74
Cténophores *voir* Méduses
Cyanobactéries 34, 44
Cycas 54-56
Cynodontes *102*-104

D

Daman *122*
Daphnies *83*
Darwin, Charles 7, *7, 8*, 11, 14, 19, *29, 96*, 122, *129*, 143
Dasyuridés 124
Dauphins *11, 13* ; *voir aussi* Cétacés
déchets, élimination des *101*
défense 56, 62, *63*, 68
De l'origine des espèces 7, 14, 19, *62, 96*
Démocrite *128*, 130
dents *97* ; perte de 112, *114* ; surface des 8
dérive des continents 62, *113*, 122-*123*
dérive génétique *12*, 18
Desmidiacées 45
Deutérostomiens *86-87*
développement *86-87* ; des Crustacés *83* ; des cavités du corps 72 ; relatif 91
Dévonien 51, 96, *97*
Diable de Tasmanie *122*, 124
Diapsidés 101-103, *105*
Diatryma 112, *112*, 118
Dicotylédones *58*
Dictyostelium 41
Dicynodontes *102-104*
Dik-dik *120*
Dingos *122*
Dinoflagellés 43, *45*
Dinosaures *102-103*, 105, 107, 109, *110*, 115
Diplodocus 102-103
Diploures *78*
Dipneustes 96, *96*, 97
Dioscoride *138*
dispersion ; des Insectes 81, *82* ; des semences 55 ; des sorédies 42 ; des Araignées *84* ; des spores 37, 39, *41, 42*, 48, *50* ; vers les îles 62
disques imaginaux *81*
division radiale *86-87*
division spirale *86-87*
Dodo *64*
dogme central *12*
doigts 10, 98 ; réduction des 8, 110, 121
dominance 19, *20*
Douves 66
Douves du foie *voir* Douves
Droméosauridés *102*
Droséra 59
Drosophila 24
Dugongs 125, *126*
duvet poudreux 110

E

eau *128* ; en tant que milieu 77, 98 ; irculation dans les Plantes 50, 51, 62 ; dépendance 99, *100* ; sortie de 47-48, *50*, 51, 78, 82-84, 97-98 ; retour à l' *11, 83*, 85
Échidnés *voir* Monotrèmes
Échinodermes 69
écholocation 126
ectoderme *70-71, 81*
Ectoproctes 69
ectotherme *voir* poïkilotherme

Écureuils volants *125*
Édentés *123*
Eldredge, Niles 16
élément 130, 139, *139*, 140 ; radioactif 148
Éléphants *120-122*
Éléphants de mer 11
élevage *voir* sélection artificielle
Empédocle *128*, 130, 139
encyclopédie 136
endoderme 70-71
Endoptérygotes 79, *81*
endosperme *59*
endosymbiose, théorie 158, 160
endotherme 88, 104, 109, *114*, 115
Enteromorpha 44
Éocène 118
Épicure *133*
épiphytes 50
Éponges 65, 66, *70*, 71
époques glaciaires, effets des 54, 62, 113, 121
équilibre ponctué 16, 17
Érasthothène *129*
Escargots 74, 75
Escherichia coli 24
espèce, définition 14, *32*
Esturgeon *94*, 95, 96
étamines *57*
éther 140
Étoiles de mer 85, *85*
Étourneau sansonnet *32*
Euclide *129*
Eudoxe *129*
Euglène 33, *33*, 43, 45
Eumerus *81*
Euryapsidés *102-103*
Euryptéridés 77, 82, 93
Euthériens *199* ; *voir* Mammifères placentaires
évolution 7-18, *23*, 28 ; et classification 29, 31, 32 ; et dérive des continents 122, 123 ; biochimique 89 ; des Algues 44 ; des Amphibiens 97, 98 ; des Arthropodes 77-79 ; des Oiseaux 102, 103, 109 ; des Bryophytes 47-48, 50 ; des Cordés 89, *91*, 92 ; des Échinodermes 88, *91* ; des Poissons *91*, 93-95 ; des fleurs *57*, *58* ; des Champignons 37 ; des Insectes 78 ; des Invertébrés 70-71 ; des mâchoires 93 ; des Mammifères *102-105* ; des Mollusques 74, 75 ; des Animaux pluricellulaires 65, *65* ; des Plantes 43, 52, 58, 60 ; des Reptiles *102-105* ; de la vessie natatoire 96
évolution convergente *11* ; exemples *76, 79, 93, 124*
évolution moléculaire 18, *18*
évolution parallèle, exemples 46, 52, 79 ; *voir aussi* évolution convergente
exons 26
exosquelette 77, *77*, 85, 86
extinction en masse 105, *106*

F

famille (en classification) *32*
Faucheux *84*
Fauvette couturière *114*
fécondation interne *76*, 99
fentes branchiales 93
feuilles, chute des *56*
Fieraster 88
Figue *60*
filtrants 72, *83, 87*, 88, 89, *91*
flagelles 33, *33*
Flagellés 33, *33*
Flamands 10
Foraminifères 33, *33*
fossilisation 112 ; des Mammifères primitifs *117* ; des plumes *109*; du pelage *103* ; des Requins 93 ; des

organismes mous *92* ; *voir aussi* conservation des fossiles
Fougères 49, 51-53
Fougères à graines 55, 57, *103*
Fourmilier *123-125*
Fourmis 64, *124*
fourrure *103*, 104
froid, adaptation au *56*, 81
fruit, définition *64*

G

Galéode *84*
Galien *129*
Galilée 127, *129*
gamétanges *39*
Gastéropodes *voir* Mollusques
Gastrotriches 69
gastrulation 66
Geais de Floride *13*
génération spontanée 12, 36
gènes 20-28 ; base chimique 38 ; contrôle 24, 26 ; duplication 27, 28 ; familles 28 ; sauteurs 26, 28, *28* ; carte génique 21, *24*
gènes égoïstes *13*
génétique moléculaire 24
Genévriers 56
génotype *20-21*
genre *32*
Geoffroy Saint-Hilaire, Étienne 17
gésier *114*
Gigantostracés 79
Ginkgo 54, 55
Girafes 118
glandes à odeur 115, *120*
glandes mammaires *115*
glandes sudoripares 115
glycogène 37
Glyptodon 123
Gnathostomes 95
Gnathostomulidés 67
Goldschmidt, Richard 17
Gorgonopsidés *102*-104
Gould, Stephen Jay 16
Graminées 57, *58* ; comme nourriture 121 ; comme habitat *84* ; croissance 121
Grenouille 99, *100*
Grenouille arboricole *100*
Grenouille australienne 100
Grenouille marsupiale 100
Grimpereau 113
groupe monophylétique 32
groupe polyphylétique 32
Grylloblattidés *84*
Guépard *120*
Guêpes 60
Gymnophiones 99, *99*
Gymnospermes 55-57

H

habitats, diversité des 84
Harles *114*
Héliozoaires 33, *33*
Hémicordés 87, *91*
Hémiptères 79, *81*
hémocœle *70-72*
hémoglobine 18, 28
Hennig, William 29
Hépatiques 47-48, *50-51*
hérédité 19
hérédité des caractères acquis *12*
hérédité diluée 19
hérédité fractionnée 19, *19*
Hérissons 118, *125*
Hérons 110
Hesperornis 112, *112*
hétérocaryose 38
hétérozygotie *21*

Hipparque *129*
Hippocrate de Cos *128-131*
Hippopotames 118, 121
Hirondelle *114*
histamine *63*
histones 18
Holostéens *94*, 95
Homards 77
homéostasie *voir* mécanisme de contrôle
homéotherme *voir* endotherme
Homme 18, *91* ; taille *9, 19* ; caractères liés au sexe 25
homozygote 21
Hooker, Joseph 62
horloge moléculaire 18, 30
hormones 99 ; et métamorphose 81 ; végétales 40 ; *voir aussi* phéromones
Huxley, T.H. 109
hybrides 15, *21*
Hydrozoaires 66
Hyménoptères 79
hyphes 37
Hypochytrides 38
hystérie 132

I

Ichtyornis 112, *112*
Ichtyosauriens *11*, 102-103, 106
Ichtyostega 97, *98*
Ifs 55
Iguanodon 102-103
îles Galapagos *9*, 14
Indris 122
inhibiteurs 136
inhibiteurs allostériques 136
inhibiteurs compétitifs 136
inquilisme 88
Insectes 77-84 ; évolution des 78-79 ; nombre 84 ; yeux 7
Insectes aptérygotes 78
Insectes, pièces buccales des 79, *79*
intelligence 121
introns 26
isolement géographique 14-15, 113
isolement, mécanismes d' 14, *14*, 15
Ivanovsky, Dimitri 36

J

Jacob, François 24
Jason *131*
Jurassique *106-107*, 122
Justinien *129*

K

Kammerer, Paul *12*
Kangourous *124-125*
kératine 69, 98, *104, 110*
Kimura, Motoo 18
Koch, Robert 36

L

Labyrinthodontes 97, 98, *98*
lait *115-117*
Lamantins *125, 126*
Lamarck, Jean-Baptiste de *12, 93*
Lamellibranches *voir* Mollusques
Lamproies 93, *94*
lanterne d'Aristote 88

Lapins 117, 118, *122*, 125
larve nauplius 83
larves *31, 79, 81, 83, 91*, 98, *99* ; *voir aussi* têtards
Lémurs *122, 125*
Lémurs volants *125*
Lentilles d'eau 62, *63*
Lepidodendron 52
Lépidoptères 79
Lépidosauriens *102-103*, 108
Leuwenhock, Antonie Van 33, *35*
Levures 33, *38*, 42
Lézards *30-31*, *102-103*, 108
Libellules 79, 80
Lichens 38, *42*
ligne latérale 97
ligne Wallace *122*
lignine 51
Limaces 74-75
Limaces de mer 75, *75*
Limule 82
Limulus 82
linkage 12, 21, 26
Linné, Carl von 29, *32*
Lions *13*
locomotion 10 ; et cavités corporelles *72, 85* ; chez les Annélides 73, *73* ; chez les Céphalopodes 75, 76, *78* ; chez les Échinodermes 85, *85* ; chez les Invertébrés *70, 71*
Loir *125*
lophophores 69, *72*
Loris 122
luminescence 69
Lycée *132, 133*, 138
Lychnis 20-21
Lycopodes 52
Lycopodium 52
Lyell, Charles *8*
Lyssenko, Trofim *12*
Lune 142

M

Macareux *114*
mâchoires 93, *93*, 101, 104-105 ; des Invertébrés 69, *73, 79, 84*, 88
Macrauchenia 123
Magnolias 57, *58, 58*
maladie 130, *131*
Mammifères *102-105*, 115-126
Mammifères placentaires *102*, 117, 118-126
Mammouths *120, 121*, 121
Manchots *11*, 110
Mantes religieuses 10
Maras *123*
Marey, Étienne *206*
Marsupiaux *102*, 117, 118, *122-124*
Martinets 111, *114*
Mastigomycètes *38, 39*
matrice *voir* utérus
Mayr, Ernst 14, 15
McClintock, Barbara 28
Méduses 66, *68*
mégaévolution *8*, 17
mégafaune *121, 124*
Megazostrodon 115
méiose 21-23
mélanine *9*
mélanisme industriel *9*
membres des Vertébrés, évolution des *98* ; *voir aussi* doigts
membres pentadactyles *voir* membres des Vertébrés
Ménate *125, 126*
Mendel, Gregor 19, *19*
Mésange 116
mésoderme *70, 71*
mésoglée 66, *70, 71*
Mésozoaires 67
métamorphose 79, *81, 91*
Métazoaires 65
Miacidés 118
microbes 33
microévolution *8*, 17

micro-organismes 33
microscopes *35*
Microvenator 110
mildiou de la Pomme de terre 37
Mille-pattes *voir* Myriapodes
Miller, Hugh *93*
mimétisme *10, 26, 27, 60*
Miocène 121
Moas 112, *113*
modèle de la Reine rouge *16*
modèle de spéciation allopatrique 14
Mollusques *70, 71,* 74-76 ; variations
  de forme de la coquille *17*
Monocotylédons *58*
Monod, Jacques 24
Monotrèmes *102,* 116-117, *122, 124*
monstres prometteurs *17*
Morgan, T.H. *24*
Mouches du vinaigre *24*
Mouettes *10, 15*
Moules *74*
Mousses 47-48, *48-50*
mouvement amiboïde *33*
Mucor 38-39
mue *77*
muguet 42
Musaraigne 118, *125*
Musaraigne-éléphant *122, 125*
Muses *135*
mutation *18, 23,* 42 ; exemples de *9,
  24, 25*
mycélium *37*
Myriapodes *77, 78, 82*
Myxine *93, 94*
Myxobactéries *34, 41*
Myxomycètes *37, 38, 41*

N

Nautile 8, *76*
nectar *60, 81*
nématocystes *69*
Nématodes *69-71*
Némertes *69-71*
Nénuphars *57, 58*
néo-darwinisme *17*
néoténie *63, 91, 91, 99*
nids *114*
noix *64*
notocorde *89*
Notongulés *125*
Numbats *124*
nutrition autotrophe *33, 45*
nutrition saprophyte *34, 37*

O

odorat *115, 120*
œil *7*
œil composé *7*
œufs ; amniotiques *101* ; les plus
  grands *112, 113*
Oiseaux *102-103, 114* ; classification
  32 ; déterminisme sexuel *25* ; *voir
  aussi* becs
Oiseaux de paradis *11*
Oiseaux-éléphants 112
Ongulés *118*
Onychophores *78*
Oomycètes *37, 37,* 38
opérons *24, 26*
Ophioglosse *52*
Ophiures *85-88*
Opossum 118, *122, 123*
Opossum du miel *60,* 124-125
Orchidées, pollinisation des 60, 61
Ordovicien *77*
ordre (en classification) *33*
oreille, os de l' (Mammifères) *105,
  116*
organes vestigiaux *78*
organismes multicellulaires, origine
  des *65*

Orme, maladie hollandaise de l' 42
Ornithomimidés *102*
Ornithopodes *102-103*
Ornithorynque *voir* Monotrèmes
Orties 62
os *92, 93* ; des Oiseaux *110*
Ostracodermes *93, 94*
Ostrum, John *109*
Otaries *126*
Ours 121
Oursins *85,* 86
ovoviviparité *96, 99*
Owen, Richard *106*
oxygène ; absorption *70-71,* 74, 83,
  85, 96, 99, *101, 110, 111*

P

palais secondaire 104
Paléocène *122*
Pandorina 45
Pangée *122*
Pangolin *125*
Pantopodes *77*
Paon *11*
Papilio dardanus 26, 27
Papillons 84, *190*
Papillons de nuit *60,* 84
parade nuptiale *14, 15, 100*
paramécies *33*
parapodes *73*
parasites 42 ; Champignons 37, *40*
Paresseux *123, 125*
Paresseux géant *121, 123*
paroi cellulaire *45* ; bactérienne 34 ;
  des Champignons 37
Pasteur, Louis *12,* 36
Patineur des océans *83*
Peignes *85*
Pélican *114*
Pélycosauriens *102, 103,* 104
péripatéticienne, philosophie *132,
  133,* 138
Peripatus voir Onychophores
Périssodactyles 118, *121*
péristaltisme *73*
Permien *122*
peste *133*
Pétaurus 124
phages *voir* bactériophages
Phalangers *124*
Phalène du Bouleau *9*
phénétique *32*
phénotype *20-21*
phéromones *56*
Phoques *11, 126*
Phoronidiens *72*
phospholipides *132, 133*
phosphorylation cyclique *148*
phosphorylation oxydative *153*
photosynthèse *48* ; chez les Protozoaires 33, *33* ; dans l'eau *56*
phycobilines *44*
phylum *32*
pieds ambulacraires *85, 85*
Pie-grièche *114*
Pieuvres *voir* Céphalopodes
pigments 44, *44, 45*
Pinnipèdes *voir* Phoques
Pinson *114*
Pin de Monterey *54*
Pipa américain *100*
placenta *101,* 117, *117*
Placodermes *93, 94*
Plantes 43-64 ; carnivores *59* ; défen-
  ses *62*
Plantes à fleurs *43,* 57-64
Plantes sensitives *62*
plasmides *28*
plasmode *41*
plasmodesmes *193-194*
Plathelminthes *voir* Vers plats
Platon *128,* 130-*133,* 135, 140, *142,*
  146
Pléistocène 121 ; *voir aussi* époques
  glaciaires (effets des)

Plésiosauriens *102, 103, 106*
plumes *110*
Pogonophores *67*
Pois *19-21*
Poissons 93-97
Poisson-chat 97
Poisson d'argent *78*
Poisson-lion *230*
Poissons à nageoires lobées *94-96*
Poissons à nageoires rayonnées 76,
  94-96
Poissons cartilagineux *93, 94, 95*
Poissons sans mâchoires *voir* Agna-
  thes
pollen 49, 54-56, *58,* 59 ; fossile 57,
  62
pollinisation *54, 58,* 60, *61*
Polychètes *72, 73*
Polydolopidés *124*
polymorphisme *9, 18, 26*
polypes *66, 67, 70, 71*
Polytrichum 50
Poséidon *128*
potentiel d'action *7*
poumons *94, 95,* 96 ; évolution des
  95, 96, *96* ; des Oiseaux 110
Précambriens *73*
prédateurs, coévolution avec leurs
  proies 65 ; effet *65* ; évolution 65
Prêles 51, *51*
Priapuliens *69*
Primates 118, 121, *125*
prions *27*
Progymnospermes *55*
proportions mendéliennes *19-21*
propulsion à réaction *76*
Prosauropodes *102, 103*
Prosimiens *124* ; *voir aussi* Lémurs,
  Indris, Aye-ayes
Protistes *33*
protonéma *48*
Protostomiens *86, 87*
Protoures *78*
Protozoaires 33, *33,* 34, *65*
pseudochrysalide *81*
pseudocœlome *72*
pseudogènes *28*
pseudoparenchyme 44, *44*
Pseudoscorpions *82*
Pseudosuchiens *102, 103*
Ptéridophytes *52*
Ptéris 53
Ptérosauriens *102-103, 106,* 112
Ptolémée, Claude *129, 141, 144, 145*
Pycnogonidés *82*
Pythagore *128, 132, 133, 139, 146*
Pythons *108*

R

racines *47*
radiation adaptative *14* ; chez les
  Syrphidés *81* ; chez les Chauves-
  souris *126*
Radiolaires 33, *33*
Radula *74*
Raies *93, 94*
Ratites 112, *113*
Rats 121
Rats-marsupiaux *118*
Ray, John *29*
récessivité 19, *20*
recherche *133, 144*
recombinaison *22, 23*
régénération 86
règne (en classification) 32, 33, *43*
Reisch, Gregor *146*
Renards *115*
répartition des fréquences,
  diagramme de *9*
répartition en anneau, espèces à *15*
répartition géographique *7, 62*
répresseurs 24
reproduction asexuée ; chez les
  Lichens *42* ; chez les Hépatiques

50 ; chez *Volvox 46-47*
reproduction sexuée 11, *14, 15,* 22,
  23, 25
Reptiles mammaliens *102, 103, 104*
Requins *93, 93, 94*
résine *56*
Rétrovirus *12, 26,* 27, 34
Rhinocéros *12,* 121
Rhipidistiens *97, 98*
rhizoïdes *47*
Rhizopodes 33, *33*
Rhizopus 40
Rhynchocéphales *102, 103*
ribosomes *28, 35*
Rongeurs 118, *125*
Rotifères *69, 69*
rouilles *38, 40*
rythme cardiaque *111*

S

saccharides *128, 129*
saccharose *128*
Salamandres *99*
sang *voir* appareil circulatoire
Sangsues *73*
Sargasses *43,* 44
Sauripelviens *102, 103*
Sauropodes *102, 103*
sauts évolutifs *17*
Scarabées *81*
Scincus *108*
Scorpions *82*
sécheresse, adaptation à la *50, 56,
  62, 75*
segmentation *73*
Seiche *voir* Céphalopodes
Sélaginelle denticulée *52*
sélection artificielle *9,* 57
sélection des espèces *17*
sélection directionnelle *9*
sélection disruptive *9*
sélection familiale *13, 65*
sélection naturelle *9, 143*
sélection sexuelle 11, *11*
sélection stabilisatrice *8, 9*
semences 55, *59, 64*
sépales *57*
Séquoias *56*
Serpents *30, 31, 102, 103, 108*
sexe, caractères liés au *25*
sexe, déterminisme du *25*
Shaw, George Bernard *12*
Sigillaria 52
Singes *122* ; évolution des *18* ; *voir
  aussi* Primates
sites opérateurs *24*
Socrate *128, 130-133, 135, 138, 142*
soie *84*
soins parentaux *113*
Solifuges *84*
sophistes *134*
sorédies *42*
Souris *124*
Spatangues *86, 88*
Spatules *94, 95*
spéciation *14, 15, 15*
Sphénodon *102, 108*
spiracle *93*
Spirochètes *35*
Spirogyra 43
Sporogonites 47, 47
squelette *65, 77* ; Oiseaux 110, *111* ;
  des Amphibiens primitifs 98, *98* ;
  des Plantes *46,* 48, *50,* 51
Steele, Ted *12*
Stégosauriens *102, 103, 106*
sternum 109, *110*
stomates *48*
Straton *129, 132, 134*
suçoirs *40*
sucres *128, 129, 129*
Sucriers hawaïens *14*
Sumac vénéneux *62*
Suricates *13*

symbiose *88*
symétrie bilatérale *70, 71, 86* ; radiale *69, 70, 71, 85, 86, 88*
Symphiles *84*
Synapsidés *102, 103*
Syrphidés *81*
système binominal *32*
système de Copernic *141*
système immunitaire et taxonomie 30 ; et viviparité 117
système ptolémaïque *141*
système vasculaire *50, 62*

T

taille, signification écologique 84 ; extrêmes *62* ; gigantisme *52, 121, 124* ; augmentation 17, 51, 56, 65, 70, 71, 73 ; limites *43, 46, 51, 63, 75,* 102 ; problèmes *70, 71* ; réduction *80*
Tardigrades *80*
Taret 75
Tarsier *122*
Tatou *123, 125*
Tatum, Edward 24
taxonomie *29,* 43
Technique *134*
Téléostéens *94,* 95

test des Oursins 85 ; des Protozoaires 33 ; des Algues *46*
Têtards 97, *98, 100*
Tétrapodes *95*
Tétras du désert *110*
Thalès de Milet 128, *128, 139*
Théophraste *129, 132-134,* 136, *138, 139, 141,* 146
Thérapsidés *102, 103,* 104
Théropodes *102, 103*
Thylacines *124*
thyroxine *99*
Thysanoures *78*
Tigres à dents en forme de sabres *16,* 121
Tiques 82
Tisserins *114*
torsion 75
Tortues 101, *103, 106*
tourbe *52*
trachées 77, 84
trachéides *62*
traduction *138, 142, 143*
transcriptase inverse *26,* 34
transcription *138, 142, 143*
transposons 26, 28, *28*
Trias 122
Trichoplax 66, 67
Trilobites *77*
Tritons 101, *32-33*
Trypanosomes 33
tube digestif 71, *72-73*
Tuniciers 89-91
Turbellariés 66
Tyrannosaurus 102, 103

U

Uintatherium 118
Ulva 44
un gène-une enzyme 24
Uniramés 77, *78,* 79
utérus 117, *117*
Utriculaire *59*

V

Varechs *43,* 45
variabilité *23*
Vers annelés *voir* Annélides
Vers de terre *73* ; *voir aussi* Annélides
Vers plats 66-71
Vers ronds *voir* Nématodes
Vers rubanés 69-71
Vers solitaires 66
Vertébrés 89, 93-126
Vesses-de-loup *39, 42*
vessie natatoire 95, *95,* 96
vie coloniale *34, 45-47, 65,* 66, 69
vie ralentie *96*
Vipères *108*
Virus 34-36
vision 7
viviparité *116, 117,* 117

vol 16, *78-80, 82* ; perte du 112-113 ; des Oiseaux *110-111*
Volvox 45-47, 65

W

Wallaby *124, 125*
Wallace, Alfred Russel *7, 122*
Watson, James 128, *140*
Weismann, August *12*
Welwitschia 56, *62*
Woese, Carl *35*
Wombat *124*
Wynne-Edwards, V.C. *13*

X

xylème 51

Z

Zèbres *15, 120*
Zénon *133*
Zeus 128, 143
zoologie *127*
zygospores 39

Crédits photographiques

Abréviations : ANT : Australasian Nature Transparencies ; ARPL : Ann Ronan Picture Library ; BCL : Bruce Coleman Ltd. ; BM : British Museum ; BN : Bibliothèque nationale, Paris ; GSF : Geoscience Features ; HPL : Hulton Picture Library ; MC : Mansell Collection ; MH : Michael Holford ; NHPA : Natural History Photographic Agency ; OSF : Oxford Scientific Films ; PEP : Planet Earth Pictures ; SPL : Science Photo Library
b : bas ; c : centre ; d : droite ; g : gauche ; h : haut

1 OSF/Peter Parks 2-3 BCL 4-5 OSF/Ben Osborne 6 OSF/Peter Parks 7g, 7d BHPL 8g PEP/A. Kerstich 9d Dr L.M. Cook 10d Premaphotos Wildlife/K.G. Preston-Mafham 11 BCL/John Shaw 12h MC 12c HPL 12b Bildarchiv der Osterreichische Nationalbibliothek 13 BCL/D. & R. Sullivan 15 BCL/J. & D. Bartlett 16h Imitor 16cd Zefa 16bd Sinclair Stammers 19h ARPL 19b A-Z Botanical Collection 20g, 20hd, 20bd Linda Gamlin 22-23 (toutes les photos) Professor Bernard John, Research School of Biological Sciences, Canberra 24h Biofotos/H. Angel 24b GSF 25hg Ian Wyllie 25hd GSF 25bd BCL 26 OSF/J. Dermid 27 Stanley B. Prusiner 28 Topham Picture Library 29, 32 ARPL 34-35 CNRI/SPL 34cd, 34bd, 35cg, 35bg SPL/Dr T. Brain & D. Parker 36bg BHPL 36cd Biozentrum/University of Basel/SPL 37h OSF/Michael Fogden 37b BCL 40h SPL/E. Gravé 40b SPL/Darwin Dale 41 SPL/Robert Knauft 42bg NHPA/John Shaw 42hd OSF/Barrie E. Watts 43h PEP/Peter Scoones 43b OSF/Peter Parks 46bg Biofotos/H. Angel 46-47 SPL/James Bell 47b BCL/Hans Reinhard 50h G.R. Roberts 50c Premaphotos Wildlife/K.G. Preston-Mafham 50b Biofotos/H. Angel 51 Graham Bateman 52hg Premaphotos Wildlife/K.G. Preston-Mafham 52hd G.R. Roberts 52bd BCL/Peter Ward 53 (photo principale) Premaphotos Wildlife/K.G. Preston-Mafham 53 (médaillon) Biofotos/H. Angel 54hg

NHPA/A. Bannister 54bg OSF/Michael Fogden 54-55 Biofotos/H. Angel 55b BCL/Hans Reinhard 56 Premaphotos Wildlife/K.G. Preston-Mafham 57 Linda Gamlin 58hg Biofotos/H. Angel 58bd Graham Bateman 59g OSF/J.A.L. Cooke 59d BCL/Kim Taylor 60hd, 60cg, 60bg OSF/J.A.L. Cooke 61g OSF/David Thompson 61cd SPL 61bd OSF/David Thompson 62 HPL 63bg K. Wheeler 63bd OSF/B.E. Watts 64hg GSF 64cg Linda Gamlin 64bd Mansell Collection 65 PEP/Nancy Sefton 66h OSF/Kathie Atkinson 66c OSF/G.I. Bernard 67h BCL/Fritz Prenzel 67, 68 OSF/Peter Parks 69hd SPL/L. Stepanowicz 69cd SPL/John Walsh 69bg C. Howson 72b, 72-73 OSF/Kathie Atkinson 73g BCL/Inigo Everson 73d BCL 74h Biofotos/H. Angel 74b PEP/K. Lucas 75 SPL/Dr T.E. Thompson 76h BCL 76b SPL 77 BCL 78h OSF/G.I. Bernard 78b, 79 NHPA/Anthony Bannister 80h NHPA/S. Dalton 80b SPL/Dr R. Shuster 81 BCL 82hg OSF/R.H. Kuiter 82bg Premaphotos Wildlife/K.G. Preston-Mafham 82bd BCL/C. & D. Frith 83g NHPA/G.I. Bernard 83d OSF 84bg NHPA/A. Bannister 84hd Premaphotos Wildlife/K.G. Preston-Mafham 84bd BCL/Jane Burton 85g Jacana 85d BCL/Jane Burton 87 BCL/Bill Wood 88hd PEP/Richard Chesher 88cg BCL/F. Sauer 88bg NHPA/G.J. Cambridge 89 OSF/G.I. Bernard 90 PEP/C. Petron 91 OSF/Peter Parks 92 Professor E.N.F. Clarkson 93 BHPL 95 PEP/C. Roessler 96bg Popperfoto 96hd D. Allison 97 PEP/Rod Salm 99h Kenneth T. Nemuras 99b OSF/Michael Fogden 100h, 100c Michael Fogden 100b Biofotos/H. Angel 101 BCL/J. & D. Bartlett 104-105 Agence Nature 104b E. & D. Hosking 105 NHPA/S. Robinson 108cg BCL 108bg, 108hd Michael Fogden 108bd NHPA 109 BCL 110 BCL/J. & D. Bartlett 111 BCL/Kim Taylor 113h, 113b Jacana 114hg BCL/J. & D. Bartlett 114bd BCL/G. Zeisler 115bg Survival Anglia Ltd/Alan Root 115hd Survival Anglia Ltd/J. & D. Bartlett 116 Jacana 117 Biofotos/C.A. Henley 118h NHPA/J. Sauvanet 118c NHPA/A.

Bannister 118b NHPA/Lacz Lemoine 119 Jacana/J. Prévost 120h Jacana/Arthus-Bertrand 120bg NHPA/A. Bannister 126bg Survival Anglia Ltd/J. Foott 126hd NHPA/S. Dalton 127b BM 130h BM/MH 130b BN 131h BM/Ekdotike Athenon 131bg Epidauros Museum 131bd G. Speake 132h Metropolitan Museum of Art 132b MC 133 SCALA 134h Werner Forman Archive 134b SCALA 135h MC 135bg Ekdotike Athenon 135bd BM 136bg Hirmer Archive 136-137h D. Harissiadis 137h NHPA/G.J. Cambridge 136-137b Leonard von Matt 138g Österreichische Nationalbibliothek 138-139 ARPL 140-141b BN 141g Ashmolean Museum, Oxford 141d SCALA 142b Norbert Schimmel Collection, NY 143h Bruce Coleman Ltd 144h BPCC/Aldus Archive 144bg MC 144-145 SCALA 145 Biblioteca Nazionale Marciana, Venice 146 ARPL

Conseillers spécialisés : Jane Burton, Robert Burton, Dr Terry Catchpool, Sarah Fox, Dr Ian Jackson, Dr Christine Janis, Priscilla Sharland, Kim Taylor, Dr Alwyne Wheeler, Dr Peter Williamson.

Dessinateurs : Trevor Boyer, Robert et Rhoda Burns, Kai Choi, Nicholas Hall, Alan Hollingbery, Richard Lewington, Vanessa Luff, Kevin Maddison, Tony Maynard, Coral Mula, Colin Salmon, Mick Saunders, Milne & Stebbing Illustration.

Achevé d'imprimer sur les presses de Mohndruck à Gütersloh, RFA, en octobre 1989
Dépôt légal décembre 1989